総天然色

フォト・ギャラリー

日本一のホラ吹き男

東京五輪出場に向け大張り切りの初等（植木等）が歌うのは、もちろん「東京五輪音頭」

三段跳びの着地で怪我を負い、無念の出場断念は
自身の入院の経験と重なる？

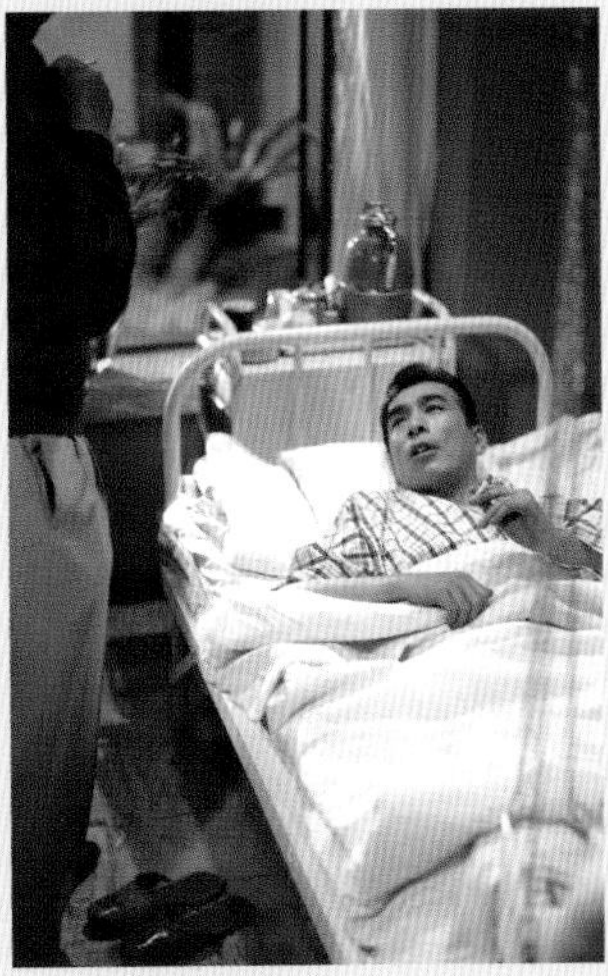

増益電機
社長の自伝を
立ち読みならぬ
座り読みするのは
実際に成城にあった
吉田書店にて
（写真はセット）

守衛姿が
これほど様になるのは
植木等のみ

臨時雇いの守衛として入社するや
大学の同期・安田伸とバッタリ
ここから植木は
とんとん拍子の出世を
果たしていく

お馴染み
人見明は
宣伝課長を務める

これまた初期作品の常連・由利徹との
軽妙なやり取り

冷暖電球の CM 収録の際に歌うのは「八木節」

これは珍しい！
銀座のクラブ・シーンにおける記念撮影
ママの草笛光子が素敵だ

“ミス増益電機”の浜美枝との
デートは西武園ゆうえんちにて
ここでは
浜のボートの漕ぎ方に注目である

未レコード化の挿入歌
「世界は僕等のためにある」
を歌うのは向ヶ丘遊園にて
周囲は田圃ばかり！

モーニングが似合う植木と
ウエディングドレス姿が可愛い浜美枝

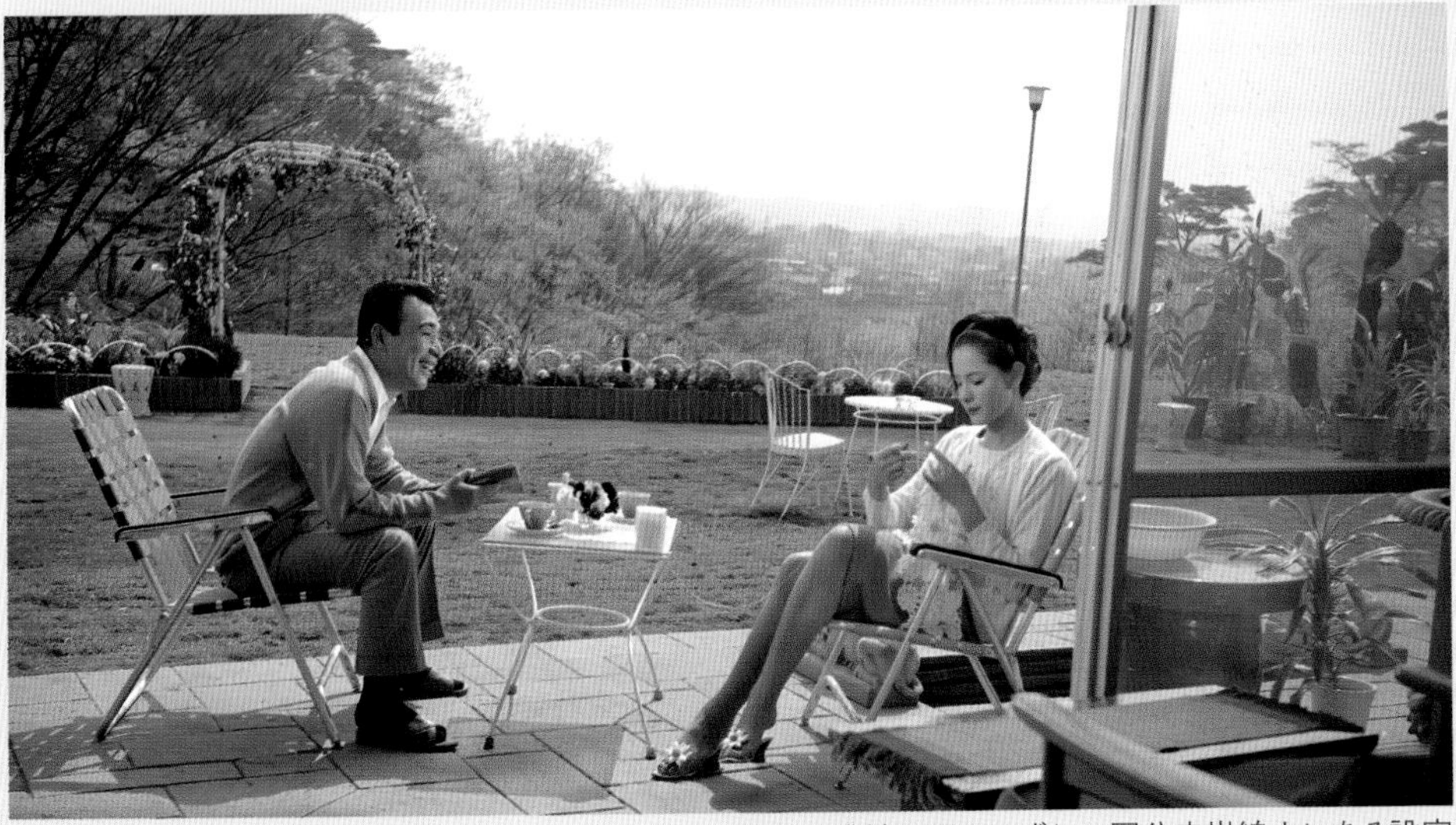

結婚を果たした浜美枝との新居は成城の西のはずれ、国分寺崖線上にある設定

❶

植木等
フォト・ギャラリー

❷

❸

植木等、雑誌の表紙や誌面を賑わす

❶ サラリーマンシリーズ『珍入社員 植木君』第2集　田中ちかお著（東邦図書出版社）発行年不詳（寺島映画資料文庫所蔵。以下同）
※クレージー産業に勤務する新入社員・植木君が主人公のサラリーマン漫画。同僚はハナさん、上司は犬塚部長。表紙では植木等と谷啓を思わせるサラリーマンが見られるが、本編の植木君らはクレージーとは似ても似つかぬキャラ

❷『週刊アサヒ芸能』昭和 38 年3月3日号 グラビア「植木等〝高校地獄〟を行く」

❸『週刊読売』昭和 41 年 2 月 11 日号 表紙「世の中間違っとる！」

❹『週刊平凡』昭和 41 年 1 月 13 日号（新年特別号）表紙 ザ・ピーナッツと共に

❺『東宝映画』1962 年 7 月号『ニッポン無責任時代』紹介グラビア　© TOHO CO.,LTD.

❻『東宝映画』1963 年 1 月号『ニッポン無責任野郎』紹介グラビア　© TOHO CO.,LTD.

❼『東宝映画』1967 年 4 月号『クレージー黄金作戦』紹介グラビア　© TOHO CO.,LTD.

⑤

④

『東宝映画』誌のグラビアを飾る植木等

⑥

⑦

植木等　プライベートフォト・ギャラリー

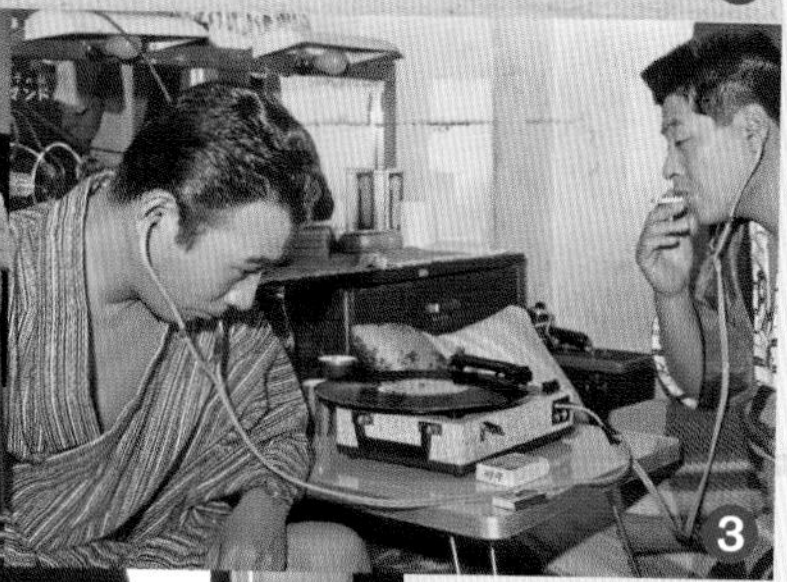

❶ 愛車・シボレーと（砧の自宅前にて 1970 年）
❷ 父君・徹誠氏（1970 年頃）
❸ 盟友・ハナ肇と
❹『クレージー黄金作戦』米国ロケ出発時及び現地でのアトラクションの模様 © TOHO CO.,LTD.（上）／撮影：渡邊毅（下）
❺ 古澤憲吾監督と。『日本一のゴマすり男』撮影時 © TOHO CO.,LTD.
❻ 自宅の庭で孫と遊ぶ（1997 年）
❼ 紫綬褒章を祝う会。祝辞は東宝の先輩・森繁久彌による（1993 年）
❽ 森繁久彌からの色紙と絵葉書（1984 年）
❾ 役のイメージを掴むため、黒澤明から届けられた『乱』の絵コンテと撮影スナップ（1984 年）
❿ 勲四等旭日小授章 受賞を祝う会（1999 年 7 月 30 日 於東京プリンスホテル鳳凰の間／撮影：吉浦久雄）
変わらぬ仲間、谷啓と桜井センリが発起人に名を連ねる
⓫ 乾杯の発声は森繁久彌。壇上に浜美枝の顔が見られるのが嬉しい

※ 出典・撮影者が記載されたもの以外は、すべて比呂公一・藤元康史 提供

6

7

8

8

9

9

10

10

11

柳生悦子の仕事

クレージー黄金作戦 デザイン画

「東宝スタジオ展 映画＝創造の現場」図録（世田谷美術館 /2015）より

梨本金男（谷啓）

板垣重金（ハナ肇）

町田心乱（町田円金）（植木等）

中林（桜井センリ）

インディアン（犬塚弘）

怪しい男 A(石橋エータロー)

怪しい男 B（安田伸）

＊本デザイン画は
当初、植木が町田円金と
名付けられていたことが分かる
貴重な資料である
七人の衣裳は、インディアンに至るまで
すべてオーダーで作られていたのだ

植木等略歴 ――東宝クレージー映画での活躍を中心に――

1926(大正15)年：大正天皇崩御の12月25日、愛知県名古屋市に生まれる。役所への届出が遅れたことから、戸籍上の誕生日は昭和2（1927）年2月25日（本人曰く“トラ年生まれのウサギ年”）となる。

1939(昭和14)年：家の生活困窮を受け、東京本郷蓬莱町（当時）の真浄寺に預けられる。小僧として修行する中、京北（けいほく）実業学校（夜間部）に通うことを許される。

1944(昭和19)年：東洋大学予科入学。自ら作った軽音楽同好会にて歌を担当。藤山一郎、灰田勝彦、ディック・ミネなどの楽曲を歌う。食べ物にありつくことと女性にもてることが目的だった慰問演奏の中、音楽の魅力を知る。

1946(昭和21)年：1月に行われたテイチクレコード新人歌手コンテスト合格を機に、歌手を目指し、刀根勝美楽団「ブルームード・セクション」のバンドボーイとなる。憧れの歌手は、ディック・ミネとビング・クロスビー。

1947(昭和22)年：東洋大学卒業後に結婚。秋（11月）のNHKラジオ『お昼の軽音楽』で、「ビロードの月」（藤浦洸作詞、服部良一作曲）を歌う。

1948(昭和23)年：八千円で購入したギターを独学で習得すると同時に、平山美智子に師事して歌唱法を学ぶ。平山の厳しい指導により音楽の基礎を叩きこまれる。

1950(昭和25)年：『スイング・ジャーナル』誌上で新人ギタリストとして紹介。萩原哲晶率いる「デューク・オクテット」にギタリストとして加入する。

1953(昭和28)年：自身のバンド「ニュー・サウンズ」結成（1952年説あり）。

1954(昭和29)年：フランキー堺率いる「シティ・スリッカーズ」（谷啓、桜井センリも参加）に加入。コミック・バンドの愉しさに魅入られる。

1957(昭和32)年：谷啓のあとを追って、ハナ肇をリーダーとする「クレージーキャッツ」（55年結成）に加入。

1958(昭和33)年：10月28日、グループ全員で出演し、植木にとっても映画初出演となった『裸の大将』（監督：堀川弘通）が公開される。

1959(昭和34)年：この年3月、初のレギュラー番組「おとなの漫画」（CX）が放送開始。

1960(昭和35)年：音楽誌『ミュージック・ライフ』にて、クレージーキャッツが「コンボバンド」部門で第7位にランクイン。

1961(昭和36)年：4月に「若い季節」（NHK）、6月に「シャボン玉ホリデー」（NTV）が放送開始。8月、初のレコード「スーダラ節」がリリースされ、大ヒット。『ミュージック・ライフ』誌「東京で一番売れているレコード」調査では、翌62年8月時点においても第17位、翌々年63年1月には第4位まで上昇する。

1962(昭和37)年：7月29日、初主演作『ニッポン無責任時代』（監督：古澤憲吾）公開。この年に出演、公開された映画は10本（内、東宝作品は7本）。
初の単独舞台公演（日劇）が行われたのもこの年で、NHK紅白歌合戦に「ハイそれまでョ」で初出場を果たす。

1963(昭和38)年：この年公開された出演映画は6本（内“クレージー映画”は4本)。映画、舞台、レコード、テレビ、CM出演と、大車輪の活躍を見せる。紅白歌合戦では「どうしてこんなにもてるんだろう」と「ホンダラ行進曲」の二曲を歌唱。

1964(昭和39)年：2月、過労から発症した肝炎で一ケ月ほど入院。このとき、小松政夫が運転手として採用される。それでも、出演映画は7本（松竹でノンクレジットの『馬鹿まるだし』を含む）を数える。

1965(昭和40)年：10月31日、クレージーキャッツ結成10周年記念映画『大冒険』(監督:古澤憲吾)公開。出演映画は2本に減る。

1966(昭和41)年：ブルーリボン大衆賞受賞。受賞パーティーには榎本健一、森繁久彌、伴淳三郎、加東大介らが出席する。この年の出演映画は4本。

1967(昭和42)年：4月29日、GW向け一本立て大作『クレージー黄金作戦』(監督：坪島孝）公開。なおも出演映画は4本。

1968(昭和43)～
1970(昭和45)年：出演映画は68年が2本、69年と70年が3本となる。

1971(昭和46)年：12月31日、“日本一（の男）”シリーズの最終作『日本一のショック男』(監督：坪島孝）公開。これが最後のクレージー映画となる。出演映画は2本のみ。

1972(昭和47)年：10月28日公開の『喜劇 泥棒大家族 天下を盗る』(監督：坪島孝）以降は、1981（昭和56）年公開の『すっかり…その気で！』(監督：小谷承靖）まで、東宝映画への出演が途絶える。

1979(昭和54)年：4月20日、クレージーキャッツ結成25周年記念曲「これで日本も安心だ」発売。念願の企画『本日ただいま誕生』(監督：降旗康男）が公開される。

1982(昭和57)年：浅草東宝などのオールナイト上映で植木等人気が再燃。これが翌83年のCMソング「毎度毎度のおさそいに」、84年公開の『逆噴射家族』(監督：石井聰互）出演並びに小林克也とのライブ・ツアー「ひとし&カツヤ」へと繋がる。

1990（平成2）年：ヒット曲を網羅したCD「スーダラ伝説」発売。23年ぶりに紅白歌合戦出場を果たし、植木等完全復活を印象づける。

1991（平成3）年：4月、トーク・バラエティTV「植木等デラックス」(TBS）放送開始。
6月10日、コンサートツアー「いろいろあるよ、いろいろね」のクライマックスとなった「植木等 ザ・コンサート」がNHKホールで開催され、「これで死んでもいい…」発言を残す。

1993（平成5）年：11月3日、「紫綬褒章」受章。

1999(平成11)年：4月29日、「勲四等旭日小綬章」受賞。

2006(平成18)年：松任谷由実作曲による渡辺プロダクション創立50周年テーマソング「Still Crazy For You」の録音に、谷啓、犬塚弘、桜井センリとともに参加。

2007(平成19)年：植木等逝去（3月27日：享年80歳)。
4月27日、青山葬儀所にてお別れの会「植木等さん 夢をありがとう さよならの会」が執り行われる。
6月16日、最後の出演映画『舞妓Haaaan!!!』(監督：水田伸生）公開。終幕時に出たテロップ「植木等さん 日本に笑顔と元気を、ありがとうございました」に涙した方はさぞや多かろう。

※顔写真 撮影：吉浦久雄

今だから！植木等

"東宝クレージー映画"と
"クレージー・ソング"の黄金時代

高田雅彦

目次

第3章 〝植木等〟を語る……249

第4章 〈最後の付き人〉から見た人間・植木等　藤元康史……371

資料編

はじめに

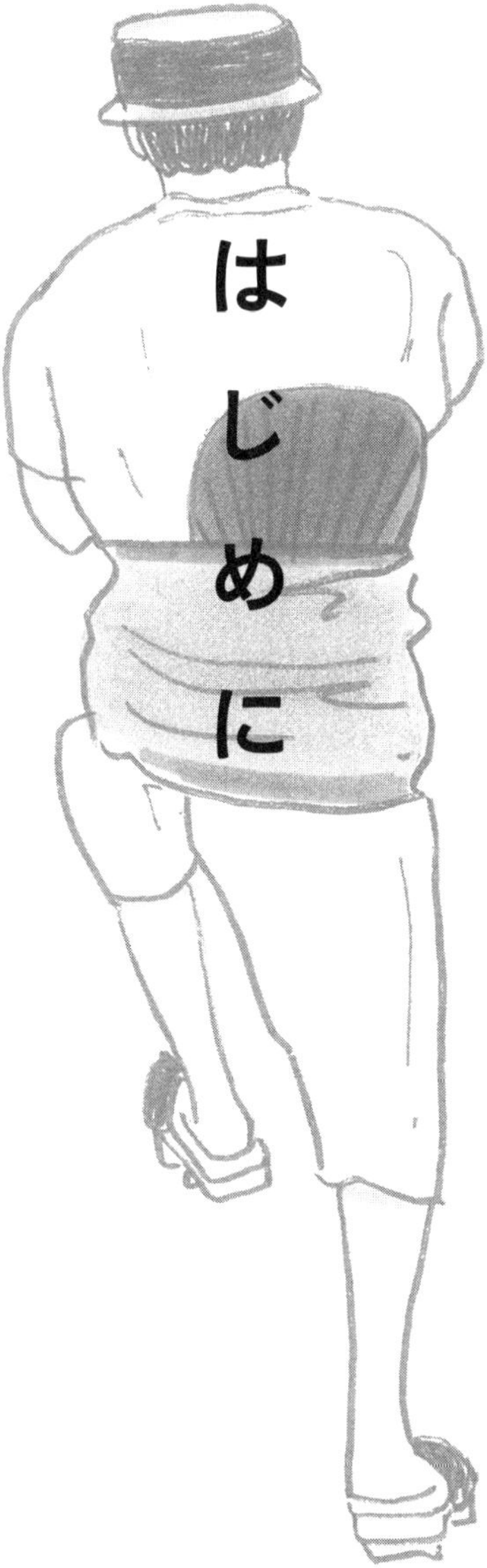

『今だから！ 植木等』――。

植木等の映画と音楽、そしてその人間を語る書物に、こんなクレージーなタイトルをつけたのは、当然ながら現在我々が身を置く、この危機的状況があればこそ。

2020年に忽然と出現、瞬く間に全世界に蔓延した新型ウイルスにより、我々の日常は一変を余儀なくされた。二度目となる東京五輪は延期のうえ無観客開催、いまだその終息の道すら見えない2021年秋。総理大臣も政治家も官僚も、そしてテレビのコメンテーターはもちろん、日本国中の誰ひとりとして責任をとろうとしない〝無責任時代〟の現在《いま》、「こんなときに植木等がいてくれたら……」と願うのは、決して筆者だけではないだろう。

そのとおり本書の目的は、かつて昭和の時代を――まさに〈太陽〉のように――明るく照らした植木等に改めてスポットを当て、その出演映画と音楽、さらには人間としての比類なき存在感を語ることにより、現在の日本を取り巻く閉塞状況を吹き飛ばすことにある。

高度経済成長期に当たる1960年代初頭、これまた忽然とこの日本に出現した〝無責任男〟。当初は〝悪漢ヒーロー〟平均（たいらひとし）として東宝のスクリーンに登場した植木等は、さらにパワーを増大《アップ》し、一躍子供のスーパー・アイドルとなる。筆者はまさにそのとき、植木等が歌った楽曲とスクリーンに躍る植木等の雄姿、そして、その底抜けの高笑いに胸を躍らされた子供の一人。以来、映画はもとより、レコードやソノシート、出演するテレビやCMの中の植木等を追い続けることとなる。

サラリーマンら大人だけでなく、はからずも子供からも愛された植木等。悪漢ヒーローとして登場し、やがて人気者となるのはゴジラも同じだが、そもそもクレージーキャッツが発する笑いは今の笑いとはまったく性質を異にする、大人向けの——要は子供に媚を売らない——洗練されたものであった。筆者を含めた当時の子供たちは、まさにこの〝お子様向けではない〟植木等に魅せられたのである。

1980年代中期に植木等がオールナイト上映などで再注目されたとき、この中心となったのは当時の若者（いわゆる遅れてきた世代）であった。いつの時代も、子供や若者に支持された植木等。しかし、その出演映画を多方向から論じた書は意外と少ない。本書では筆者の独断と偏見により「この7本」を選出、珍しい写真や封切当時の評価も紹介のうえ、様々な角度からの作品分析に務めた。新たに判明した驚きの事実もコラム形式で紹介しているので、鑑賞の際のガイドにしていただければ幸いである。今、この受難の時代に植木等＝クレージー映画を語る意義は、とてつもなく大きい。

植木等自身が、与えられた〝無責任〟キャラや歌（特に「スーダラ節」）を疎んでいた時期があったのは周知の事実。人間・植木等に関しては、これまで自著や伝記本などで度々語られてきたが、いったいいつ、植木が〝無責任男〟の呪縛から解き放たれたかについては、ほとんど触れられていない。本書では、植木等のラジオ・雑誌等での発言を通じて、その根深い悩みと心の葛藤にアプローチしてみたい。

個人的に嬉しかったのは、植木等の運転手兼付き人〝第1号〟の小松政夫さんにお話を伺えたことである。小松さんは2020年末に惜しくも亡くなられたが、本インタビューには植木等の絶頂期の奥に秘められたエピソードだけでなく、小松さんの――まさに遺言とも言える――〈植木等への思い〉が込められている。加えて本書では、〝植木等最後の付き人〟藤元康史さんに、大スター・植木等と過ごした十二年の日々を綴っていただく章も設けた。ここでは、植木等に国民栄誉賞が与えられなかった驚きの理由が明らかにされている。植木等を間近で見た両付き人の証言は、その一言一言が宝石のように貴重なもの。どちらもじっくりとお読みいただきたい。

本書には、植木等と実際に共演した音楽家・斎藤誠氏と行った対談も掲載している。ここからは、植木のミュージシャンとしての特質はもちろん、その人間としての美点までもが伝わってくる。斎藤誠は、1984年にクレージーキャッツへのオマージュを込めた自主映画『刑事あいうえ音頭』を共に作った同志であり、本項では植木等と谷啓のほか超有名ミュージシャンが大挙出演した、その8ミリ映画の知られざる全容も明らかにしたいと思う。

この混沌の状況の中、植木等について考えることは愉しく、本書を編むのはまさに「わかっちゃいるけど、やめられない」作業であった。この本をお読みになる方にとっても、至福の時、救いの時間《ひととき》となることを願って――。

東宝映画・日本映画研究　高田雅彦

付記：本書では、年号は原則として西暦（カッコ内に和暦付記の場合あり）で表記している。邦画の公開年や〝年代〟は、あえて和暦表記とした箇所もあるが、植木等が出演した映画と活躍した時代を語るには、この方が圧倒的に分かりやすいと考えてのことである。

第1章

日本中を輝かせた男

——植木等という〈太陽〉が光を放った時代

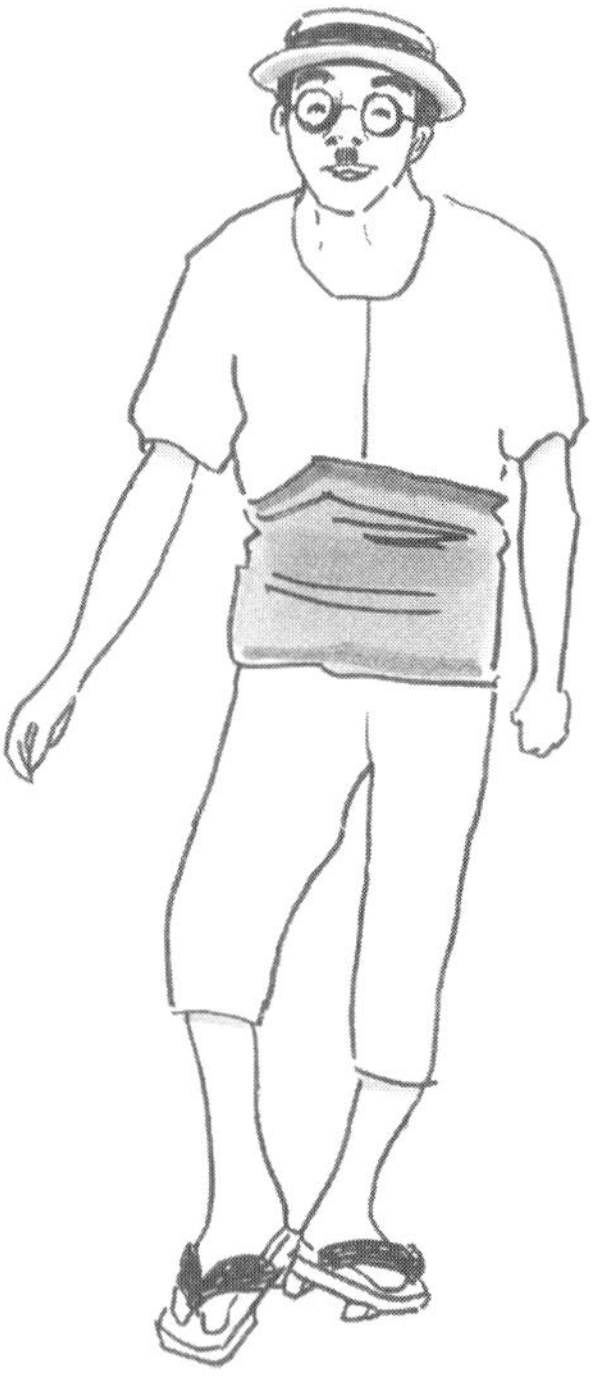

植木等の生い立ちや音楽家として活躍し始めた時期については、自伝的著書である『夢を食いつづけた男――おやじ徹誠一代記』（朝日新聞出版：１９８４）や『ハナ肇とクレージーキャッツ物語』（山下勝利／朝日新聞社：１９８５）、それに『クレイジー音楽大全 クレイジーキャッツ・サウンド・クロニクル』（佐藤利明／シンコーミュージック・エンタテイメント：２０１８）などで紹介されている。また、１９６１（昭和36）年８月20日発売の初シングル「スーダラ節」に込められた植木等自身の思いも、これまで『テレビの黄金時代』（小林信彦責任編集／キネマ旬報社：１９８３）などの書物のほか、様々な雑誌やテレビ番組の中で語られてきたので、いまさらここで詳述する必要もないだろう。

本章では、そのあたりをダイジェストでおさらいしたうえで、植木等が最も輝いていた時期、すなわち１９６１年から１９６２（昭和37）年にかけての植木等の活躍と、その人気の秘密について総括してみたい。この時期は筆者が小学生になりたての頃であり、〈子供の目〉から見た植木等の真実を語れるのは、まさに筆者ら１９５５（昭和30）年前後生まれの者が最後の世代となろう。そこからは、あの時代ならではのヒーロー像や、植木等のアイドルとしての――その唯一無比な――在り方も見えてくるのではないかと思う。

植木等、音楽を志す

もともと素養があったことはもちろんだが、植木等が音楽の道を志すようになったのは、東洋大学

父・徹誠（右）と少年時代の植木等（右から三番目）。三重県栗谷常念寺にて（1933年）
提供：比呂公一・藤元康史

時代に作った軽音楽同好会での活動がきっかけとなっていることは間違いない（父親が僧侶で、 時期寺で育った植木等だからとはいえ、まさか子供の頃から木魚を叩き、お経を唱えていたことで音楽好きになったはずもないだろう）。敗色濃厚となる中、軍需工場を慰問し、声帯模写をした際に勤労動員の女学生から浴びた〈黄色い声援〉が音楽家を志望するきっかけとなったことは、植木自身も後年よく語っていたことである。本人の弁によれば、このとき模写していたのは藤山一郎や灰田勝彦、ディック・ミネだったというから、植木は学生時代から〝本格歌手〟志向であったことが分かる。

また、植木等が生真面目な性格であったことは様々な方の証言からも明らかで、前記の書物に示された本人の発言からは、コメディアンや俳優となる気持ちなど、さらさらなかったことがうかがわれる。これは父親・植木徹誠《てつじょう》（本名は徹之助）氏の影響（遺伝か？）も大きかったに違いないが、それでも植木等はギターを弾き、歌を歌い、音楽で身を立てる道を選ぶ。

東洋大学在学中からバンドボーイのアルバイトをしていたという植木は、やがて得意の歌[注1]に加えて、ギターの練習を始める。これも本格的に音楽の道に進む、という意志の表れであったのだろう。

そして、刀根勝美楽団「ブルームード・セクション」のバンドボーイから、水田某[注2]のバンドでギタリストとなった植木は、１９５０（昭和25）年、のちに「スーダラ節」など、多くのクレージー・ソングを生み出すこととなる萩原哲晶《ひろあき》の「デューク・オクテット」にギタリストとして参加する。当バンドに採用されたのは、ギターを習得するにあたって譜面を読めるようになっていたことが大きかったようだが、この頃には努力の甲斐あって、かのジャズ専門誌『スイング・ジャーナル』誌において、「新人ギターリスト（ママ）台頭」と紹介されるようにもなっている。本人の言葉[注3]を借りれば、当バンドで

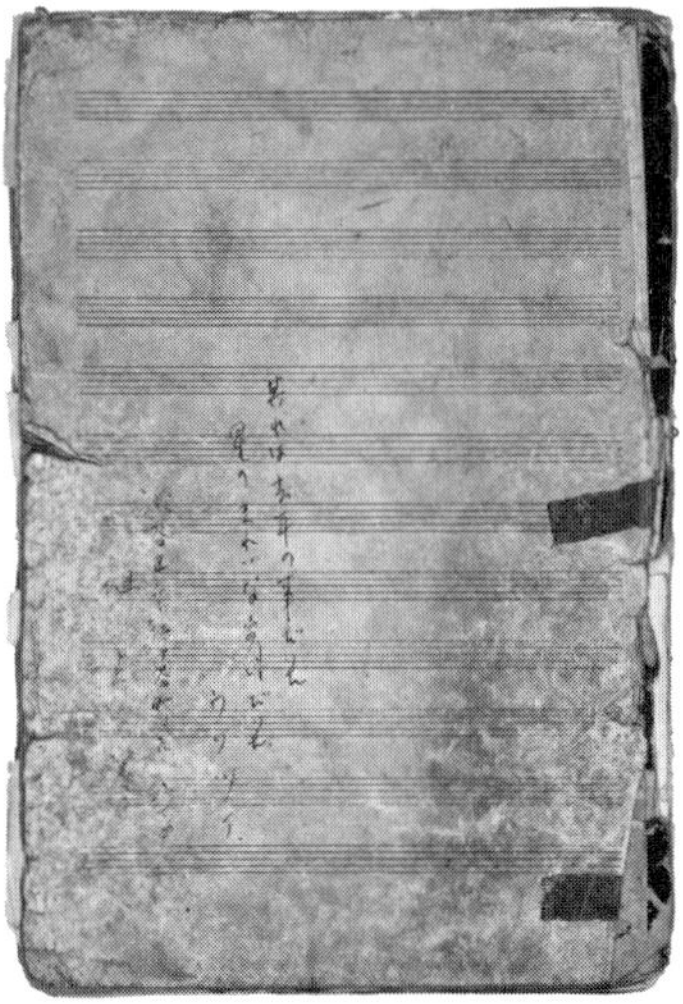

当時の譜面に記された本人による落書き
提供：比呂公一・藤元康史

デューク・オクテット所属の頃（壇上前列右から四番目が植木等。右隣は萩原哲晶）
提供：比呂公一・藤元康史

「ジャズ研究」を進めた植木は、１９５２（昭和27）年になって漸く、自身のトリオ「ニュー・サウンズ」（メンバーの一人に、のちにトッポ・ジージョの声を吹きかえる山崎唯がいた）を結成するに至る。

筆者が植木本人から聞いた話によれば、後年『王将』の舞台（東京宝塚劇場・１９９７）に立つこととなったとき、関西弁、例えば「そやけど」という言葉を喋るのに、お経で（音程を上げたり下げたりするときに）使う〝しるし〟を台本に加えて対応したとのことだから、子供時分にお経を読み、さらにはミュージシャンとして音感を鍛えた経験が、その後の俳優としての活動に大いに役立ったことは確かである。

１９５４（昭和29）年、フランキー堺率いるビッグ・バンド「シティ・スリッカーズ」（谷啓、桜井

ＮＨＫテレビ出演時のシティ・スリッカーズ（植木は指揮者の左：1956年）
提供：比呂公一・藤元康史

センリ、稲垣次郎が在籍）に誘われた植木は、ここでスパイク・ジョーンズばりの冗談音楽を手がける。ここではほとんどギターを弾かずに、ギャグと歌（それに加えてマラカス！）に徹していたという植木だが、このバンドでの経験が、植木をして音楽で人を笑わせることに目覚めさせた、とも言えよう。[注4]

やがて植木は、１９５７（昭和32）年３月、まるで吸い寄せられるように「シティ・スリッカーズ」から、旧知のハナ肇率いる「クレイジーキャッツ」[注5]というコミカルな要素満載のバンドに移籍。進駐軍のキャンプやジャズ喫茶での演奏を中心に、バンドの人気もうなぎ登りとなり、『ミュージック・ライフ』誌の人気投票（コムボ・バンド部門）では、１９６０年度にバンドとして最高位となる第７位を記録することとなる。

クレージーのステージを新宿ACB（アシベ）やコマ劇場で見て、「軍艦マーチがチンドン屋の楽隊に変る、〈血が逆流する〉ギャグ」（前掲『テレビの黄金時代』）に魅入られた小林信彦は、『植木等と藤山寛美』（新潮社：1992）などで「クレージーキャッツの面白さは、1が生《なま》の舞台、2がテレビ、3が映画。映画がもっともつまらない」との発言を繰り返している。しかし、地方に住む子供だった筆者には生のステージに触れる機会などまったくなく、レコードやテレビ、そして東宝映画の中のクレージーと植木等を愛するしかなかった。そんな我々が繰り返し楽しめたのは、何よりもレコードやソノシートであり、植木等の歌いぶりの巧みさや朗らかさには、子供ながら大いに魅了されたものだった。

かくして植木は、そのすっ呆けたキャラと態度、そして抜群の歌の上手さを買われて、かの「スーダラ節」をピンで録音することとなる。

注1　1946年のテイチクレコード新人歌手コンテストでは、千五百人中の四人に選出されたとされる。
注2　『ミュージック・ライフ』誌（1959年8月号）掲載の対談記事「ハナ肇とクレイジイ・キャッツ　バンド控室あるき」による。この水田というバンド・マスターの名前は、他の文献には一切記載がない。
注3　植木は右の対談の中で、当バンドでスティール・ギターを弾いていたのは、のちに渡辺晋のバンド「シックス・ジョーズ」に加わるギタリスト・松宮庄一郎であると証言している。
注4　植木は『テレビの黄金時代』（前掲）掲載のインタビュー記事で、「ちゃんとしたバンドで、ちゃんとしたギター弾きとしてやっていたのは、たった5年か」と、自虐気味に語っている。
注5　バンド名は、当初「クレイジー・キャッツ」もしくは「クレイジイ・キャッツ」と表記されていたが、やがて映画などでは「クレージー・キャッツ」と統一されるようになる（ナカグロ「・」は、つけたり、つけなかったりと様々なケースが見られるが、本書では付してい

ない)。なお、東芝から発売されたレコード(シングル盤)では、グループ名義としては最後となった「この際カアちゃんと別れよう/こんな女に俺がした」(1971年)まで「クレイジー」表記が貫かれたものの、結成25周年を記念して作られたLP盤以降は「クレージーキャッツ」名義となる。

運命を変えた「スーダラ節」の録音

そもそもこの初レコーディング、A面には出演中のテレビ・バラエティ「おとなの漫画」(フジテレビ系:1959〜)のエンディング・テーマから発想された(全員歌唱による)「こりゃシャクだった」が予定されていた。しかしながら、所属する渡辺プロの意向によるものか、はたまたレコーディング現場の勢いによるものか、植木単独歌唱の「スーダラ節」がA面に昇格。これが累計売り上げ八十万枚(五十万枚説もあり)と言われる爆発的大ヒットを記録するに至り、植木等の運命は大きく変わっていく。

「スーダラ節」という歌には、筆者のような子供でも〈ほかの歌とは根本的に違う〉何かを感じたし、件《くだん》の小林信彦もこの歌については、『シャボン玉ホリデー』のなかで、禿げづら、チョビひげ、毛糸の腹まき、ステテコといういでたちに丸メガネをかけた植木等が、いきなりこの歌を歌った時のショックを忘れることはできない」(『日本の喜劇人』晶文社:1972)と書いているほどだから、この歌が世間一般に与えた衝撃は相当なものがあったに違いない。

この「スーダラ節」という奇妙奇天烈な歌の〈サビ〉部分が、植木が普段口ずさんでいた鼻歌のようなものから発想され、萩原がこれに平歌《ひらうた》（Aメロ）を加えて、一篇の楽曲に纏めたことはよく知られる。ただ、この歌はかなり低い音程（キー）で作られていて、いざ歌ってみると、これがけっこう難しいのだ。〝クルーナー唱法[注6]〟の名手である植木等以外に、この難曲をあれほど巧みに――それこそ語りかけるように――歌いこなせる歌手は、そうはいない。

続いて植木は、大映や松竹で、この歌やその他のヒット曲のタイトルを冠しただけの数本の〈便乗映画〉にグループで出演。いずれもクレージーは客寄せ目的の端役でしかなく、とても〈映画出演〉と誇れるようなものではなかったが、植木は翌年東宝で企画された、当社お得意の〝サラリーマンもの〟のヴァリエーション喜劇――言ってみれば、アンチ企画であった――『ニッポン無責任時代』（昭和37年7月29日封切）の主演に抜擢。これが植木の運命をさらに大きく変えることとなる。

注6　低い声で、ささやくように、情感を込めて歌う唱法。小さい声で歌っても大きく拡声できるマイクロフォンの発展・完成があって初めて生まれた歌唱法で、その先駆者はビング・クロスビー。その後、フランク・シナトラやエルビス・プレスリーが継承する。和製クルーナーの代表は、植木が尊敬してやまないディック・ミネ。「ハイそれまでョ」の歌い出し部分「〽あなただけが生きがいなの〜」は明らかにミネ風で、晩年に出したCD「スーダラ外伝」で植木は、ミネの「ダイナ」をカバーしている。ちなみに植木は前掲の対談記事「バンド控室あるき」において、「ボクは美貌と美声が売り物だから（大笑い）、別に特技はない」としながらも、「しいて言えば、竹脇昌作（戦前から活躍し、〝竹脇節〟で知られるアナウンサー。竹脇無我の父）の声色」と自らの特技を開陳のうえ、「受ける時と受けない時があるんで苦労する」とぼやいている。

『ニッポン無責任時代』で主演を務める

この映画で悪漢ヒーロー・平均（たいらひとし）を演じた植木は――自ら望んだものではまったくなかったが――、アッという間に子供をも巻き込んだスーパー・ヒーローとなる。そのときまさに子供だった筆者にとって、植木等はまさに〈太陽〉のような存在であり、見ているだけで、そしてその歌声を聴いているだけで精神が高揚、興奮は高まるばかりであった。これを〝ヒーロー〟、〝アイドル〟と呼ぶことに何の躊躇があろうか？

森山加代子や弘田三枝子といった人気女性歌手たちは、我々小学校低学年の男児にはいかにも〝お姉さん〟に見え、アイドル視するのにいささか抵抗があったのも事実。では、なにゆえに〝小父さん〟の植木等はアイドルになり得たのか――、これは同性ならではの親近感・安心感とでも言おうか、植木等のレコードなら堂々と（？）親にねだることができたのが大きかったように思う。ミコちゃんこと弘田三枝子が亡くなったときに寄せられた桑田佳祐（１９５６年生まれ）のコメントからは、彼が男性としていかに早熟だったかがうかがい知られる。

１９５５年前後に生まれたタレントや音楽家たち（桑田のほか、所ジョージ、関根勤、小堺一機、渡辺香津美といった筆者と同世代の面々）の発言からもそれは明らかで、確かに植木等は、あの時代の人々を――サラリーマンも、お年寄りも、うら若き女性も、さらには子供たちをも――明るく照らす存在であり続けた。ここに名前を挙げた方々は、子供時代に植木等によってもたらされた、えも言われぬ高揚感・幸福感を瞬時に思い起こせるはずだし、今でも仕事や人生に疲れた折々に、いわゆる〝クレージー映画〟を見直し、あるいはCDを聴き直しては、束の間の癒しを得ているに違いない。

昭和の〈太陽〉と言えば、石原裕次郎の名前を挙げる方も多いだろう。もう一人の〈太陽〉と呼ぶべき石原裕次郎も、確かに昭和の時代を――それも植木等よりはちょっと早くから――輝かせた存在であった。しかし、ご承知のとおり〝日活の太陽〟石原裕次郎は、演じた役柄に憂いもあれば翳りも感じられた俳優である。人間味や親しみが直に伝わってくるヒーロー、と言ってもよい。もう一方の太陽、植木等のほうは、人間味や現実味などどこへやら――、ただひたすら国中をシビレさせ、唖然・愕然とさせる男、まさに日本中に元気をもたらす太陽的存在であり続けた。単独で演じた〝日本一（の男）〟シリーズにおいて、『日本一のゴリガン男』以降はすべて、「日本」もしくは「日の本」と書いて「ひのもと」と読む役名が振られていたのは、誠に象徴的なことであったのだ。

それが自ら望んだことでなかったにもかかわらず、ひたすら十年間に亘り、〝植木等という役目〟を背負って日本中に笑いとパワーを発散し続けた植木等。のちに述べるとおり、その心の内には、実は我々映画館の観客や一般のファンには計り知れぬ葛藤や苦悩が渦巻いていたのだが……。

あのとき植木等があれほどまでに輝いたのは、果たして何ゆえのことであったのか？　そして、植木等が世の中を輝かせたこの時代は、いったいどのようなときであったのか？　時代論的に「昭和の時代」としてひと括りにされることはあっても、植木等大ブレイクの瞬間になにが起こったのかを、時代背景と併せて論じた書物は、実はあまり見たことがない。

さらに、植木が〝東宝クレージー映画〟と括られる映画群の中で演じた男たちは、いったいどんな職業を持ち、どんなキャラを有していたのか。これらは果たして、あの時代に、あの植木等が演ずべき役柄であったのか……。もしかすると、この時期の日本の世相や映画界の状況、加えて植木が演じた役柄をふりかえってみることによって、植木等が〝ヒーロー〟となり得た、その理由＝秘密の一端が少しは見えてくるのではないか。本書では、そうした視点からも植木等の真実に迫ってみたい。

植木等ブレイクの瞬間

父・徹誠の跡を継ぎ、僧侶となる必要がなくなった植木等は、精神と肉体が開放されたか、東洋大学を卒業すると、生涯添い遂げることとなる登美子さんと結婚。自らは本格的にミュージシャンとしての道を歩んでいく。学生時代から、植木がバンドボーイとして慰問のようなことをしていたことは、『夢を食いつづけた男』（前掲書）などに詳しく、ディック・ミネのような歌手になろうと考えていたことも、よく知られる逸話である。

世代的にはいわゆる〝戦後派〟に当たる植木等だが、今かえりみれば、かなり〈遅

咲きの人〉と言える。結婚は早く、1947（昭和22）年、二十歳の時であったが、この年をデビューの年と考えれば、「スーダラ節」での成功まで十四年もかかったことになる。

植木が歌や映画でシーンの第一線に踊り出た1961年から1962年にかけては、まさに高度経済成長期――1955年から1973（昭和48）年までの十八年間とされることが多い――のど真ん中にあたる。戦後、日本の復興のスピードは凄まじく、1950年からは朝鮮戦争による特需景気、続いて1955年から三年間はいわゆる神武景気、さらに1958（昭和33）年からは四年間も続く岩戸景気の恩恵を受け、ついこの間まで〝敗戦国〟だった日本は一気に〝豊かな国〟へとランクアップ。1959（昭和34）年のGNP＝国民総生産（懐かしい言葉である）は、前年比17・5％増と、戦後最高を記録。翌1960（昭和35）年も高水準を保ち、1961年から日本は、いよいよ本格的な高度経済成長期へと突入する。こうしてサラリーマン・労働者の収入は上昇の一途を辿り、ホワイトカラー層が急増。これが大企業のサラリーマンを中心とした〈中流層〉の拡大へと繋がっていったことは言うまでもない。思えば、小学校の学校給食の内容が大きく改善されたのも、1962年以降のことであった。[注7]

皇太子（平成天皇）のご成婚パレード中継に合わせて、テレビ受像機が一般家庭に普及したのは

1959年のこと。テレビ、電気洗濯機、電気冷蔵庫が〈三種の神器〉などと呼ばれたのもこの頃である。かくして、前1958年の十一億人強を境に観客数が減少の一途を辿り始めた映画界は、徐々に斜陽産業に転落。[注8] 大衆や子供のヒーローは、銀幕のスターからテレビで簡単に見られる長嶋茂雄や月光仮面などへと移り変わっていく。『少年』、『少年クラブ』、『少年画報』といった少年漫画雑誌——これらの月刊誌はやがて週刊誌となるが——の表紙を飾ったのも、戦艦大和＝軍艦やゼロ戦＝戦闘機といった兵器のほかは、プロ野球選手か大相撲の力士、あるいはテレビ・ヒーロー（それもほぼ男性）ばかりだった。現在のように多くのジャンルにそれぞれのヒーローがいる時代ではなかったから、〈絶対的なヒーロー〉が存在し得る状況にあったことは確かで、我々少年の興味の対象は、ほぼ同じ人間、あるいは兵器や機関車・自動車などの乗り物に限られていた。そして、筆者が東宝映画を見始めたのも、まさにこの年、1959年秋のことであった。

それというのも、実家が東宝映画の封切館の株主であった関係で、すでに〝隠居〟状態であった祖父と祖母は、いまだ幼稚園児の筆者を毎週のようにこの館「山形宝塚劇場」[注9]へと連行。これにより、植木等が「スーダラ節」（早速、祖母にねだってレコードをゲット！）でブレイクした1961年の夏から〝無責任男〟に扮して世間を騒がせた62年にかけて、筆者は小学生、それも低学年であったにもかかわらず、植木等のレコード、そして東宝の出演映画はすべて同時代的に接することが可能となる。教育県として有名な山形では、小学生が見に行けるのは夏休みか冬休みに学校が許可した映画（これを称して「許可映画」という）に限られ、このようなことは、よその家庭では絶対にあり得ぬ〈不良行為〉なのであった。

注7　学校給食で供される飲み物は、1958年以降、次第に脱脂粉乳から牛乳へと移行。低学年時には脱脂粉乳だった筆者の小学校（伴淳三郎も一時在籍した山形市立第一小学校）でも、1963年頃には牛乳に替わったとの記憶がある。

注8　興行収入に関しては入場料の値上げもあって、1963年に最高の数字（777億円強）を挙げている。

注9　淀川長治が〝世界一の映画館〟と称した酒田市の「グリーン・ハウス」（酒田大火の原因を作って焼失）同様、酒造会社の「東北銘醸（初孫で有名）」の経営による映画館。同じように小劇場や家族室を有し、スクリーンが下りると、「ムーンライト・セレナーデ」が流れるというお洒落な雰囲気を持つ館であった（2003年閉館）。

少年たちのヒーローへ

それまでのヒーローというものは、〝大人のヒーロー〟は大人にしか興味を持たれないのが当たり前。逆に〝子供のヒーロー〟（例えば、笛吹童子や月光仮面）は、子供だけに愛される存在――したがって、大の〝おとな〟はそんなものには目もくれない――であった。それが立教大学の長嶋茂雄の登場[注10]によって、ヒーロー像は一気に様変わりする。長嶋は、大人にも子供にも等しく愛される存在となったのだ。これがテレビの影響であることは明白。大相撲中継もラジオでの聴取からテレビで見るのが当たり前となり、これにプロレス中継も加わって、若乃花や朝潮といった力士たち、そしてプロレスラーの力道山

は、大人からも子供からも等しく愛される〃国民的ヒーロー〃へと昇格する。1954年版の『ゴジラ』（本多猪四郎監督）では人類の敵であったゴジラが、子供のヒーローとなったのは1962年公開の『キングコング対ゴジラ』からだが、まさにその年に出現した無責任男、のちの〃日本一の男〃植木等も、リキさんや〃怪獣王〃ゴジラ同様、子供のアイドル、ヒーローとしての側面を持つこととなる。

かつてのスターは、ディック・ミネや灰田勝彦、藤山一郎、田端義夫といった男性歌手にせよ、上原謙や池部良、三船敏郎、森繁久彌といった男性俳優にせよ、子供からの支持を得るということはほとんどなく――〃鞍馬天狗のおじちゃん〃[注11]の嵐寛寿郎や、〃エノケン〃こと榎本健一は数少ない例外だが、男児に限られたと思しい――、そういう意味で植木等は、〃女子供〃にも愛される、いわゆるアイドル的人気を集めた初めての男性歌手＝俳優と言える。のちに紹介する植木に関する少年誌等の記事を見ていただければよくお分かりいただけようが、1965（昭和40）年前後の植木等は、イヤミ[注12]やゴジラと並ぶ、れっきとした子供のアイドルでもあったのだ。

さらに、植木等が凄いところは、笛吹童子や月光仮面といった〈役柄〉ではなく、その〈存在そのもの〉に子供が惹かれた、という点にある。どこの誰だか知らないが、なんだかとてつもなく強烈な人間＝キャラが存在する、という驚嘆こそが、植木等をして子供の人気者にならしめた要因であり、これはもっと強調されるべきファクトである。正体不明の胡散臭い男が大衆の人気を得ていくのは、トニー谷やタモリも同じだが、子供や女性から人気を集めたという点では、植木には到底及ばない。

実際、東宝のプロデューサーが望んだのか、はたまた渡辺プロ側が忖度したのかは定かでないが、『日本一のゴマすり男』（昭40）で植木は、アパートの部屋でツイストを踊りながら、「あなたのお名前なんてぇの！」と、当時子供にも大人気のテレビ番組「アベック歌合戦」（日本テレビ系／司会はトニー谷！）の自己紹介ソングを歌い、『日本一のゴリガン男』（昭41）では、ヒロインの浜美枝から「あなたのような独りよがりで図々しい人は大嫌い」と邪険にされるや、いきなり「シェーだ！」と言ってのけて、そのポーズを決めたりする。さらに、『日本一の男の中の男』（昭42）においては、妻となった浅丘ルリ子に向かって、「バハハーイ！」とケロヨン[注13]ばりの別れの言葉を放って出勤していくなど、明らかに子供の観客を意識したサービス・ショットが用意されている。これは、明らかに『日本一のホラ吹き男』（昭39）以前には見られなかった傾向である。

また、植木等は当時の少年週刊誌にもたびたび取り上げられた。『少年キング』（少年画報社：1965年4月25日号）では、「フータくん」（藤子不二雄作）と一緒に表紙に登場。本誌では「笑え春だよ クレージー」なる特集記事も掲載されている。さらに『少年マガジン』（講談社：1966年2月20日号）では、〃とんま天狗〃で大人気の大村崑とのコンビで表紙に採用されており、当誌では「クレージーのおわらい大行進」なる特集記事まで読むことができた。だいぶのちのこととはなるが、同じ『少年マガジン』に1968（昭和43）年1月1日号から連載開始されたボクシング漫画「あしたのジョー」（高森朝雄原作、ちばてつや画）においても、少年鑑別所に送られた矢吹丈が心理テストを受けた際、「両親」から連想されるものとして「植木等イコール無責任」と答える場面が見られた。

大村崑と言えば、小林信彦が自著『植木等と藤山寛美』（新潮社・1992年）に、1965年7月に第一企画マーケッティング部が小学生を対象に行った「タレント好感度調査」の結果を載せていて、ここにもその名が見られる。当調査によると、東京の男子が好きなベスト3は、谷啓、大村崑、植木等。女子のベスト3はその逆で、植木等、大村崑、谷啓の順となっている。総合すると、1位が谷啓と大村崑、2位が植木等、3位がハナ肇の順となり、クレージー人気と「とんま天狗」（1970年12月まで日本テレビ系で放送）人気がいかに高かったかがよく分かる結果となっている。

ちなみに、大阪の小学生人気ナンバーワンは、植木等その人。お笑いの漫画トリオや白木みのる（TBS系「てなもんや三度笠」の珍念役で人気沸騰中）を抑えての、堂々の〈関西ナンバーワン〉である。繰り返すが、当時の大村人気は子供中心であったが、植木人気が〈子供だけではなかった〉点が、実は凄いことなのだ。実際、「とんま天狗」は、大の〈大人〉は見向きもしなかったが、「シャボン玉ホリデー」（同じく日本テレビ系）のほうは大人も子供も若き女性も、それこそ家族全員で楽しんで見られる点に大きな価値があった。この番組がエンディングに近づき、ザ・ピーナッツの二人によって「スターダスト」が歌われると、「ああ、楽しかった日曜日もこれで終わりか……」と寂しい気持ちになった子供も、さぞや多かったに違いない。

それに加え、勁文社などから多くのフォノシート（ソノシート）が発売されたのは、子供でも手に入れやすいように、との配慮――と言うより戦略？――があったと思しい。その価格がほぼ三百円台から四百円程度だったにもかかわらず、通常のシングル盤4〜6枚分の曲が収録されているので、このソノシートなる商品は大変〈お得感〉があった。筆者が所持していたものは、「無責任」の冠（「――大行進」、「――大作戦」、「――万才」）が掲げられたものが多かったが、本家本元の東芝から出た四曲入りの「フォノブック」なる代物まであり、これなどはどう考えても子供の購買層を意識して発売されたものであった。当時、人気を集めた子役・上原ゆかりと植木のデュエット童話集「パパといっしょに」（勁文社）などは、何ゆえにレコードで出なかったのが不思議なくらいのグレードを有していて、これは女の子とその父親を対象に企画されたものとしか言いようがない。

大人にも子供にも人気があるのなら、CMに起用されるのは当然のこと。1963（昭和38）年、「今ノリに乗っている植木さんしかいない」という広告代理店の部長の意向により、丸定商店（当時）の新商品「アイデアル傘」のテレビCM（二年間の契約。ディレクターはTBSの砂田実氏[注14]）に起用されたのをきっかけとして、植木はその年に田辺製薬の「ヘルスロング」（「スイスイ音頭」なる歌も作られた）、ナショナルの電気冷蔵庫と洗濯機、沖正宗酒造の「沖正宗」といったCMに連続出演。これで、植木人気がますますアップしたことは言うまでもなく、1965年から麒麟麦酒の「キリンビール」、66年から日産自動車「サニー」とロート製薬「パンシロン」、68年から日本ヴィックス「インヘラー」（鼻炎薬。「これでイーヘラ?」のフレーズが実に愉快）、71年からは大塚食品「ボンシチュー」（「この際カアちゃんと別れよう」のフレーズで有名。レコード化もされた）のCMに登場。グループとしてもサントリービール（「イチ、ニのサントリービール!」の掛け声が印象に残る）のCMに出演するなど、お茶の間やお店などで植木等の顔を拝む機会は増加の一途を辿った。

そして、その人気の度合いは――現在の映画界は、その在り方がまったく違ってしまっているので、植木等の時代と比較すること自体がナンセンスだが――、今の芸能界で言えば、人気絶頂時のビートたけしと明石家さんま、それにタモリを合わせても足りないようなスケールとでも言うべきか。いずれにしても、あれほどまでの強烈な存在感を示し、あらゆる世代から爆発的な支持を得た歌手&俳優は、植木等をおいてほかにはいない。

かくのごとく筆者たちの世代は、植木等に対して抱く憧れや思いがことのほか強い。この感覚はその当時子供だった、今や六十代中頃から後半になっておられる方にしかわかり得ないものかもしれないが、この世代で小学生時代に植木等が好きでなかった、あるいは植木等に興味がなかった男子など、た

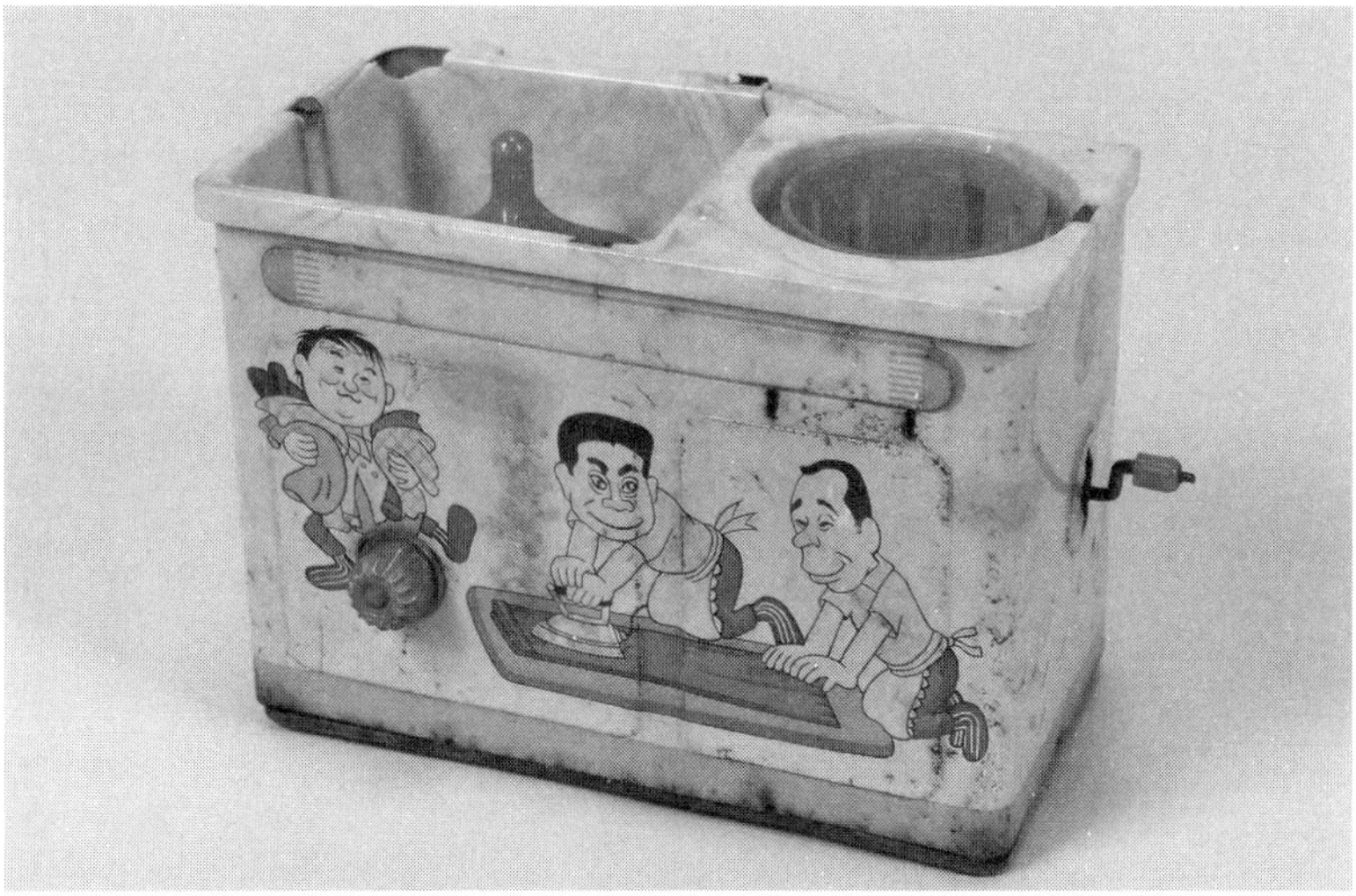

当時の子供人気を示す、クレージーの顔入り“二層式洗濯機”おもちゃ
三重県総合博物館『植木等と昭和の時代』図録より

だの一人もいないだろう。そして、植木に続いてアイドル化していったのは、やはり東宝の加山雄三であり[注15]、これは日活の石原裕次郎や小林旭、東映の高倉健、大映の市川雷蔵、勝新太郎などには決して見られない傾向であった。

そもそも当時、子供が安心して見に行けるのは、都会派作品を主とする東宝ブロックの映画館だけであり、筆者も夏休みだからと、裕次郎主演の『零戦黒雲一家』（昭和37年8月公開／日活）を見にいこうとしたら、「裕次郎の映画なんか見たら、不良になる」と、母親に止められた憶えがある。子供なら、戦争映画に興味を持つのは当たり前だし、今思えば、植木等（同年7月公開の『ニッポン無責任時代』）やゴジラ（同年同月公開の『キングコング対ゴジラ』）がOKで、何故に裕次郎はダメなのかとも思うが、これがその当時の世間の〈見立て〉であった。植木等はそれだけお茶の間で認知された存在であり――当然ながら、親たちも植木が本当に無責任でC調な男とは思っておらず――、「植木等なら」と、子供たちが映画館に行くのを認めていたのであろう。

注10 長嶋茂雄の登場は、野球の愉しみ方を大きく変えたと言ってよい。川上哲治などと比べると、〝ショーマン〟と言ってもよい長嶋だが、エンターテインメント性を高めるのにこれほど適任の選手はいなかった。

注11 植木等は、ラジオ番組「出逢いがなければ始まらない」（1983年）出演時、パーソナリティーを務めていた斎藤誠による「浅草東宝のオールナイトでは、植木さんの名前が出ただけで拍手が起こる」との発言を受けて、「ボクも昔、鞍馬天狗が出てきたときは拍手したことは憶えてるけど、（その現象を）どう解釈していいか分からなくて……」と、戸惑いの色を見せている。

注12 おフランス帰りのイヤミ氏が初登場したのは、1962年に赤塚不二夫が発表した「おそ松くん」。『少年サンデー』（小学館：1959年創刊）に連載され、子供たちから大人気を博した。そのお得意のポーズ「シェー」をやってみたことのない少年少女など、この日本には一人もいなかったに違いない。現在の天皇陛下（この頃は浩宮殿下）だろうと、ゴジラ（『怪獣大戦争』において）だろうと、みなシェーに興じたものだ。

注13 ケロヨンとは、日本テレビ系で放送された子供番組「木馬座アワー」（1966～70年）に登場したカエルのキャラクター。着ぐるみ役者により演じられ、「ケ～ロヨ～ン」「バハハ～イ」が挨拶の言葉（口癖？）であった。

注14 砂田実著『気楽な稼業ときたもんだ』（エンパワメント研究所：2017年）によれば、「なんである、アイデアル」のフレーズは植木自身の発想によるものとのことだ。

注15 加山雄三が女性や子供も含む、あらゆる世代からの人気と共感を得たのは、『怪獣大戦争』と同時上映され、爆発的ヒットとなった『エレキの若大将』（昭和40年12月19日封切）以降のこと。

1961年の少年たちと「スーダラ節」

ここで、「スーダラ節」がヒットした1961年についてふりかえってみよう。

1961年は、植木等が経堂に自宅を構えた年である。近所にお住まいだったY氏[注16]の証言によれば、この時分の植木の自家用車はトヨタのコロナで、毎朝、青島幸男が年代物のオースチンで迎えに来ていたという。きっと、二人して「おとなの漫画」のフジテレビに通っていたのだろう。

さて、この年、我々小学生は、その名もズバリ『少年』という名の月刊誌に夢中であった。光文社発行による当誌は、それこそ戦後の混乱期、1946（昭和21）年から続く少年漫画雑誌で、当時は手塚治虫の「鉄腕アトム」はもちろんのこと、戦争の匂いが色濃く漂う「鉄人28号」（1956年連載開始／横山光輝作）が大きな人気を集めていた。この頃にはギルバートなるライバル・ロボットが出現、これを操るケリー、さらには鉄人に味方するオックスも参戦して展開されるロボット対決に、男子小学生は大いに心踊らされたものだった。両作品とも、二年後の1963年にはテレビ・アニメ化され、現在のアニメ隆盛の基礎を築いている。

また、この年、我々少年にはガガーリン（ソビエト連邦：当時）による「人類初の有人宇宙飛行成功」のニュースが特に印象深い。当時の映画館では、劇映画の合間に五分くらいの〈ニュース映画〉というものを上映しており、このニュースを見るたびに「地球は青かった」のフレーズとテロップが耳と目に飛び込んできて、これが確《しか》と脳裏に焼きつく結果となった。

さらに、1961年は大鵬と柏戸（山形出身）の同時横綱昇進により、いわゆる〝柏鵬時代〟がスタートした年にあたり、一層子供のファンが増えた――もっとも、そのほとんどは大鵬ファンであって、我々山形県人は肩身の狭い思いをした――ことでも記憶される。大人も子供も等しく大相撲好きだったのは、いつの頃までであったろうか。

映画界では、4月に黒澤明の『用心棒』が公開、それまでの時代劇の様式が一変してしまうほどの影響を与えたことが特筆されよう。三船敏郎は本作その他の演技により、ベネチア国際映画祭で最優秀男優賞を受賞。加えて、メキシコに招かれ『価値ある男』なる外国映画に初出演、国際スターとしての第一歩を踏み出すこととなる。山形宝塚劇場の常連であった筆者は、子供だけに円谷特撮映画のほうに興味が湧き、異色の怪獣ファンタジー『モスラ』（7月公開）と、松林宗恵監督の力作『世界大戦争』（10月公開）に大きな衝撃を受けたものだった。

歌のほうに目を移せば、「スーダラ節」以外では、なんと言っても坂本九の「上を向いて歩こう」というメガ・ヒット[注17]の存在が大きい。これほどまでの世界的邦楽ヒット曲は、その後も生まれていない。テレビのほうでも坂本や渥美清が出演した「夢であいましょう」（NHK）、クレージーキャッツも加わった「若い季節」（同／どちらも4月放送開始）、それに当の植木等とクレージーキャッツがブレイクするきっかけとなった伝説的バラエティ番組「シャボン玉ホリデー」（日本テレビ／同年6月放送開始）といった番組が人気を集めている。そう言えば、買い物をショー化した番組「ナショナル・プライス・クイズズバリ!!当てましょう」もこの年から始まっており、こうした豪勢な気分を味わえる番組が作られるようになったのも、日本の社会や家庭にいささかの余裕が生まれていた証しであろう。

ただ、我々子供のお小遣いは、どんな裕福な家庭であろうと、大概は一日十円が相場で、そのなけなしの小銭を握り締めて、子供たちは駄菓子屋や貸本屋へと通った。十円もあれば駄菓子屋では相当な買い物ができたし、推理ものやスリラー・アクション系の貸本漫画を借りては、胸躍らされたものである。思えば、１９５５年前後生まれの筆者たちは、貸本漫画のお世話になった最後の世代なのかもしれない。

それにしても「スーダラ節」という〝イロモノ〟的な歌が、あれほどまでの大ヒット――と言っても、百万枚は売れていないとされるが――となるとは、原盤を製作した渡辺プロや青島幸男ら作者たちはもちろん、当の植木等ですら考えてもいなかったことであろう。植木自身が、この歌を歌うことに疑問と躊躇を覚えていたことはよく知られ、後年になってからも、「こんな馬鹿な歌を、この歳になって俺に歌わせるのはどういうわけだと、まあ、ちょっと三十代も半ば近くになってましたんで、いやでいやで、もう逃げまわってたんです[注18]」と語っていたほどだ。

本人の口癖からヒントを得て、あれほどまでに印象的なメロディ（サビのメロディが、一番と二番、

三番で微妙に違っているのは異例なことだし、歌のメロディとは何の関係もないイントロと、それぞれ異なる間奏も素晴らしい！）を生み出し、〝チンドン・ジャズ〟としか表現の仕様がない斬新なアレンジを施した萩原哲晶という音楽家は、真に天才と呼ぶべき人である。台本を手がけていたテレビ番組「おとなの漫画」（1959年放送開始／フジテレビ系）の発想を通じて、庶民の日常生活を切り取った歌詞（平歌＝Aメロ部分）を作り出した青島幸男という構成作家[注19]の才能も恐るべし！　このC調としか言いようのない楽曲を歌うことを求められた植木が、尊敬する父親・徹誠に相談し、結果として悟りを開いたという逸話は、世良譲氏[注20]の言を信じれば〈眉唾〉と捉えねばならないが、幾度もテイクを重ねた末に行き着いた、〈捨て身の境地〉とでも言うべき態度で歌い上げたこの歌は、山形の〈いち小学生〉のハートをも鷲掴みにする。

今、冷静になって聴いてみれば、その捨て鉢でニヒルな歌いぶりは、とてもコミック・ソングに適したものとは言えず、なんだか人を馬鹿にしたような感じさえしてくる。それでも、〈度を越した開き直り〉が筆者だけでなく多くの大人の共感も得たのであろう、「シャボン玉ホリデー」で繰り返し歌われたことで、この歌はアッという間に日本国中に浸透。その年から翌年あたりまで、映画やテレビでパチンコ屋や商店街の場面が出てくると、必ずと言っていいほどこの曲が流されていたものである。

大瀧詠一は1986（昭和61）年に、クレージーの結成三十周年記念盤として企画されたベスト・アルバム「クレージー・キャッツ・デラックス」（東芝音楽工業）を監修するにあたって、この歌を次のように評している。「私（筆者注：厚家羅漢名義の大瀧）にとっては『ハウンド・ドッグ』、『抱きしめたい』に匹敵する曲で、植木の歌声はエルビス、ジョン・レノンと同じ種類の開放感を与えてくれた」。この歌が当時の日本国民に及ぼしたショックとカタルシスの大きさについては、どなたも異論のないところであろうが、さすがは内外のポップスに精通する大瀧だけあって、この時点ですでに海外の楽曲や歌手との比較にまで論考が及んでいたことがうかがえる。

子供時代にこの歌に接してしまった筆者のような者にとっては、三橋美智也くらいしか比較する対象がなく、あまりにも早く最高の〈開放感〉を得てしまったがゆえに、その後、この曲以上のインパクトを得ることがなかったわけだから、ある意味これは、〈悲劇的〉なことでもあった。

悲劇的と言えば、植木はこの国民的大ヒット曲「スーダラ節」をもってしても、ＮＨＫ「紅白歌合戦」に出場することは許されなかった。当時のＮＨＫは〈低俗性〉には敏感だったし、この時点での植木等は、まだまだ海のものとも山のものともつかない存在、すなわち〝色物〟でしかなかった、ということになるのだろう。

そうした意味で〈悲劇的〉な歌であったこの「スーダラ節」は、１９９０（平成２）年になって、メドレー曲「スーダラ伝説」として突如復活。植木はこの〈伝説的〉な楽曲を引っさげて、二十三年ぶりに紅白の舞台に立つこととなるが、この時もフル・コーラスなら10分41秒ある曲を、なんと４分50秒にまで短縮されるという憂き目に遭っている。それでもこの曲「スーダラ伝説」は、第41回の紅白歌合戦において瞬間最高視聴率を獲得、植木等本人のパワーも楽曲の力も、そしてその人気もいささかも衰えていなかったことが証明され、溜飲を下げたファンも多かったに違いない。

ここで改めて、「シャボン玉ホリデー」について触れておきたい。

この伝説的テレビ番組に関しては、様々な書物で、その詳細な内容について多くの方が証言されているので、くどくどとは述べないが、この番組が放送されていたのが、まさに子供も大人も見られる〈ドンピシャ〉な曜日と時間帯であったことについては、あまり言及されたことがない。1961年当時のテレビ鑑賞事情を思い出してみていただきたい。どんなお金持ちでも、そうでもない家庭でも、せいぜいテレビ受像機は〈一家に一台〉であった。そして、当番組の放送は日曜日の夕方6時30分という、夕食にはまだ間があり、子供が外での遊びを終えて家に帰ってきたばかりの、誠に絶妙な時間帯[注21]であったのだ。もちろん休日であるから、大人も見ることができたので、これもまた〈大人にも子供にも等しく楽しめる〉番組となる要因となった。のちに言われる「核家族化」なる状況[注22]はいまだ到来しておらず、老若男女に等しく愛されるヒーロー・植木等を生む要素はここにもあったわけである。

こうして「スーダラ節」は、「シャボン玉ホリデー」を介して瞬く間に全国に浸透。前述のとおり、小学生からサラリーマンまで広く歌われたこの歌は、映画界にも多大な影響を及ぼす。クレージー（というよりスーダラ節）人気にあやかり、まずは大映でその名も『スーダラ節 わかっちゃいるけどやめられねぇ』（弓削太郎監督）なる映画が作られ、翌1962年の3月25日に公開される。これはグループでの出演であり、それも完全な脇役（主役は川口浩と川崎敬三のコンビ）。映画の内容も、サラリーマンの出世欲を描くものとは言え、「スーダラ節」との関連はほぼゼロ。クレージーや植木等の活躍を期待して見ると失望必至の作品であるので、未見の方はくれぐれもご注意願いたい。

『如何なる星の下に』豊田四郎監督と ©TOHO CO.,LTD.

　公開順で言えば、続いて植木は東宝の『女難コースを突破せよ』（同年4月1日封切）に助演。二週間後の4月15日には、やはり植木が単独出演した高見順原作の現代劇『如何なる星の下に』（豊田四郎監督）が封切られる。

　前者は、前年1月公開の『出世コースに進路をとれ』（筧正典監督）の続篇的作品で、小林桂樹、宝田明、高島忠夫による現代版「三人吉三」とでも言うべきサラリーマンもの。これに植木は団令子の相手役として登場、お経を唱えるだけでなく、「スーダラ節」を意識した「わかっちゃいるけどやめられない、ときたもんだ」なるセリフも発している。

続く、豊田四郎による陰々滅々とした群像劇である後者で、植木が演じた役柄は軽佻浮薄な歌手。まさに平均《たいらひとし》のプロトタイプ的な〝色悪〟で、これをクールに快演、いや怪演した植木は、「わかっちゃいるけど…」のほか、「こりゃシャクだった」の決め台詞も披露、東宝のスクリーンにその強烈な個性と存在感を示している。ここでも、「スーダラ節」のような歌を歌うのは、こうした軽薄な男に違いない、といった決めつけがすでに見られるのが――植木には不本意であったに違いないが――、実に興味深い。

この二作が『ニッポン無責任時代』の前触れ的作品であることは、すでにお察しいただけたことと思うが、その前にグループで出演した映画がさらに二本ほどある。それは、番匠義彰が監督した松竹映画『クレージーの花嫁と七人の仲間』（4月15日封切）と、やはり大映で製作された『サラリーマンどんと節 気楽な稼業と来たもんだ』（5月12日封切：枝川弘監督）で、これらはどう好意的に捉えても、クレージーの出るべき映画とは言い難いものがあった（要するに、彼らの持ち味を生かしたスマートな喜劇ではない、ということ）。

以上の五作は、まさしく〈クレージー映画前夜〉の作品と呼ぶに相応しいものだが、「スーダラ節」ヒット後に出演した映画は、実はもう一本ある。それは曲がヒットしたその年（１９６１年）の暮、12月24日に封切られた『大当り三代記』（的井邦雄監督）という松竹映画。これは藤山寛美主演の喜劇で、松竹からビデオが出ているので、ご覧になった方もおられるだろう。この映画での植木は、いきなり登場したかと思えば、「スーダラ節」を歌ってすぐに退場するという、まさに〈ゲスト出演〉扱い。出演映画と呼ぶにはいささか心もとないが、「スーダラ節」が初めて映画で歌われ、この曲をいかに映画界が必要としたかについて語るには欠かせない作品であるので、ここに特記させていただいた次第だ。

注16　Y氏は、植木の長男・廣司さん（比呂公一氏）とは高校の同級生の間柄で、廣司さんは父親の物真似がとても上手かったと語っている。

注17　ミリオンセラーともいい、百万枚以上のセールスを記録したレコード・CDを差す。もっとも、発売の年（1961年）の国内での売り上げはそこまでには至っておらず、米国の「ビルボード・ホット100」等で第1位を数週間維持したことが、世界での売り上げを一千万枚以上に伸ばす要因となった。

注18　1983年7月24日、鎌倉円覚寺において植木等が行った「支離滅裂」と題された講演会（夏期講座）における発言。

注19　青島はすでに1960年、ダニー飯田とパラダイスキング（坂本九）向けに「悲しき六十才（ムスターファ）」の訳詞を担当したり、「九ちゃんのズンタタッタ」（1961年）の作詞・作曲をしたりするなど、音楽関係の仕事を手がけていた。

注20　世良譲氏は日本でも有数のジャズ・ピアニスト。植木等や谷啓とも親しく、後述する筆者製作の自主映画に谷さんを勧誘してくださったのはこの方である。「サウンドイン〝S〟」（TBS系）でのパフォーマンスは忘れることができないが、「スーダラ節」に関する徹誠氏のコメント「親鸞聖人の教えにも通じる……」に関しては、ズバリ〝眉唾〟とおっしゃっていた。

注21　日曜夕方6時と言えば、1962年からは「てなもんや三度笠」（TBS系）が始まり、「あんかけの時次郎」に扮した藤田まことも老若男女に愛されるヒーローとなる。一時期、藤田は渡辺プロダクションに在籍していたので、植木等とは〝日本一（の男）〟シリーズや〝作戦〟シリーズなど、数々のクレージー映画で共演している。

注22　元ザ・フォーク・クルセダーズの北山修（きたやまおさむ）は、「あの素晴らしい歌をもう一度」コンサート（2019年）において、かつての日本では、大人も子供も（要するに家族揃って）「同じものを見て楽しんでいた」が、その構造が崩れたのは、70年代初頭のラジオの深夜放送に若者が熱中したことが原因である旨の発言をしていた。日本が裕福になり、核家族化が進行、テレビが「一家一台」から「一人一台」になったことも、趣味やヒーローの分散化を進めた要因であることは論を俟たない。

Column 1

「スーダラ節」が劇中で流れる（歌われる）映画

クレージー関連映画以外にも多くの映画で流れたり、歌われたりした「スーダラ節」。本項では、「スーダラ節」及びそのB面の「こりゃシャクだった」が東宝映画で使われた具体例を挙げてみたい。

まず、古澤憲吾監督『アワモリ君売出す』（昭和36年7月30日封切）と、その続篇『アワモリ君乾杯！』（同年10月8日封切）で坂本九とジェリー藤尾、続いて『ガンパー課長』（同年12月17日封切：青柳信雄監督）で主演の藤木悠により「こりゃシャクだった」のセリフが発せられたのをはじめとして、1週間後に公開の『喜劇駅前弁当』（同年12月24日封切：久松静児監督）では、女按摩に扮した横山道代が「スーダララ、スーダララ」のかけ声とともに、森繁久彌に指圧を施す姿を見ることができる。

1962年に入ると、「スーダラ節」はますます全国に浸透。須川栄三が監督した『ある大阪の女』（昭和37年2月24日封切）で、主人公のBG・団令子が勤める服地会社の社長・小沢栄太郎がこれをスイスイと歌えば、『続サラリーマン清水港』（同年3月7日封切：松林宗恵監督）では、正篇に続いて大沢健三郎[※1]扮する新聞配達人らが、全篇に亘ってこの大ヒット曲を口ずさむ。

また、山本周五郎の連作短編を元とする森繁主演作『青べか物語』（同年6月28日封切：川島雄三監督）でも、登場人物により二度ほど歌われたほか、久松静児監督の佳作『早乙女家の娘たち』（同年9月8日封切）では、主人公の香川京子の弟・大沢健三郎（またもや！）らによって、「スーダラ節」が二度に亘って歌われる。二度目に至っては、なんと「スイスイ」の〝平泳ぎ振り〟まで付けられていたほどだから、小学生だった大沢健三郎が植木に相当感化されていたことは明らかだ。

　さらに、フランキー堺が地方詰めの新聞記者を演じた『地方記者』（同年10月13日封切：丸山誠治監督）では、娘の坂部尚子[※2]がテレビでこの歌を聞いていると、電話中のフランキーが邪魔もの扱いしてスィッチを切らせてしまう、というシーンが見られる。これなどは、教育上よろしくないと思われていたことを実感させられる描写だが、すでに「スーダラ節」は大人にも子供にも、そしてテレビを通じて地方にまで浸透し尽くしていたので、止めても無駄というものであろう。

　植木も含むクレージーの面々がこの歌を歌うシーンが見られるのは、ザ・ピーナッツを主演に作られた『私と私』（同年8月11日封切：杉江敏男監督）という映画。ここでは、ハナ肇扮する芸能プロ社長とクレージーらにより、旅先の伊豆の海岸で「スーダラ節」が合唱されている。

　大映『スーダラ節　わかっちゃいるけどやめられねぇ』（昭和37年3月25日封切）や、松竹『クレージー

の花嫁と七人の仲間』（同年4月15日封切）はもちろん、日活作品でも、浦山桐郎監督の『キューポラのある街』（同年4月8日封切）でパチンコ店の現実音として使われた例があり、それこそ他の映画会社も含めれば、この曲はさらに多くの映画で使われたものと推測される。※3

ちなみに、「ハイそれまでョ」は日活『危ないことなら銭になる』（同年12月1日封切）や、堀川弘通監督によるサスペンス映画『白と黒』（昭和38年4月10日封切）の劇中、この歌が街の雑踏から聞こえてくるシーンがあるほか、谷崎潤一郎原作の文芸映画『台所太平記』（同年6月16日封切：豊田四郎監督）では、京塚昌子のお手伝いさんの口から台詞として発せられている。

さらには、「ドント節」の一節が聞ける映画もあって、こちらは『林檎の花咲く町』（昭和38年8月25日封切：岩内克己監督）の中で、白川由美が教師をする高校の男子生徒たちによって歌われている。

※1　〝サザエさんシリーズ〟あたりからその顔を見るようになった大沢健三郎の代表作は、なんと言っても成瀬巳喜男監督の『秋立ちぬ』（昭和35年10月1日封切）であろう。他には、共演の夏木陽介と出たテレビ映画「青春とはなんだ」から出演者がスライドした『血と砂』（昭和40年9月18日封切：岡本喜八監督）の軍楽隊員役も忘れがたい。

※2　坂部尚子ちゃんは、『ゲンと不動明王』（昭和36年9月17日封切：稲垣浩監督）で小柳徹と兄妹役をやったときから、その存在を意識するようになった子役女優。『ベビーギャングとお姐ちゃん』（昭和36年12月9日封切：杉江敏男監督）では大沢健三郎はもとより、中村勘九郎（のちの十八代中村勘三郎）との共演も果たしている。そっくりの妹・坂部紀子ちゃんもよく東宝映画に出ていたが、何よりも有名なのはテレビ特撮シリーズ「ウルトラQ」（昭41）で演じた〝悪魔っ子〟であろう。

※3 「スーダラ節」最後の（?）熱唱は、青山斎場にて行われた植木等のお別れの会（2007年）で、渡辺プロ仲間の内田裕也により歌唱されたときのもの。裕也さんには、歌詞くらいきちんと覚えてきてほしかったが、植木等とこの歌に対するリスペクトの念は充分伝わってくるものがあった。

さらに時代は下り、2020年公開の手塚眞監督作『ばるぼら』（製作は2019年）でも、稲垣吾郎扮する作家から自宅マンションに招じ入れられた〝ばるぼら〟（二階堂ふみ）が、シャワーを浴びながらこの歌を歌うシーンがあり、この歌の普遍性に改めて感じ入った次第だ。これを替え歌にした最近のCMソングは論外だが……。

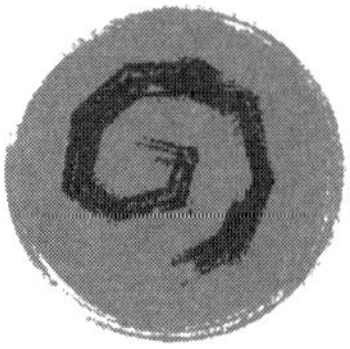

1962年の植木等

いよいよ時は、『ニッポン無責任時代』が封切られる1962年へと進む。

この年でよく憶えているのは、横綱・若乃花の引退である。これは子供心にも大変印象的な出来事で、それだけ大相撲がテレビで見られていた証しでもある。巨人軍の王貞治選手が一本足打法に取り組んだ話題も、テレビやニュース映画で流されたので、大いに広まった。そのテレビ受信契約者の数が一千万人を超えたのは、この年3月のこと。テレビの普及率は48・5%を数え、以降、家庭でのテレビの位置はますます高くなっていく。

音楽業界では、植木等が「ハイそれまでョ」(「無責任一代男」と両A面扱いだったが、テレビ等ではこちらがメイン)をヒットさせ、これにて紅白歌合戦に初出場を果たす。「スーダラ節」では駄目で、なにゆえに「ハイそれまでョ」ならよい(出場資格がある)のかと、植木さんご本人も冗談交じりで疑問を呈しておられたが、当時のNHKの判断基準は、まあそのようなものであった。[注23]

「シャボン玉」つながりで言えば、この年はザ・ピーナッツが「ふりむかないで」を、中尾ミエが「可愛いベイビー」を歌って、ヒットに導いている。「ふりむかないで」は、ザ・ピーナッツにとってオリジナル曲として初めて大ヒットとなった曲だが、作曲はのちにクレージー映画やクレージー・ソングにも深く関わる宮川泰。宮川がハナ肇からクレージーキャッツに勧誘されたものの、渡辺晋の反対でポシャった話は有名だが、もしこれが実現していたら、ピーナッツの一連のヒット曲は生まれなかったかもしれず、この決断は〈運命の分かれ道〉だったことになる。

1962年は、海の向こうでビートルズとボブ・ディランがレコード・デビューを飾った年としても知られる。「ルイジアナ・ママ」や「ヴァケイション」のヒットもこの年のことで、全世界的にレコードというものが若者への影響を強めていた時期であることは間違いない。当時は知らず知らずのうちに、LPはクラシック派、シングル盤は若者と、差別化が図られていたような雰囲気があったが、子供が本格的にソノシートに夢中になるのは、翌1963年に始まるTVアニメ「鉄腕アトム」（フジテレビ系）の主題歌（朝日ソノラマから発売）以降のことである。

コカコーラのCM「スカッとさわやか〜」が始まったのもこの年とされるが、日本ではペプシコーラのほかにも、クラウンコーラやグリココーラといった多様なコーラが販売されていた。生家が酒類販売業を営んでいた環境にあったから、筆者はこのバリエーションの豊富さを、まさに身をもって体験している。コーラとクレージーにまつわるお話は、『くたばれ！無責任』の項でじっくりとご披露させていただきたい。


1962年の植木等とクレージーキャッツは、ジャズ喫茶のステージ・ショー、相変わらず続いていた「おとなの漫画」と「シャボン玉ホリデー」などのテレビ番組、そして前年12月にリリースした「ドント節／五万節」（これまた両A面）のヒットで始まった。映画は、前述の『大当り三代記』に植木が

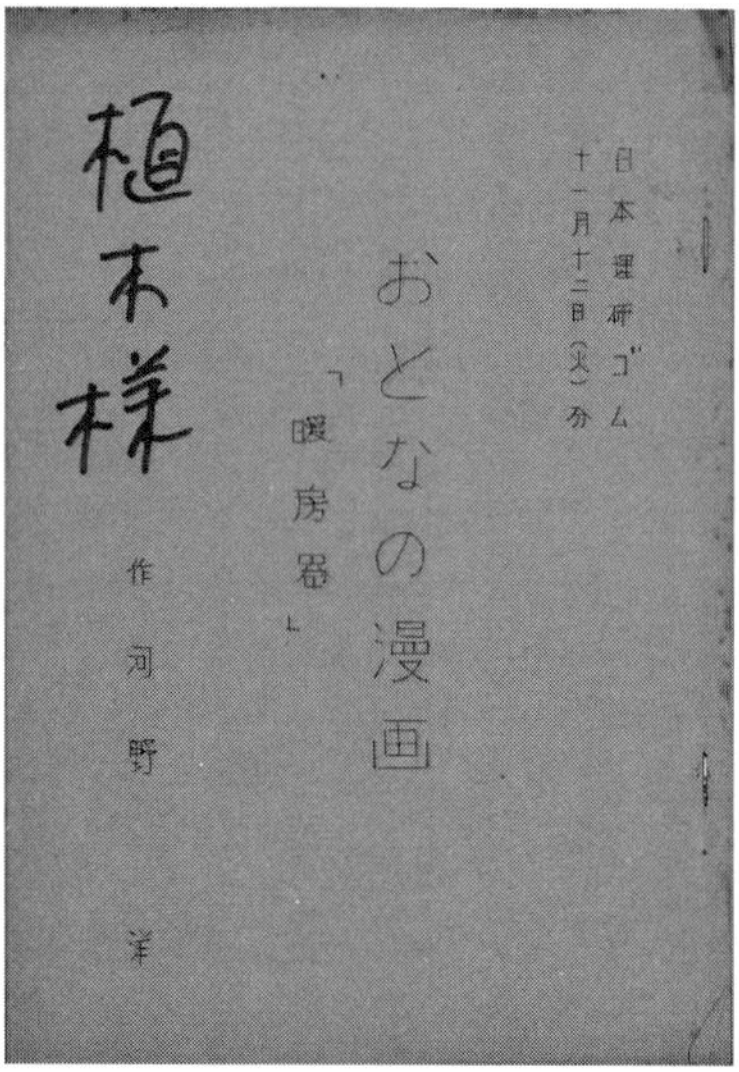

植木所蔵の「おとなの漫画」台本
（1963年11月12日放送）
提供：比呂公一・藤元康史

ゲスト出演したくらいで、グループとしても1958年10月公開の『裸の大将』（堀川弘通監督）を皮切りに、松竹映画『どんと行こうぜ』（昭34／野村芳太郎監督）や日活映画『竜巻小僧』（昭35／西河克己監督）にバンドとして出演、役者としても大映映画『足にさわった女』（昭35／増村保造監督）や『腰抜け女兵騒動』（昭36／佐伯幸三監督）などに助演する程度であったから、いまだ〈売れっ子〉というわけではなかった。これらの映画ものちになって発掘されたもので、クレージー出演の事実は、その当時スクリーンで確認した人々の記憶の中で長らく眠り続けることとなる。

注23　GS（グループサウンズ）でも、ブルーコメッツは第41回大会から出場できたが、長髪のタイガースは紅白出場を認められないという変則的状況が生じた。〝不良〟の印であるエレキ・バンドに変わりはないのに、ブルコメがOKだったのは短髪でスーツ姿だったからに違いない。タイガースが初出場を果たしたのは、何度目かの再結成となる1989（平成元）年になってからで、植木等の事例も併せて、ともにナベプロ所属だったというのが因縁めいている。

『ニッポン無責任時代』の公開と古澤憲吾という監督

いよいよ1962年7月29日、植木等が主演し、クレージーのメンバー全員が助演した映画『ニッポン無責任時代』が公開される。ちなみに、当月は「明治アーモンドチョコレート」が新発売され、戦後初の国産旅客機「YS－11」が完成した月である。この映画の撮影にまつわる裏話は、のちに植木等本人の口からも散々披露されているので、ここでは繰り返さないが、ファースト・カット撮影時の経緯は、筆者にも語ってくれたくらいだから、さぞや苦々しい経験だったのだろう。疲れ切って撮影所に赴き、監督の古澤憲吾から深夜に至るまで〈高笑い〉を繰り返させられたという苦労譚は、植木本人の口から生涯を通じて語られることとなる。

実際このショットは、映画本編では「おーい、お代わり！」と明るくウイスキーを注文する、というものになっているが、「君が演じている男は、異常な人間なんだ」として、古澤からハイ・テンション＝ハイ・ヴォルテージの演技を求められたことが、植木等の頭の中では「繰り返し高笑いを強要された」という強迫観念にまで高まったものと推測される。古澤監督お得意の、いわゆる〝シュート演出〟がいかに尋常ならざるものであったかについては、谷啓さんからも直接伺っているし、犬塚弘の著『最後のクレージー』（講談社：2013）でも披露されている。

藤本眞澄は「パレンバン（古澤の愛称）の現場は撮影なんかじゃない。運動会だ」、植木本人も「俺たちを撮るより、監督を撮った方が面白い映画になる」（どちらも田波靖男の著書『映画が夢を語れたとき』広美出版事業部：１９９７）と語っているほどだから、古澤の現場の〈異常さ〉は、容易に想像がつこうというものだ。

その古澤憲吾は、市川崑や渡辺邦男、松林宗恵、さらには本多猪四郎などの下で助監督修行をした、東宝生え抜きの監督である。師匠の影響・関係性からか、喜劇を任されることが多く、本作以降も植木等やクレージーキャッツの映画を数多く演出。〝パレさん〟の愛称のもととなった「パレンバン作戦に参加した」なる〈ホラ話〉はもとより、岡本喜八監督に対抗したという白ずくめのスタイルや、「シュートする！」なるかけ声を放つせっかちな演出スタイルによって、東宝の俳優・スタッフにはとかく〈変わり者〉ということで通っている。加山雄三の〝若大将〟シリーズを任された折には、主人公・雄一の生家「田能久」（老舗のすき焼き屋／本来は麻布の設定）を、どういうわけか浅草に置いたりするという天邪鬼さも持ち合わせた。

そんな古澤だが、植木のことは非常に買っていたようで、少しのちの１９６６（昭和41）年、『日本一のゴリガン男』製作を前にして『週刊朝日』（朝日新聞社：１９６６年2月4日号）で井沢淳のインタビューに応え、次のように語っている。

「植木等の持っている才能はすばらしい。これからも彼の才能をうんと引出したい」。

なるほど、これは古澤の植木への傾倒ぶりがよく分かる発言である。取材記者は黒澤明と三船敏郎のケースを例に取り、古澤と植木のコンビが続いていることについて、「純然たる娯楽映画では大変珍しい」と評している。東宝（P．C．L．）には、ほかにも山本嘉次郎とエノケンという、よきお手本があるのだが――。

ここで古澤は、「オーバーな笑いだとか、身の動きを用いること」について、「やはり見てくれるお客のイメージはこわしたくない」と述べるとともに、「もう大学へいく子がいるのに……」と渋る植木に対しては、「それはそれでいいのではないか」という言い方にて、暗に現状維持を求めている。やはり、古澤が植木に求めるものは、演技力ではなく、オーバーな体技だったわけである。

植木が〝ブルーリボン大衆賞〟を受賞したことについては、「自分のことのように嬉しかった」、「植木等を、ほんとうに知っているのは僕だけだと思います」と語る古澤。〝日本一（の男）〟シリーズに関しては、「十年といいたいところだが、少なくとも、四、五年はつづけられる自信がある」として、これまた継続の意思を表明。１９７０（昭和45）年の『日本一のヤクザ男』までコンビを続ける、〈予言〉めいた発言まで残している。

さらには、「植木等というタレントは、つねに若さを保たせるために、見事な節制をしている。若くしてスターになったのと違うから、高ぶったところがない」とも称し、とにかく植木に対しては、絶賛の嵐を浴びせているのが非常に興味深い。

古澤監督との打ち合わせ風景（『日本一のゴマすり男』撮影時）　©TOHO CO.,LTD.

植木等本人も、口では古澤について悪口めいたことを言ってはいても、心の中では感謝の念でいっぱいだったようだ。実際、晩年になっても植木が、古澤のご息女の結婚式に参列したり、逆に古澤が植木の舞台を観に訪れる、といった交流が続いている。[注24]さらに植木は、付き人の藤元康史さんに対して、古澤監督への感謝の思いを繰り返し述べていただけでなく、1997（平成9）年に古澤が亡くなったときには、多忙なスケジュールを割いて通夜に駆けつけてもいる。ちなみに、通夜に参列した俳優は、植木のほかには谷啓と加山雄三の二人のみ。「ほかの俳優たちは、いったいどうなっているんだろうな」との植木の憤りは、古澤への深い謝意によるものであったに違いない。

注24

古澤は亡くなる前年、1996(平成8)年8月に送った植木への礼状で、「若い者に交わってよく働き、楽しい芝居だった」と称賛の意を表すとともに、自身念願の企画『アジアの嵐』の実現に向け、十五年ぶりに内閣総務庁の局長と面会してきた事実を披露。『人生劇場』の歌詞(〽やると思えば、どこまでもやるさ、それが男の魂じゃないか……)を引用のうえ、「一生懸命走り続けてまいります」と徹底継続の意思を表明している。その局長なる人物から浴びせられた言葉「君は未だやっているのか。夢を見て死んでゆくんじゃないのか」はあまりにも悲しい。

Column 2

晩年の古澤憲吾

これは、前著『七人の侍 ロケ地の謎を探る』の取材で、東宝〝大部屋〟俳優の加藤茂雄氏に話を伺ったときの話。加藤茂雄は組合の監事をしていた関係で、最後の最後（1972年）まで東宝との契約が残っていた俳優である。『生きる』（昭27）以来、黒澤明に可愛がられ、後年まで多くの作品に出演したことでも知られる。

「クレージー映画の思い出は」、との筆者の問いに、「パレさんの作品には〈不都合〉があって、伊豆の一本（筆者注：伊豆韮山でロケした『日本一のホラ吹き男』のことか?）くらいしか出ていません」と答える加藤。パレさんとは、もちろん古澤憲吾監督のことである。それでも、東宝との専属契約

が解除となり、フリーで俳優を続けていた時代に、古澤と仕事を共にしたことがあるという。

「パレさんが円谷（プロ）の仕事をしたとき、千葉のロケで彼と仕事をしました。終わり（の頃）はかなりの変わり様で、ちょっとあわれでした」との加藤発言には、不遇の晩年を送った古澤に対する憐憫の情が感じられ、なんとも切ない。

また、古澤をして〝日本民族主義者〟と称していた、クレージー映画や若大将シリーズの相棒・田波靖男は、古澤が晩年に企画していた日本並びに東洋の近現代史を描く『アジアの嵐』

なる映画が撮れず、夢を叶えることなく世を去ったことについて、前掲の自著『映画が夢を語れたとき』の中で、古澤の口癖が「成せばなる」であったことを明かしたうえで、「さぞかし残念なことであったろう」と、かつての相棒への思いを吐露している。

そもそも、こうした政治的な映画を東宝が認めるはずもなく、フリーとなってもこの映画の実現を目指した古澤。当然ながら資金を集めるのは容易でなく、製作は難航。ついには資金繰りのため、犬塚弘のもとを訪ねたりもしていたようだが、植木等に出資を依頼したかどうかは定かでない。さすがの古澤憲吾も、植木等には頭を下げられなかったのかと思えば、これもまた哀しい話である。なお、これについては、小松政夫さんが興味深い証言をされているので、「小松政夫大いに語る」の項も併せてお読みいただきたい。

それにしても、古澤との〈不都合〉とは何だったのか。加藤さんは、「植木等さんとは個人的な交友がありました」ともおっしゃっていたので、是非とも聞いておきたかったところだが、それももう叶わない（加藤茂雄さんは2020年6月、九十四歳で永眠）。

なお、加藤さんは、『クレージーだよ 天下無敵』（昭42）に〝凸凹ブラザース〟の役で出たことを楽しそうに語っておられたので、坪島孝監督作品への出演は問題なかったことになる（筆者注：実際に、出演作品多数）。また、古澤作品には、前述のとおり『日本一のホラ吹き男』に土木作業員（先祖の壺を掘り出す）役で出演しており、加藤さんと古澤との間で〈不都合〉が生じたとしたら、このときのこととなるのだろう。画面上では、実に和やかな撮影だったように見えるが――。

映画『ニッポン無責任時代』の評判

時間を古澤憲吾の出世作『ニッポン無責任時代』公開当時に戻す。

この映画に対する評判や評価は、正直言って筆者のような小学生にはまったく届いてこなかった。仮にこれに接してしても理解はできなかったろうし、今思えば、陽気に歌い踊る植木等に、子供ならではの高揚感を覚えただけだったのかもしれない。その〈悪漢〉ぶりが意味するものも、当時の空気を知るサラリーマンなどには大いに理解・共感されたに違いないが、これから社会に出ようとする大学生や映画批評家はこれをどう捉えたのか？

この点を明らかにせずして、その後、名画座や浅草東宝の再上映などで本作に接した人が見せた熱狂的かつ好意的な反応のみでこれを評価・分析することは、まったくもってフェアでないし、この映画の本質を見誤る恐れもある。とは言え、今やその当時の空気を吸うことはできるはずもなく、現在、この作品を正当にふりかえるには、当時の映画評や批評文を読み返すことくらいしか術がない。そこで、本項ではその主なものを再録してみることとした。

まずは、『キネマ旬報』（1962年9月上旬号：No．320）に載った『ニッポン無責任時代』の批評の一部である。

平均（タイラ・ヒトシ）という姓名がまず秀逸である。植木等の活躍はこの役名によって保証される。無人称なのである。

今までかなりの映画出演の機会をもちながら、生かされることがなかった。シナリオによって行動が、演出によって動作が、しばられていた。今回はそれがない。タマに映画に出るんだから、好き勝手なことがやらしてもらえなかったら、ツマラナイよ、ナア。

これまでサラリーマン映画の隆盛をもたらしたのは、誰よりも源氏鶏太の功績である。功罪相半ばする、と言ってもいい。源氏鶏太のワクにはめこまれたために、あたら逸材がダメになった、あるいはダメになりかけている例もいくつかある。『ニッポン無責任時代』の植木等は、たった一人で、サラリーマン源氏映画の重みに挑戦した。その果敢な挑戦に拍手を送る。〝無責任〟だからこそできたのサ。その無責任さを買う。

〝いいから、いいから〟が頻発する。この言葉が通用するかぎり彼の行動は自由で、動作は開放される。上からの体系にしばられることがない。社長との直接とりひきで、職制はマヒする。サラリーマンが気楽な稼業になるのはそのときだ。

社内での仕事はすべて〝ビジネス〟で押し通す。その点植木のビジネスは、常に等価でのとりひきを考えている。りちぎな男だ。もっとも、植木の〝等価〟とは、口八丁手八丁で、とりひきに当ってすべてを等価にしてしまうということなのだ。ここに平均さんの〝平均〟の意味があり、この平均の意味を軸にして『ニッポン無責任時代』が成立する。

（中略）

植木と他のクレージー・キャッツの面々との調和（演技というより動作の）はよくとれている。とれすぎていて、いささか気になる。自己完結してしまって、発展方向が閉ざされる。だが……なるほどこれが無責任ムードだ。裏を返せばおそるべき等価なのだが、そのことを含めてこの映画はおもしろい。

以上の江藤文夫氏（評論家。のちに成蹊大学名誉教授）による批評文には、それまでの東宝サラリーマン映画、特に源氏鶏太の小説を代表するサラリーマンものに対して〈異議申し立て〉を行ったことへの〈賞賛〉があるのが第一。第二点目として、それまで出演した映画における植木等の「行動」や「動作」への〈不満〉が述べられていることに注目せねばならない。これは植木等の個性や特質が、映画ではいまだ生かされていなかった、ということに他ならない。

さらに江藤氏は、松木ひろしと田波靖男による脚本[注25]によって、いかに植木等扮する平均の行動が〈開放〉されたか、加えて、古澤憲吾の演出を受けて、いかに植木がスピーディーで奇天烈な動作を体現できたかについても言及している。この映画が植木等並びにクレージーキャッツにもたらした恩恵に触れているということは、江藤氏はその後のクレージーの活躍をも予見していたことになる。

この批評は、「いいから、いいから」と言いながら、それまでのサラリーマンや日本人が持つ価値観をぶち壊していく〝無責任男〟の出現に、喝采をおくっているとも言え、本作がそれまでの日本映画界にクサビを打ち込んだ〈問題作〉であると、高らかに宣言したものと捉えてよいだろう。

事実、この批評が掲載された『キネマ旬報』誌には、映画評論家・津村秀夫氏による「逞しい企画の創造を——日本映画を面白くするための方法について」という題目の提言が載っており、ここでは次のような記述が見られる。

近年の日本映画では笑いの欠乏が痛切に感じられる。とにかくもっと日本映画は、社会の弱点を風刺し、皮肉な喜劇を作るとよい。今の日本ほどアンバランスな社会はないのだし、喜劇や笑劇の好材料である。

まさに、『ニッポン無責任時代』という映画は、この提言どおりに作られた喜劇であり。時代や社会が待ち望んでいた映画であったことがうかがわれる。〈出るべくして世に出た映画〉と言っても過言ではない。

さらに、本作は観客からも大歓迎されたようで、同誌の「興行結果」欄には、8月第1週の興行成績が次のように示されている。

喜劇二本立て（筆者注：『喜劇駅前温泉』&『ニッポン無責任時代』のこと）の東宝が断然強く、六千人台。ともかく多彩なコメディアンを集めた豪華な配役は、単にお色気による男性観客だけではなく女性層も吸収して、見事なヒットぶりだった。そのうえ、いま爆発的人気の植木等の喜劇をつけたという、徹底した強力番組の編成も適切で、東宝興行陣の自信のほどがうかがわれる週間であった。

本作に関しては「大ヒットした」云々と書かれた文章[注26]をよく見かけるが、この記事からは実際、興行的に成功したという事実と、封切時に女性の観客も多く劇場に駆けつけたことが伝わってくる。当時、植木等人気がじわじわと女性にも広がっていたことがうかがわれる点からも、これは大変貴重な資料と言って良い。

なお、田波靖男の著『映画が夢を語れたとき』（前掲）には、「初日メーター[注27]が一万人近く」に上ったこと、さらには「番組興収六億八千二百万円、配収三億四千百万円、観客動員五百九十万人というとてつもないヒットだった」との数値が記されており、本作の興業人気が具体的に示されている。

次に紹介するのは、『ニッポン無責任野郎』の「平」氏による批評文（掲載紙不詳：寺島映画資料文庫所蔵）である。

ふつうのサラリーマン映画が、一つのワクにしばられた中でのサラリーマンの哀歌を描くのに対して、これはワクを無視したサラリーマンを描いているのが生命。前作『ニッポン無責任時代』に続いてそのツボをはずしていない。

主人公源等（みなもとひとし）は失業したことなど少しも気にしない。けたはずれのずうずうしさでマンマとある会社にはいりこみ、スイスイと生きぬいていく。弁舌、行動ともにきわめて奇抜、ケチな常識などテンから問題にしていないのが痛快だ。責任ということばは自由をがんじがらめにしばっているだけではないか。その意味で人間はもっと無責任であれ、という逆説であり、田波靖男・松木ひろしの共同脚本、古沢憲吾の演出はまず快調と言おう。主役の植木等もよく個性を発揮している。

惜しまれる点は、その植木に全編出ずっぱりの大奮闘をさせているわりには同じことのくり返しにとどまったということ。むろん目先はいろいろと変えているが、彼の無責任が本質的にどう発展していくかという、つみかさねがないのだ。

第二は、その主人公の行動が専務派と常務派の主導権争いという本筋とあまりかみあわないことで、主人公がその争いをどう批判しているのかが明確を欠いた。チャッカリ屋のＢＧ（団令子）とドライな結婚もするが、ＢＧの描写が類型的であって、この副筋も光らない。

以上のような点が充実すれば、これはすばらしい喜劇になるだろう。まだまだ将来性のあるシリーズである。

以上の批評文からは、この続篇が『ニッポン無責任時代』にあった、それまでのサラリーマン映画

日劇『クレージーキャッツまつり』(1962年9月8日)　提供:東宝演劇部 ©TOHO CO.,LTD.

への批判精神や、植木による〝無責任=非常識〟キャラの痛快さを引き継いでいることを評者が認めたうえで、前作の踏襲に終わった点や発展性=新味がないことを指摘し、さらなる無責任男の活躍(シリーズの続行)を期待する——、という好意的な視点が見て取れる。

評者の「平」氏は、当の植木等本人が〝無責任男〟の方向性を望んでいなかったことや、東宝の藤本眞澄プロデューサーが抱いていた(無責任男に対する)不快感などは知る由もなかったであろうから、シリーズの将来性への期待も示している。しかし、ご存知のとおり、いわゆる〝無責任〟シリーズはこれにて打ち止めとなり、無責任男は〝日本一の色男〟に生まれ変わって、新シリーズとして継続していくことになる。

それでも〃無責任男〃のレッテルが、植木等にまだまだ重くのしかかっていたのは事実。１９６２年９月７日から14日まで行われた、初のクレージーキャッツによる「日劇」単独公演は『クレージーキャッツまつり』と題されたものの、翌63年正月（１月６日から13日まで）の日劇公演は、『初笑い　無責任だよ！ザ・ピーナッツ』とのタイトルで開催。同年秋（９月９日から16日）の第２回『クレージーキャッツまつり』にも「無責任バンザーイ!!」とのサブタイトルが付されている。

しかしながら、〃無責任男〃と呼ばれることを嫌った植木の抵抗により、映画のほうでは『くたばれ！無責任』（昭38）なるタイトルがつけられたり、同年７月に始まった新シリーズも、前述のとおり『日本一の色男』として作られたりするなど、１９６３年はその方針の変更＝無責任からの脱皮が図られた年となった。日劇の舞台のほうも、１９６４（昭39）年正月公演からは『初笑い　ほんとにクレージーだよ！ザ・ピーナッツ』とのタイトルで開催。この公演タイトルは、１９６８年の正月まで使われ続けることとなる。[注28]

注25　元となるシナリオ『無責任社員』を書いたのは田波靖男一人であるから、本作は実際には田波のオリジナル・シナリオと言える。

注26　小林信彦著『日本の喜劇人』でも、「『ニッポン無責任時代』は興業的にもヒットした」としか書かれていない。

注27　各劇場の初日入場者数累計。この当時は三千人ならまあまあ、五千人なら中程度、一万人近ければ大ヒットとされていた。

注28　クレージーの日劇公演出演は、植木等が加入した１９５７年に行われた『ジャズ・デラックス』（11月27日から12月11日まで）に始まる。58年は『ハイ・ファイ・タイム』（５月20日から25日：旗照夫、水谷良江らと共演）、60年には『東京ヴォードビル』（５月24日から31日：由利徹らと共演）と『男のハイライト』（９月24日から29日：水原弘、森山加代子らと共演）に出演。61年は、同年６月４日から始まっ

た「シャボン玉ホリデー」に合わせた公演『ピーナッツ・ホリデイ』（6月2日から8日）に、62年の正月は『新春スタア・パレード』（1月1日から6日）に出演して、宝田明、高島忠夫、加山雄三、越路吹雪らとの共演を果たした。そして、『時代』と『野郎』公開後の63年正月公演には、いよいよ『初笑い 無責任だよ ザ・ピーナッツ』（1月6日から13日）と、〝無責任〟のフレーズを加えた公演名がつけられ、植木とクレージーはさらにその存在感を高めていく。

なお、長らく続いたクレージーの名を冠した日劇正月公演は、69年には後輩のザ・ドリフターズに取って代わられ、開催がストップ。クレージーは正月第二弾の『ザ・ピーナッツ・フェスティバル』にゲスト出演するにとどまる。

本章の総括

こうしてみると、植木等という〈太陽〉が出現し得たのは、その役が無責任男であれ、スーパー・サラリーマンであれ、胡散臭い詐欺師やギャンブラーであれ、日本がひとつの方向――高度経済成長（豊かな生活の追及と言っても良い）や東京オリンピックの開催という大目標――に向かって、ひた走りに走っていた時代ゆえのことのように思える。皆が大きな目標や希望を持つことが可能だった〈あの時代〉だからこそ、また、上昇志向が誰にも持てた時代であったからこそ、植木等はあれほどまでに輝くことができたのだ。植木扮する主人公には問答無用の存在感があったし、男性なら誰もが――例え子供でも――、こうしたサラリーマンや大人になりたいと憧れたはずである。

ふりかえれば、深夜放送が若者のライフスタイルに組み込まれる前の1960年代は、現在と違ってテレビは一家に一台、価値観や選択肢もそれほど多様ではなく、一人のスターを〈国民的アイドル〉として――大人も子供も、男も女も――、共にもてはやせる時代であった。

そして、同時に植木等は、そうした秩序や社会通念をぶち壊す〈破壊者〉の顔も有していた。『ニッポン無責任時代』で見せた〈色悪＝悪漢〉的な一面は、当然ながら古澤憲吾監督や脚本家の田波靖男が作り上げた虚像だったが、植木が生来持つ真面目な性格があったからこそ、かえってこちらの面＝ぶち壊し屋の顔が際立ったことも確か。植木は真面目に、そして真剣に、映画では〝無責任〟の極みを演じ、テレビでは毎週のように「お呼びでない」を連呼し続け、既成概念を破壊することによって、見る者の溜飲を下げさせたのである。

古澤映画における植木等は、サラリーマンの夢を叶えているかのように見えて、実はその夢を破壊していたのではないか――との思いにも駆られる。あのようなスーパー・サラリーマンには誰もなれないし、なれないからこそ面白がって見られた、という逆説も成り立つからだ。怪盗や大泥棒、そして国会にいきなり乱入して演説をぶつ狂人、といった役どころで見せる植木等の破壊者としての魅力に、拍手喝采を送った方もさぞや多かったに違いない。

一方、「シャボン玉ホリデー」などのテレビ番組や出演したCMを通じて、植木はお茶の間でもスーパー・ヒーローの座を獲得する。その姿を見ない日は一日もないほどの露出度を誇った時期もあり、植木の〈子供人気〉は否応なしに上昇の一途を辿った。特に「シャボン玉ホリデー」で毎週のように披露された「お呼びでない」ギャグは、男子小学生から特段の喝采と共感を呼び、月曜日の小学校では、どの教室でも「これまた失礼いたしました!」のフレーズが連呼されていたものである。

植木等の音楽家としての実力も、音楽ギャグや歌唱シーンを通じて、それがストレートに伝わってきた。当時は小学生か中学生で、のちにミュージシャンとなった渡辺香津美や山岸潤史、向井滋春、桑田佳祐といった面々も、きっと植木の巧みな歌いぶりや、ギターを弾く際の颯爽たる身のこなしにイカレて音楽の道を志したものと思う。何度も申し上げるが、植木等は我々子供たちの心を掴んだ、真のアイドル=ヒーローであったのだ。

1970年代に入って、徐々に国民的ヒーローは、言わば〈あり得ない人物像〉である植木等や〝スーパー大学生〟の加山雄三から、ある意味〈本当にいそうな＝現実的な人物像〉である仁侠映画の高倉健や藤純子、現代ヤクザ抗争ものの菅原文太、それに下町人情喜劇の渥美清などへと移行していく。これはある意味、〈時代の要請〉だったのかもしれないが、夢も希望（ここは「チボー」と呼ぶべきか）もない日本映画に切なさや虚しさだけを覚えた観客が、映画館からますます遠ざかっていく、という悪循環を招いたことも確か。あの時代の日本映画を、生の劇場で経験した方なら、その時の陰鬱な雰囲気をよく記憶されていることだろう。

思えば、1960年代初頭に突如として出現した無責任男は、調子が良くて、底抜けにドライ、おまけにやたら歌が上手くて、出世も早い〈スーパー・サラリーマン〉や〈ギャンブラー〉、はたまた颯爽とした〈大泥棒〉や〈大怪盗〉へと姿を変え、60年代を疾風怒濤の勢いで駆け抜けていった。ところが、その勢いは70年代に入ってすぐ、急速にしぼんでいっては、これまた突如としてこの男は姿を消してしまう。まるで日本映画全盛時代の最後のあだ花であったかのように――。

もちろんこれには、植木等自身の肉体の衰えやクレージーキャッツ人気の衰退による影響、さらには本人の意思もあったろうが、こうして当シリーズとクレージー映画は、1971年末には終焉のときを迎える。我々植木ファンは、そんなことはお構いなしに植木等の存在を崇め続けていたのだが、残念ながらその太陽は（一旦だが）燃え尽きてしまう。

母体となるクレージーキャッツも、まるで後進のザ・ドリフターズと立場を入れ替えるかのように、その存在感や人気が急速に失墜。やがてクレージーは、テレビや劇場、レコード売り場、そして映画館からも完全にその名を消す。実際、ＴＢＳ系で放送された公開バラエティ番組「全員集合」（ドリフ出演：69年開始）と「出発進行」（クレージー出演：71年4月から半年間のみ）の熱量の差を見れば、クレージーの衰えは明白。筆者のような子供時代からのファンでも、ある意味〈諦めの境地〉に達していたのは事実である。

その後、植木等と谷啓、ハナ肇は舞台やテレビ、映画などで個々に活動は続けたものの、クレージーキャッツはほぼ〈解散状態〉となる。植木のオーラも消え去ったかのごとしで、そのグループとしての活動再開は１９７９（昭和54）年の「結成二十五周年記念アルバム」の発表、そして植木等の完全復活は、１９９０年の「スーダラ伝説」の大ヒットまで待たねばならなかった。

思えば、半ばヤケクソで歌った「スーダラ節」で世に出た植木が、約三十年後となる平成の世に、再び「スーダラ」の名を冠した楽曲で日本中を震撼させることになろうとは、当のご本人にとっても、思いもよらぬ〈未来予想図〉だったに違いない。

第2章

植木等——東宝クレージー映画、この7本

〝東宝クレージー映画〟と呼ばれる全三十作の作品群。これに谷啓&藤田まことコンビによる『西の王将 東の大将』正続篇（昭39〜40／監督：古澤憲吾・杉江敏男）、さらには『空想天国』（昭43／松森健）、『奇々怪々 俺は誰だ?!』（昭44／坪島孝）、『喜劇 負けてたまるか！』（昭45／坪島孝）などの谷啓単独主演作、そして植木等を主軸とする群像喜劇『泥棒大家族 天下を盗る』（昭47／坪島孝）を加えれば、全三十六作となる東宝クレージーキャッツ映画。公開時期は1962年から72年までのわずか十一年間に過ぎないが、そのインパクトは誠に絶大なものがあり、今でも熱狂的なファンやマニアを持つ。

池袋文芸地下、大井武蔵野館といった名画座や浅草東宝などのオールナイト上映で熱狂的にもてはやされた時期（1980年代前半）を経て、ビデオ時代になるとその作品の多くがソフト化。お茶の間で簡単に見られるようになったことに、狂喜乱舞した方もいらっしゃったはずだ。レーザーディスク化された折には多数付された資料や写真に見入り、DVD時代に入ると、出演者や監督によるオーディオ・コメンタリーを、耳の穴をかっぽじって聞いた方もさぞや多かったに違いない。とにかくクレージー人気は、いつの時代でも絶大なるものがあった。

幸運なことに、東北の山形という地方都市で、東宝の封切館の株主をしていた商家の子供として生まれた筆者は、これらクレージーキャッツの出演作品を、怪獣映画や特撮映画、社長シリーズに駅前シリーズ、さらには岡本喜八や成瀬巳喜男監督作、黒澤映画などと共にリアルタイムで見放題、という非常に幸福な少年時代を過ごした。したがって、本書で取り上げる〝クレージー映画〟はすべて山形宝塚劇場という東宝映画封切館で見たものであり、劇場における観客の反応やその数の推移も子供ながら実感できたし、植木等並びにクレージーキャッツ人気の趨勢も、否応なしに肌で感じ取ることとなった。

本章では、こうした幸運の星の下で生まれた筆者ならではの「この7本」を選出のうえ、作品分析を試みようと思う。選出の理由については、作品ごとにそのポイントを挙げているが、筆者が幼少期から少年期にかけて見たときの、今風に言えば、〝胸熱度《ムネアツ》〟が高かったものからチョイス。何ゆえにこんな作品が、と怪訝に思う方もおられるだろうが、そのときどきの偽らざる実感なので、これればかりはどうしようもない。読者の皆さんにも当然ご自分なりのベストテンがおありだろうから、是非比較してみていただきたい。ここでは、その七作品の陰に隠れた面白さをお伝えすると共に、当時どこが受けて何が批判されたかなど、時代の空気のようなものもお伝えできれば幸いである。

なお、ストーリー・あらすじの類いは、クレージー・マニアには〈言わずもがな〉のことであろうから、本書ではあえて取り上げないこととした。ただし、劇中で歌われる、いわゆる〝クレージー・ソング〟については、筆者なりの解説・分析を試みている。音楽家（シンガー）・植木等の真骨頂は、そのレコードと共に映画で歌われた楽曲からも、大いに感じ取られるからである。

それでは、選りすぐりの〝東宝クレージー映画、この7本〟、まずはこの作品からスタートしよう。

(1)『ニッポン無責任時代』

昭和37年7月29日封切　監督：古澤憲吾　脚本：田波靖男・松木ひろし　出演：植木 等、重山規子、中島そのみ、団 令子、田崎 潤、峰 健二（峰岸 徹）、藤山陽子、由利 徹、谷 啓、ハナ 肇

【本作の選出ポイント】

① クレージー映画の第一作目にして、東宝サラリーマン映画の否定と破壊を企図した野心的作品
② 〃異常な人間〃による、予測不能な行動の面白さ。こんな胡散臭い主人公はいまだかつていない
③ 突発的にミュージカル・シーンが展開される驚きと喜び

１９６２年、東宝はクレージーキャッツの所属事務所である渡辺プロダクション（以降「ナベプロ」と表記）と本格的なタッグを結成、植木等を主演に据えた〃クレージー映画〃[注1]の記念すべき第一作を企画する。元となった企画＝シナリオは、当時、東宝の駆け出し文芸部員であった田波靖男がフランキー堺をイメージして準備していた『無責任社員』なるサラリーマンもので、これに「スーダラ節」で人気急上昇の植木等を当て込み、本『ニッポン無責任時代』へとスライドしていったことは、今やクレージー・ファンなら知らぬ者とてない逸話であろう。

意外なことに、この『無責任社員』の主人公の名は当初から平均のタイラヒトシだったとのことで、田波は自著『映画が夢を語れたとき』（広美出版事業部：1997）に、「のちに同じヒトシ（等）という名のタレント、植木等がこの主人公を演ずることになったのはまったくの偶然、いや天の配剤である」と書いている。

ちなみに、この無責任社員にはモデルがいた、との説がある。これは、脚本の田波靖男が前掲書で「一部モデルにイメージした人物はいる」と明かした人間のことだが、当の田波も「横柄な話しぶりで、どこかうさんくさい雰囲気を発散しつつも、憎めない愛嬌をたたえたQという名の中年男（名刺には商事会社社長の肩書が記される）だった」と記すのみで、この人物の姓名・素性を明らかにしていない。「のちにロッキード事件に絡んだ」との話もいささか眉唾ものだが、この件については別項を設けて詳述させていただきたい。

いきなり主役へと抜擢された植木等。しかしながら、いかに「スーダラ節」がヒットしていたにせよ、そして、いかにナベプロという〝巨大帝国〟のバックアップがあったにせよ、その当時の映画界で、植木はまだ海のものとも山のものともつかぬ存在でしかなかった。そもそも本作、森繁久彌の〝駅前〟シリーズ第四作目『喜劇・駅前温泉』の併映作としてプログラムされたもので、いわゆる添え物映画――内容的にも出演者的に見ても、〝お姐ちゃん〟シリーズ[注2]の亜流作品[注3]――でしかなく、いかに夏休み興行とは言え、まさかあれほどの大ヒットになろうとは、東宝の役員や関係者でも予想もしてなかったことであった。

しかしながら、「スーダラ節」に続く「ドント節」&「五万節」（同年12月発売）のシングル両面ヒットを受け、本作の製作に合わせて「無責任一代男」（「ハイそれまでョ」とのカップリング）なる主題歌まで作り上げたナベプロは、社運を賭ける意気込みをもって、イマイチ乗り気でなかった植木を強引に後押し。そして、東宝も植木とナベプロの勢いに乗って、このいささか怪しげな企画にGOサインを出す。

本作の面白さと当時の評価

一度でも本作をご覧になった方ならお分かりだろうが、この映画に子供に受けようとしたり、子供にも理解してもらおうとするような、媚びた姿勢は皆無。むしろ、子供に見てもらっては困る描写の連続である。ふりかえってみれば、それまでの東宝喜劇やサラリーマン映画に、こんなに胡散臭くて怪しい主人公が登場したことはなく、その特異性にこそ大衆の心を掴むカギがあったように思える。注4

つまり、本作は〈大人のための風刺映画〉、あるいは〈ブラック・コメディ〉と呼称すべき映画であり、併映作（〝駅前〟シリーズの『喜劇・駅前温泉』）を思い出していただければ、どんな客層を集めようとしていたのかは明白。事実、脚本の田波靖男は自著で、本作について「ハードボイルド小説へのオマージュのつもりだった」と書いている。思えば、前年（1961年）に黒澤明監督によるハードボイルド時代劇『用心棒』、さらにその前年（1960年）には岡本喜八監督による、同工異曲のハードボイルド・アクション『暗黒街の対決』（『用心棒』と骨格がソックリ！）が作られており、そうした文脈でこの映画を見るのも一興であろう。

かくして本作、過激な発言と行動で知られ、滅多に邦画を褒めぬ、あの大島渚をして「どうしてあんなに面白いんだろう」[注5]と言わしめただけでなく、その言葉どおり多くの観客を集める。興行結果については、すでに前章で触れたところだが、小林信彦の著『日本の喜劇人』（晶文社：１９７２／本書の筆名は中原弓彦）によれば、大島は本作と次作の二本立てを一回半――つまりは三本分――見たという。

大島は、その作家的・思想的信条から、この映画が持つ「最後に勝つのは無責任な――すなわち真に解放された人間」という、〈反社会性〉みたいなものを支持したものと思しい。しかしながら、作者の田波靖男や古澤憲吾、あるいは「無責任一代男」を作った青島幸男が意図したのは、明らかに〈反語、すなわちパロディとしての無責任の肯定〉であったから、この過激な〈既成概念＝サラリーマン映画破壊〉の方向性は、すぐに東宝という健全な社風を持つ会社から軌道修正を求められ、無責任映画＝植木等は新たな道を模索せざるを得なくなる。

小林信彦は『週刊アサヒ芸能』（１９６３年2月10日号）で、「『ニッポン無責任時代』を正当に評価したのが本誌のルポ評同人のベストテンと自分（当時は中原弓彦）だけとは、情けなくて涙も出ない」と、他の映画専門誌や評論家の見る目のなさを指摘しただけでなく、『読売新聞』（１９６２年7月29日）には「平均は、ロマン・ピカレスク・ヒーローの正当な子孫である。植木等は正しく時代と寝た」と書いて、植木等の時代が到来したことを高らかに宣言している。

ところが、映画評論家筋がその面白さ、斬新性をイマイチ理解できなかったのか、本作は『キネマ旬報』誌のベストテンでは四十三位、『映画評論』誌でも二十一位にとどまっている。キネ旬のベストテンに入れたのはたった一名（批評文を書いた江藤文夫氏）、後者でも小林信彦（五位）と佐藤忠男（十位）の二人のみだったとのことだから、ただの娯楽映画、サラリーマンものの亜流作品としか捉えられなかったのであろう。藤本眞澄がプロデュースした〝社長〟シリーズなどと比べてみれば、サラリーマン映画としての〈方向性〉が真逆なうえ、〈面白さの質〉からしてまるで違っていることは当時でも実感できたはずだから、この結果は非常に意外である。

のちに、浅草東宝のオールナイトや名画座での特集上映で、大いに愛好者や共感者を増やすこととなる本作。現在の目で見ても、社会風刺コメディとして大変よくできているうえ、植木等の悪漢＝アンチ・ヒーローとしての存在感は、どの喜劇俳優と比べても圧倒的。近年でも「午前十時の映画祭」で上映されるほどの人気を保持しているのは、クレージー・マニアならずともよくご存知のことであろう。

〈悪漢〉植木等に時代の風が吹く

それにしても、本作及び次作『ニッポン無責任野郎』（役名は源等《みなもとひとし》）における植木等の〈悪漢〉ぶり、〈傍若無人〉ぶりは誠にドラスティック。それ以降の〝日本一（の男）〟シリーズの主人公たちとは、まったく違う種類の人間と言ってよい。のちのシリーズでは、有言実行をモットーとする〈スーパー・サラリーマン〉へと変貌する植木だが、当〝無責任〟二部作では、何を企んでいるのか分からない〝不気味な男〟に設定されていて、転がってきたバレーボールをわざと屋上から放り投げてしまうような〈心根の悪さ〉も見せる。契約を取り付けるためには、接待の席で相手先の社長（由利徹）にブルーフィルムとストリップ攻勢をかけて、「カックン」させたりもする。道理で作者たちは、試写の段階になっても藤本眞澄プロデューサーに完成作を見せなかったわけだ。

脚本には、主人公が斎場で香典泥棒をするシーンまであったそうだが[注6]、これには〝真面目人間〟の植木が「私にはできません」[注7]と強く抵抗、このくだりはかなりぼかされた形に変更されている。もし当初のシナリオどおり、平均が香典泥棒を働く人物として描かれていたとしたら、映画の印象と評価は果たしてどのようなものになっていたであろうか。

この映画の封切当時、筆者はいまだ小学生であったから、1962年に植木等に吹いた追い風はそれほど実感できなかった。しかし、日本国中、いや少なくとも我が山形第一小学校の中では、そこかしこで「スーダラ節」の大合唱が発生。早速シングル盤を買ってもらったことや、テレビで歌う植木等に見入ったことは、まるで昨日のことのように思い出すことができる。そう、このとき時代の風は、確実に植木等に向かって吹いていたのである。

本作の音楽的魅力と青島幸男の功罪

　いわゆる〈いきなりミュージカル〉[注8]のスタイルは、クレージー映画より日活の〝渡り鳥〟シリーズ[注9]などのほうが、実際には早い。小林旭が突然歌い出しては、喧嘩の相手が歌い終わるのを待ってくれている、といったヘンテコなシチュエーションを目の当たりにした方も多いだろう。しかし、こちらは東宝の前身P．C．L．[注10]で作られたエノケン映画[注11]の流れを汲む、言わば正統的音楽喜劇であるから、何の必然性もなく突如植木等が歌い出しても、違和感はゼロ。特に本作や初期作品には歌う〈必然性〉がある場合が多く、ミュージカル映画ではないものの、歌が映画に自然に入り込んでいる、との印象が強い。

　ちなみに、「俺はこの世で一番、無責任と言われた男」と植木によって歌われる「無責任一代男」は、当然ながらエノケンの「洒落男」（〽俺は村中で一番　モボだと言われた男……）のモジリ。青島の諧謔センスが光るこの主題歌には、植木が東宝におけるエノケンの正統的な後継者であることまで暗示されていたわけである。

「スーダラ節」の歌詞にある「わかっちゃいるけどやめられない」なるフレーズもまた、この歌を通じて広く世に広まった。父親の徹誠《てつじょう》氏から「青島君は良いところに気がついた。あの歌詞には、親鸞の教えに通じるものがある」（前掲『夢を食いつづけた男』）とのお墨付きを貰い、さらには「わかっちゃいるけど、やめられない。ここのところが人間の弱さを言い当てている」（同）と、歌の真髄を説かれた植木は、一応納得のうえ、この歌を歌う。しかしながら、平均の成す〈悪行三昧〉は——当たり前のことだが——親鸞聖人の教えにはなく、植木はこの役を演ずるのに相当な抵抗を覚えることとなる。

また、よく言われるとおり、本作の主題歌「無責任一代男」にある「コツコツやる奴はゴクローさん!」なる文句には、それまでのサラリーマンの価値観や人生訓をひっくり返す、強烈な皮肉やアンチテーゼが込められている。しかし、何よりも注目すべきは、〝C調[注12]〟極まりない主人公・平均のキャラが、実はこの歌の作詞者・青島幸男そのものだったということだ。

その後の青島幸男の人生(放送作家から、タレント、直木賞作家、映画監督、ついには政治家〜都知事へとキャリアアップ)を見れば、青島が平均その人であったことは明白。実際青島は、クレージー本の決定版とも言える『ジ・オフィシャル・クレージーキャッツ・グラフィティ』(トレヴィル・1993)において「古澤憲吾って人が生み出した平均というのは、実は古澤さん本人の投影であったように、無責任男 平均は俺自身でもある」と断言している。当時は植木自身が調子の良い〈無責任男〉とみなされていただけに、ご本人にとっては「誠に遺憾」どころか、迷惑以外の何物でもなかっただろうが。[注13]

古澤憲吾が植木等に施した演出

この斬新性溢れる映画を演出した古澤憲吾[注14]は、中島そのみ主演の『頑張れゴキゲン娘』(昭34)で監督デビュー。本作は古澤の監督第十一作目にあたっているが、当時はまだまだ〝新鋭〟監督であり、相当な意気込みをもってこの映画の撮影に臨んだものと推察される。なにせ主演は、一躍〝時の人〟となっていた、天下のナベプロの植木等なのだ。

ところが古澤は、夜中から朝にかけてしかスケジュールが空いていない植木に対して、何度もやり直しを命じる。特に、最初の登場シーンで発する「おーい、お代わり！」のショットでは散々リハーサルを重ねた挙句、さらに大袈裟で弾けた演技を要求。何度「シュート」[注15]を重ねてもOKを出さない古澤に、植木が辟易としたことは言うまでもない。植木以外にも、谷啓や犬塚弘が様々な機会で、頑固一徹で「人の話を聞かない」古澤の性格と言動に、ほとほと悩まされた苦い経験を語っている。

実際、筆者も植木等ご本人から古澤監督の強烈な個性と撮影方法について、面白おかしい口調ではあったが、愚痴めいたことを聞かされたことがある。寝る間も無く夜間撮影に駆り出され、[注16]おまけに〈もう一回！〉の連発ときては、いかに自身の初主演映画であろうとも、心底監督を疎んだに違いない。ショボクレるどころか、めげずにあのようなハイ・テンションかつスピード感のある演技を見せた植木も、やはり〝普通の人〟ではなかったのだが。

歌唱場面にあたっては、音楽をほとんど理解しない人間ゆえのことであろう、古澤は植木に「やせ我慢節」で、〈前奏《イントロ》なし〉でいきなり歌いだすよう指示。これに、もともと音楽家である植木等は大きな違和感を覚える。ところが、映画的にはこれがまったくの大正解。前奏を省くことによって突発性とスピード感が増したばかりか、観客の度肝を抜く効果も生む結果に——。この〈前奏抜き〉スタイルは、音楽的には誠に革命的であり、これこそが古澤が成した最大の功績かもしれない。

植木等にとっての『ニッポン無責任時代』

植木等にとって、初主演作、それも強烈な個性を持つ主人公を演じる作品を、この尋常ならざる感性と感覚を有する、本当の意味で〝異常〟な監督が演出したことは、——本人の好みや感情はともかく——非常にラッキーなことであった。もしこの第一作目を、洗練された大人のコメディを得意とする喜劇の達人・坪島孝が演出していたとしたら、クールでスマートな〈悪漢〉にはなっても、あれほどのスピード感を有し、異様なテンションで走り回る〈無責任男〉は生まれなかったであろう。ましてや、文芸映画を得意とする久松静児や職人監督の杉江敏男では、それこそ平均的な——それも人情味のある——悪玉にしかなっていなかったはずだ。

事実、植木等は前掲『ジ・オフィシャル・クレージーキャッツ・グラフィティ』において、「〈無責任男〉平均（たいらひとし）のキャラクターというのは、完全に東宝の古澤監督が作り上げた人物像です。僕当人の実像とは全く違う」と苦笑混じりで断ったうえで、「でも、古澤さんには他の監督にない勢いがあるんですよ。僕にはだから、古澤さんのような人が向いていたのかもしれないなあ」と、古澤演出を全面的に肯定する発言をしている。

ちなみに本作、公開初日にして早速、続篇の製作が決定。これはそれだけのお客が初日から劇場に駆けつけたという証しであり、脚本の田波靖男の言を借りれば、「とてつもないヒット」（五百九十万人を集客）となる。思えばこの日が、ナベプロ＆クレージーの〈時代〉の幕が開いた瞬間だったのだが、田波自身は「その後の映画人としての人生を決めてしまっていたことには、まだ気づいていなかった」（前掲『映画が夢を語れたとき』）という。

注1　〝クレージー映画〟は、『時代』と『野郎』の〝無責任〟シリーズ二部作に、クレージーキャッツが全員で活躍する、いわゆる〝作戦〟シリーズ（時代劇を含む）、さらには、無責任男が有言実行のスーパー・サラリーマンへと変貌した〝日本一（の男）〟シリーズの三つをもって構成される。

注2　〝お姐ちゃん〟シリーズは、中島そのみ、団令子、重山規子の三人を主人公に据えた作品群。全八本ほど作られ、シリーズ第一作目の『大学のお姐ちゃん』と第二作目『銀座のお姐ちゃん』のタイトルは、加山雄三の〝若大将〟シリーズの初期作品へと引き継がれる。

注3　実際、本作のポスターには「責任もたないカンケイない！　気楽な世相に体当たりスーダラ社員とお姐ちゃん！」との惹句が踊っている。

注4　小林信彦は『植木等と藤山寛美』において、「（それまでの東宝サラリーマン喜劇の）パターンにうんざりしていないと、そしてそれらとの対比で考えないと、B級映画『ニッポン無責任時代』が観客に与えたショックは考えられない」と、この映画がウケた要因を分析。さらには、「（公開の時期が）これより早くても、また遅すぎても『無責任時代』はヒットしなかったと思う」と、この映画が出たタイミングの良さについても言及している。

注5　小林信彦が『日本の喜劇人』で〈後押し〉的に大島渚の言葉を紹介したことから、後年、本作の評価はさらにアップした。

注6　小林信彦によれば、試写用のプレスシートには「主人公は〈香典泥棒〉と明記してあった」とのこと。

注7　これに古澤は、「これは映画だよ。君を撮っているんではないんだ。無責任男としての植木等であって、できないっていうのは失礼だ」（「ジ・オフィシャル・クレージーキャッツ・グラフィティ」掲載インタビュー）と返答。「そういう意味では（植木は）すごいむずかしい男でしたよ。どちらかというと陰性」（同）なる感想も、古澤にとっては当然のことであったろう。

注8　主人公が何の必然性もなく突然歌い出すことから、こう言われる。日本映画においては、マキノ正博（雅弘）の『鴛鴦歌合戦』にその起源が見られるとされるが、こちらはオペレッタ映画ということもあり、歌う〈必然性〉はまだある。クレージー映画における〈必然性のなさ〉は、やはり天下一品である。

注9　『南国土佐を後にして』の好評を受け、『ギターを持った渡り鳥』が製作・公開されたのは、同じく昭和34年の10月のこと。当シリーズは、合計八本ほど作られている。

注10　「Photo Chemical Laboratory」の略で、正式名称は「写真化学研究所」。当初は現像とトーキーの技術研究・提供を専門とする組織だったが、レンタル用のトーキー・ステージを新設、諸事情から映画製作を行う必要が生じてからは「ピー・シー・エル映画製作所」となる。

注11　のちに東宝へと発展する「ピー・シー・エル映画製作所」にて、山本嘉次郎監督が〝エノケン〟こと榎本健一を主演に作り出した一連のミュージカル喜劇。〝家庭の事情〟、〝三人娘〟、〝サザエさん〟、〝アワモリ君〟シリーズなども、この系譜に連なる。

注12　調子の良いことを指す〝C調〟なる言葉は、何でも逆さまに言い回す「ミュージシャン用語＝隠語」から生まれた造語。この言葉、明るく聞こえる「ハ長調」に引っかけているとの説もあるが、明るいのは「C調」だけではないので、これはこじつけであろう。青島幸男が「無責任一代男」の歌詞に採り入れたことから、この語は映画の中でも使用され、「あなたって異常神経ね！」と呆れる重山規子に、植木が「ボクはC調に暮らせたらそれでいい」と応えるシーンが見られる。

注13　植木自身、TV番組「植木等デラックス」の対談を纏めた『植木等のみなさんおそろいで』（ファンハウス：1992）で、「ほとんど青ちゃんのせいでそう（自分が無責任男に）なっちゃったのよ」と、これを認める発言をしている。

注14　黒づくめの岡本喜八に対抗して白づくめの衣服で通した古澤が、パレンバン作戦に参加した経験から「パレさん」と呼ばれた話は有名だが、東宝関係者によれば、どうやらこれは〝眉唾〟のようだ。特大ステージを黒澤組と奪い合って、「向こうが黒澤なら、こっちは古澤だ！　どちらが稼いでるんだ!?」と吠えた武勇伝は、本人自ら語ったものである（前掲『ジ・オフィシャル・クレージーキャッツ・

グラフィティ』インタビュー)。

注15　谷啓さんに伺った話では、古澤は〈本番〉に当たって「シュートする!」と大声を上げるのが慣わしとなっていて、これは家の表札を撮るときでも同じだったという。

注16　スケジュール管理を担うマネージャー氏が仕事のオファーを受けた際、本人の前で「朝の5時までなら空いています!」と言って、植木をがっくりさせた話もよく知られる。

続篇、さらに次なるシリーズへ

人を食ったラスト・シーン　© TOHO CO.,LTD.

続篇となる『ニッポン無責任野郎』は、早くもこの年12月23日に公開。正月映画だったこともあってか、番組興収七億一千万円、配収三億五千五百万円、観客動員六百二十万人と、一作目をも凌ぐ好成績を収める。

　この映画について中原弓彦(小林信彦)は、「おもしろい。とにかく、彼が出てくると文句なしにおもしろく、客席に笑いが渦巻く」と絶賛の嵐。さらには「とにかくパンチがきいている。ここには、たしかに〈現代〉がある」(『週刊アサヒ芸能』1月13日号)と、『無責任時代』にも勝る高評価を下している。実際、前作に劣らぬ、いや、ある意味それ以上の勢いが感じられるこの『無責任野郎』を、植木等の最高傑作と評する方はことのほか多い。

こちらの主人公・源等は、さらに無責任パワーと悪漢度がアップ。今の目で見て、さすがにこの男の行動に全面的な共感を覚える方はいないだろうが、平均にも増した〈突き抜けた感〉があり、そのキャラはかなり魅力的。どちらもそれまでの日本映画にはないタイプの明るい〈悪漢〉であり、やはりこれは植木等にしか演じ得ない人物像と言ってよい。この悪い奴＝ピカレスク・ヒーローは、得体の知れない非常識な人間ながら、明るく陽気で軽やかだったがゆえに――そしてもうひとつ大事なのは、歌が異常に上手かったがゆえに――日本国中を明るく照らしたのだ。

映画の成功は、もちろん古澤憲吾の有無を言わせぬ〝シュート演出〟によるところが大きい。植木が自分の演じる人物像や動きについて古澤に現実性を問うた際、「こんな奴、いないからいいんだ！」と返された逸話からも、古澤が考えていた主人公像がよく伝わってくる。とにかくこの男、異様に動きが早いばかりか、その笑いぶり、歌いぶりも尋常ではない。植木の言動からは、それまでのコメディアンや役者が見せた演技とは明らかに異質な〈何か〉が感じられる。

やがて、〝無責任男〟から方向転換した『日本一の色男』（昭38）が作られるに至ったとき、ショックを受けた脚本の田波靖男は、「（主人公が）真に無責任な自由人から、根は善人のスーパーマンに変身した」と、自著でその無念の思いを吐露している。田波自身はアンチ・サラリーマンものにして、ハードボイルドな映画を目指していたわけだから、この気持ちは実によく理解できる。

実際、キャラクターや方針の変更は、「俺はあんなに破廉恥な奴じゃない」との植木の心情を察してのものだったのだが、気持ちを切り替えたか、田波は「そうでなければ、大衆のヒーローとしてあんなに長続きしなかったろう」との肯定的な見解も示している。確かに田波の言うとおり、当初はその言動に悪意も感じられた車寅次郎や座頭市、さらにはチャップリンやゴジラでさえも「大衆が期待する善意の人間像へと変貌してゆかざるを得な」かったわけだから、これ（善人への変身）は悪漢主人公というものが辿る必然、運命なのかもしれない。

かくして、無責任男は〝スーパー・サラリーマン〟へと姿を変えることによって、さらに十年間、東宝のスクリーンで活躍を続けることとなる。

はみだしトピックス＠チョッと一言多すぎる

其の壱：ロケ地の秘密

①芸者・まん丸（団令子）が氏家社長（ハナ肇）に買ってもらった自動車を飲酒運転し、警官（人気テレビ番組「月光仮面」にも出ていた宮田羊容）に止められるのは、「成城学園前」北口駅前にある「石井食料品店」の店先にて。当店が高級スーパーマーケット「成城石井」に登りつめたのは、黒澤和子さんによれば「父（黒澤明）が高級洋酒や牛肉を大量に注文したお陰」であるとのこと。

②平均ら「太平洋酒」の社員たち（残りのクレージー・メンバー）が由利徹扮する「北海物産」社長を接待するゴルフ場は、現在の砧公園。当都営ゴルフ場が公園（ファミリーパーク）化されたのは1966年で、クラブハウスだった辺りは、今では世田谷美術館になっている。

其の弐：本作製作のきっかけとなった「スーダラ節」の譜面を受け取ったとき、植木等は「腹の底から腹が立った」（キネマ旬報社『テレビの黄金時代』インタビュー）という。その育ちのせいもあって、「野放図に歌う」とか「やる気がない感じで歌う」というのが嫌でたまらなかったのだろう。しかし植木は、キャリアの途中でシリアス路線を演じることはあっても、結局、終生この曲と〝無責任男〟のイメージを引きずって生きることになる。

其の参：〝アンパンのへそ〟などという有難くない愛称をつけられた団令子。後年、東宝の先輩・高峰秀子から「ある時から（日本の美人は）丸顔のファニーフェイスにガラッと変わってきたんですね。明るいお色気で人気のあった団令子ちゃんが現れた頃でしょうか」（『文藝春秋』

2001年1月号「二十世紀の美女ベスト50」川本三郎、出久根達郎との対談）と言われたときは、さぞや嬉しかったに違いない。

最後に平均と結ばれるのは重山規子。どうやら古澤は〝お姐ちゃん〟シリーズ以来、重山が大のお気に入りだったようで、この配役は古澤の個人的理由によるものであった可能性が高い。

其の四：クレージーのメンバーには、厳然たる序列と映画会社のすみ分けがあった。植木が東宝、ハナ肇は松竹、谷啓が東映で主役を張り、さらに犬塚弘が〝クレージー第四の男〟として、松竹と大映で『素敵な今晩わ』（昭44：野村芳太郎監督）と『ホンダラ剣法』（同：森一生監督）に主演したほかは、他の三人が主演作を持つようなことはついになかった。

映画で聴くクレージー・ソング①

『ニッポン無責任時代』で植木等によって歌われるクレージー・ソングは全六曲。映画音楽は神津善行が担当したが、挿入歌のほうはすべて、レコードの楽曲も手がけた青島幸男と萩原哲晶のコンビによる。

本作では、オープニングのタイトルバックにすべての楽曲がクレジット。ここからは映画公開前年、

1961年8月20日リリースの「スーダラ節」[※1]で、レコード会社以外で原盤（マスターテープ）を製作・管理する初の芸能プロダクションとなったナベプロの、楽曲を大切に取り扱う姿勢が見て取れる。

①「やせ我慢節」

氏家社長宅に着く直前、平均が当邸宅の横道（成城五丁目9番と10番の間）で歌い踊る曲。これが〝東宝クレージー映画〟史上、第1号となる無責任ソングにして、クレージー・ソングとなる。

「あ〜 いやだよ、いやだよ、色男はつらい」なる歌詞は、無責任ソングというより、自意識過剰ソングとでもいうべきもので、のちに作られる『日本一の色男』を予感させるような内容――実際、こちらの映画でも歌われる――となっている。

なお、この曲は、以後も『ニッポン無責任野郎』や『クレージー作戦 先手必勝』、『日本一の色男』で歌われ続けたにもかかわらず、平成になって植木等が「スーダラ外伝」（平3／ファンハウス）で復活させるまで音盤化されず、ファンにとっては長らく幻の楽曲となっていた。

調子の良い曲調のうえ、それぞれの映画ですべて歌詞が異なっているので、どれもけっこう楽しめる。

②「ドント節」

社長宅に入り込み、氏家の息子・孝作（峰健二）からギターを奪い取って突然歌いだすのが、「スーダラ節」に次ぐシングル曲「ドント節」。「やせ我慢節」は植木がひとりで歌ったものだったので、劇中でクレージー・

ソングを聴いた、いや、〈いきなりミュージカル〉に巻き込まれた最初の共演者は、峰健二を名乗っていた峰岸徹と、その母親役の久慈あさみということになる。

③「スーダラ節」

大ヒット曲の「スーダラ節」が、本作で意外とさらりと歌われているのは、一年も前のヒット曲であるうえ、すでに大映でその曲名を冠した映画『スーダラ節 わかっちゃいるけどやめられねぇ』が作られていたためであろう。それにしても肝心のサビ部分まで短縮するとは、古澤監督、どこまでスピード感を出せば気が済むのだろう。

ラクダ色のスーツが異様に似合う

まさに植木の人生を決定したこの歌を作曲したのは、かつて植木も加わった「デューク・オクテット」のリーダー・萩原哲晶。クレージーキャッツの前身、「ハナ肇とキューバン・キャッツ」にも参加していたクラリネット奏者で、東京音楽学校ではやはりクラリネットを専攻している。萩原が施したアレンジは、まさに〝チンドン・ジャズ〟と呼ぶに相応しい、それまでの歌謡曲とは一線を画する斬新なものであった。

④「五万節」

「ドント節」のB面であった「五万節」は、ハナ肇と谷啓以外のクレージーのメンバーと共にビヤホールで歌われる。歌詞はレコードとはまるで異なる、映画版オリジナル。1961年12月発売の当シングル盤は、三番（タクシー運転手篇：植木等歌唱）と六番（ヤクザの大幹部篇：ハナ肇歌唱）の歌詞が問題視され、放送禁止となるが、たちまち歌詞を差し替え、テンポアップのうえ、合いの手「コラサット」を削除したニュー・ヴァージョンが翌年1月20日にリリース。このオリジナル版を、1986年にアポロン音楽工業から出たカセットテープ「ハナ肇とクレイジーキャッツ全曲集」（大瀧詠一監修）で初めて聴いた方も多いだろう。本作では、犬塚、桜井、石橋、安田らクレージーによる合いの手に「コラサット！」が混じっているので、萩原やメンバーには当初の盤の余韻が残っていたものと思われる。

この歌は歌詞を差し替えられる運命にあったのか、『クレージー作戦 先手必勝』では「まとめ屋の歌」として歌われている。

⑤「無責任一代男」

「ハイそれまでヨ」とカップリング（本作公開に合わせてリリース）された「無責任一代男」は、主題歌（むしろ、この主人公のテーマ曲）だけあって二度に亘って歌われる。

まずは、黒田新社長（田崎潤）から渉外部長に引き立てられた平均が、前社長の氏家邸で孝作に向かって歌唱。二度目はラスト・シーンにおいて、孝作と大島洋子（藤山陽子）の結婚披露宴（会場は旧横浜プリンスホテル中庭）の席上、北海物産社長として現れた平均とクレージーのメンバー四人によって、お祝いの歌として披露されている。

歌詞は、孝作相手の時はレコードの一番と六番、ラストではこれに三番を加えたヴァージョンが採用。一番

&六番ヴァージョンは、次作『ニッポン無責任野郎』に引き継がれる。

大瀧詠一が、「ひょっとすると〈世界一自由な歌〉かもしれない」（「クレイジー・キャッツ・デラックス」解説文）と称したこの楽曲を、今取り上げるアーティストは皆無。やはりこれは〝無責任男〟植木等のテーマソングと言うべき歌であり、これほど〈歌手を選ぶ〉歌も、そうあるものではない。

⑥「ハイそれまでョ」

1962年7月20日発売の第3弾シングル「ハイそれまでョ」（本作でのクレジット表記は「ハイそれ迄よ」）は、黒田社長就任祝いの宴席にて、犬塚弘他のクレージー・メンバーを従えた平均によって歌われる。ここでは、三番の「ひとこと小言を言ったらば、プイと出たきりー」の歌詞が、どういうわけか「他の男と手に手をとって、どこへ行ったかー」に変えられている。

特筆すべきは、本来なら宴会場で余興として歌われているはずのこの歌が、東宝撮影所の大ステージを使ったミュージカル・シーンとして撮影されていることである。ここはスプリット・スクリーン（分割場面）の技法まで採り入れた、なかなか凝った作りで、歌い終わると場面がいきなり転換、これが宴会場の壇上で歌われていたものと初めて判る仕組みとなっている。

大ステージを駆使して歌い踊る植木

場面飛躍、すなわち日常と非日常のギャップから生じる異様さ・面白さは、俳優に〈勢い〉を強要する古澤憲吾の面目躍如たるところで、浅草東宝のオールナイト上映で初めてご覧になった方々に大受けしていたことが、今になって思い出される。この場面飛躍の妙は、『日本一のゴリガン男』における「シビレ節」の歌唱シーンで再現されることとなる。

以上のように、本作では「五万節」にレコードとはまったく違う歌詞がつけられているほか、すべての楽曲が映画用に録り直されている。ここからも、レコーディングやテレビ出演、ステージ、取材など、超過密な植木のスケジュールの中、映画のほうも実に丁寧に作り込まれていたことが分かるが、植木はきっとこう叫びたかったに違いない「これじゃ身体にいいわけないよ!」。

※1　当初のA面候補が、メンバー全員による歌唱曲「こりゃシャクだった」であったことは前述のとおり。こちらはフジテレビの番組「おとなの漫画」のエンディングで使われていたフレーズから発展した楽曲で、メンバーの個性が遺憾なく発揮された曲だったものの、クレージーの破天荒な魅力を打ち出すには、やはり「スーダラ節」が最適と考えたのだろう。渡辺晋やハナ肇の強い意向によりこちらがA面に昇格し、1961年の日本を席巻することとなる。

※2　「めおと楽団ジキジキ」の世田谷キヨシ氏は筆者に対し、自らの音楽活動の原点は「ハイそれまでョ」とビートルズの「ツイスト・アンド・シャウト」の二曲と明言。ここからも、60年代当時のビートルズと植木等の影響力の大きさがうかがい知られる。

次作『ニッポン無責任野郎』で歌われた楽曲

続篇というより、姉妹篇と呼ぶべき次作『ニッポン無責任野郎』では、主人公が正篇とまったく違う人間（その名も源等）であるにもかかわらず、劇中で歌われる楽曲は前作と二曲ほど重複している。

映画の冒頭、自由が丘駅で下車したはずの源等が、何故か成城学園前駅近くの路上で歌い出す「無責任一代男」と、呼ばれてもいない結婚式に勝手に入り込んで、いきなり披露する「ハイそれまでョ」がそうで、なんと後者では、前作のプレスコ音源がそっくりそのまま再使用されている。

こちらの「ハイそれまでョ」では、前作の二番部分（レコードの三番歌詞の改訂版）のみが歌われるが、画面には映らない（この場面には登場しない）クレージーの面々の声が聞こえてくるので、前作の音源の再利用であることは明らか。このあたりは、いかにも古澤憲吾らしい〝いい加減さ〟だが、そもそも、多忙を極めた植木等に歌い直しさせるような時間的余裕はゼロ、当時こんなこと（使い回し）に気づく観客などいるはずもなく、これはある意味、当然の措置であったろう。

前作から引き続き披露される「やせ我慢節」は、歌詞が一変。ここでは、「〽あ〜 いやだよいやだよ、部長はいやだ……」と、ハナ肇扮する長谷川

「ハイそれまでョ」は結婚式にてリプライズ

部長がターゲットにされている。太平洋酒に引き続き、会社（明音楽器）に見立てられた「大和証券」ビル前で歌われ、前作とは一転、ディキシーランド・ジャズ風のアレンジが施されている。

新曲としては、「ショボクレ人生」と「これが男の生きる道」（〈両A面〉扱いで、1962年12月にリリース）、それに「ゴマスリ音頭」（当時は未レコード化。次なる「ゴマスリ行進曲」へと繋がる重要曲）があり、添田唖蝉坊作の「のんき節」も夜の繁華街（実は撮影所内に作られた〝東宝銀座〟）で、〈流し〉の二人組を従えて歌われる。

「ショボクレ人生」は成城のいちょう並木、「のんき節」は“東宝銀座”にて歌われる

ちなみに、新婚旅行（？）先の船橋ヘルスセンターで二度に亘って新婦の団令子に歌い聞かせる「これが男の生きる道」は、〝作戦〟シリーズの第一作目『先手必勝』でも歌われているが、これが聞ける意外な作品として、須川栄三監督による異色のミュージカル映画『君も出世ができる』を挙げねばならない。当作では、ゲスト出演の植木が主人公のフランキー堺を前にこの二番歌詞部分を歌うシーンがあり、二人のバンドマン

としての関係性（植木はかつて、フランキーのバンド「シティ・スリッカーズ」に在籍した）を考えれば、これはこれでなかなか感慨深いものがあった。

Column 3

『ニッポン無責任時代』の主人公・平均のモデルとなった人物とは——

『ニッポン無責任時代』の項で触れた本作の主人公のモデルについて、小林信彦は自著『植木等と藤山寛美』で、こう書いている。

「かつて田波靖男にきいたところでは、主人公・平均にはモデルがあったという。東宝の社員でもないのに、会議に加わって口出ししたりする変な男がいて、その男のイメージを生かした……」と。

そして、当の田波は自著『映画が夢を語れたとき』で、この男を「Q」と称して、次のように紹介している。

「Qは生粋の日本人だが、若いとき南カリフォルニア大学の映画科に留学し、日系二世と結婚してアメリカ国籍を取得していた。数年前までは東京に暮らしていて、そのときプロデューサーの三輪礼二の紹介で知り合った。日本とアメリカを行ったり来たりしながら、もうけ話の口ききをし、コミッションを取っていたらしい。らしいと言うのは、いつも大きなホラ話をして、私たちを煙に巻いていたからだ。仲間内で『Qの話』と言えば、眉唾の代名詞だった。どこか、うさんくさい雰囲気を発散しつつも、憎めない愛嬌をたたえた中年男だった」。

なるほど「中年男」という条件を除けば、まるで平均のキャラクターにそのままスライドするような人物像である。ここから先は、そのときQという男がしていた仕事と、彼の自宅に招かれたときの驚きの逸話について述べられているが、これはこれから紹介する筆者の得た情報とほぼ重なるので割愛させていただく。

続いて田波は、Qに関する驚くべき事実を披露する。

「それから数年後、私は再びQに驚かされることになる。日本中をびっくりさせた、ある事件を引き起こしたのだ。彼の言うとおりならば、それもロッキード事件[※1]にからんでのことなのだそうだ……」。

結局、田波は、「Qと彼にまつわる奇想天外な話は、いずれ機会を改めて書きたいと思っている」と綴り、この話題を締めているが、その機会が訪れることは遂になかった。

さらに驚くのは、この〈事件〉について、小林信彦が自著で次のように書いていることだ。

「余談だが、モデルになった男は、のちにハイジャックを試み、失敗して逮捕された――」と。

果たして、この「モデルとなった男・Q」とは誰なのか？　そして、この「ハイジャック」とはいったいどんな事件だったのか？　この映画を愛する方なら、きっと真相をお知りになりたいはずだ。

かくして筆者は、現在進めている三船敏郎本の取材で、かつてLAの「東宝ラブレア劇場」で支配人を務めておられた渡邊毅氏にお会いした際、この人物に関する驚愕の事実を知ることとなる。

渡邊毅さん（撮影：岡本和泉）

以下は、ほぼ編集なしの渡邊毅氏の証言である。

渡邊（以下、W）『ニッポン無責任時代』のモデルになった男の話、知っています？　実はこの男、航空機のハイジャック犯なんです。何年か前に刑務所から出てきたっていう話ですが……

高田（以下、T）えっ、それはどういうことですか？

W　僕が外国部へ移った頃、新しい映画ができると、社員のために一週間ばかり映写室で上映されていました。社員がみんなで見て、「ああでもない、こうでもない」と議論するんですが、誰かが「ヘンな映画ができたよ」って言うんで、見に行ったら、確かに変わった映画でした。植木等が言う「結婚してくれ」っていう大事なセリフを、監督の古澤憲吾はキャメラを移動しながら撮って、植木等も横向いてどっちでもいいようなふりをして――。そ

れは今までの映画のパターンを完全に崩していて、これは面白い映画だなと感じました。

僕はその頃、外国に輸出できる映画の仕分け（年間約五十本のうち二十本くらい）をする仕事をしていたんですが、輸出するものが決まると、まず宣伝用の英文パンフレットを作ります。それで、『ニッポン無責任時代』のパンフレットを作ろうとしていると、他の社員は「こんなの、向こうじゃ売れないよ」って言うんですが、僕はかまわず「東宝はこれで10年メシが食える」と主張して、千部分5万円の稟議書を書いて出したんです。そしたら、上の方がみんなダメだと言って判を押してくれない（笑）。

そのとき、同じ部屋に外国部顧問の川喜多長政東和映画社長[※2]がいらしたんですが、「君は本当に、これで東宝は10年メシが食えると思うかね」って言うから、「大丈夫です、食えます」と答えたら、社長は「じゃ、作れ」って、即座に判を押してくれたんです。

で、一緒に働いていたアメリカ人を誘って『ハッピー・ゴー・スリッキー（調子のいい奴）』っていう題名をつけて、パンフレット作って……。

そしたら、東南アジアの方で大分売れました。

結果、『ニッポン無責任時代』は大当たりして、僕が言ったとおり次の年の正月映画のセカンド・ピクチャーになりました。ところがその年、東宝に13年ぶりのストライキがあって、組合の教宣部長をやっていた僕は沖縄に飛ばされちゃって（笑）。それで沖縄へ行って、二本目の『ニッポン無責任野郎』が出たら、これまたすごい大ウケ！ そのときは森繁の『駅前飯店』を食って、メイン・ピクチャーになっていましたね。

T 渡邊さんには先見の明があったことになりますね。

W “無責任”シリーズは沖縄でも大当たりしてね。座席があると客がたくさん入らないので、後ろの方の椅子を五列ほど取っ払って、立見席にしてぎゅうぎゅうに詰めて（笑）。スクリーンの右側に男便所、反対側に女便所があったのにどっちにも行けないという有様だったので、半券に判を押して隣のデパートに行かせた、というほどの大ヒットになりました。

T　『ニッポン無責任野郎』は年末公開でしたね。

W　植木映画の大ヒットのおかげで僕はアメリカに行けたんです。その頃、ロサンゼルスの「東宝ラブレア劇場」※3が経営不振で、「沖縄の渡邊をやれ」と言われて、僕はロスに転勤させられました。外国部の連中は、みんな「ヘンな映画だよねぇ」って言っていましたが、川喜多さんに提言したとおり、東宝は本当に10年、植木等で飯が食えましたからね。

T　植木等でね！　藤本眞澄さんは、無責任な男が主人公なんて、東宝のカラーに合わないって言ってたらしいですけど。

W　それでその頃、ヘンなアメリカの二世が（東宝に）来て。そいつは立教大学を出ていて、日本に駐留して、除隊後、また日本に来たらしいんだけれど、僕も奴にだまされましてね。

T　え？

W　奴は映画のストーリーを作って、日本やアメリカの映画会社に売り込んでいるんだと言っていました。ある日、彼に日本語の原稿を英文に翻訳してタイプしてくれと言われて、出入りの女性に翻訳を頼みました。それがブラジルから帰ったばかりの角野栄子さん、あの『魔女の宅急便』の角野さんでした。角野さんの翻訳ができて、私はそれを外国部のタイピストに渡しました。そしたら僕のいないときに彼が来て、どんな調子かちょっと見せてくれと言って、原稿を持っていってそのまま居なくなっちゃったんです。仕方ないから当時のお金で2万円、彼女に払いましたよ。それで、その男のことを田波靖男に話したら、田波が教えてくれたのかな？　普通、大学を出ると就職のために背広を作るんだけど、そいつは喪服を作って、新聞に載っている社長クラスの葬儀に行って、「生前、故人にはお世話になりました」なんて言って、その会社に入り込んでいたというんです。あいつは、それを実際にやっていた男なんですよ。

T　平均、そのものですね！

W　だから、モデルだね。

私はその後、「東宝ラブレア劇場」に転勤になったんだけど、またもやその男がロスに来たの。そのときはゴルフクラブを日本に送る仕事をしていて、私は行ったことはないんだけど、自宅にズラリとクラブを並べて、日本から来た客に売りつけていたみたいです。ゴルフクラブは毎年9月になると、ニューモデルが出るでしょう？　そうすると、その前の年のモデルはガタンと値が下がるんです。彼はそれを買いつけて、日本にニューモデルだと言って売るんです。秋葉原にゴルフ道具屋がたくさんできた、その頃だと思います。

私が日本に帰ってきて三年目（1970年）に、有名な「よど号」ハイジャック事件が起こりました。その後いくつかのハイジャック事件がありましたが、そのうちのひとつに羽田空港で日航機を乗っ取り、キューバへの亡命を要求した男がいたんです。警察は男の身元を全力を挙げて調べたが、どうしても判らないとテレビが報じていました。

そのとき、ロスで一緒にゴルフや麻雀をした「東スポ」の写真記者が私に電話をかけてきて、「犯人はNだ」って言うんですよ。彼はたまたま社の現像場にいて、部下が羽田で撮った犯人の写真を現像したら、Nの顔が出てきたと言うんです。だから、「俺のところに電話するより、すぐ警察へ電話しろ」って言ったの。それで奴が捕まってね。飛行機の中でパラシュート背負っていて、名古屋あたりで飛び降りて逃げるつもりだったっていうんですよ（笑）。

T　え〜っ、そんな事件を起こしたんですか、その人！　そもそも、なぜ彼は東宝に出入りしていたんですか？

W　進駐軍にいたときに東宝の宣伝部と関係があったらしいですよ。アメリカが占領当時、新聞社とかマスコミに兵を送って、監視させていたんじゃないのかな？　彼は日本語ができましたしね。

T　本当に二世だったんでしょうか？

W　どうかな。本当は、田波が生きていればいいんだけど。それからハイジャック法ができて、10何年くらい経って、彼が刑務所から出てきたっていうニュースを見ました。

T　こんな話、誰も書いていないですね。名前を出しても大丈夫でしょうか？　確か、田波さんの本には、「Q」って書いてありましたが。

W　その頃は書けなかったんだろうね。

T　でも、その人をモデルにしちゃうと、主人公は完全な悪人になっちゃいますよね。それまでのサラリーマン映画でも、そんな男、出てきたことないですし。それにしても、渡邊さんは先見の明がありましたね。これは海外で売れる、という――。

W　東宝にシリーズものはたくさんあるけど、こんなに長く続いたシリーズものはなかったし、川喜多さんも外国部の担当重役ではなかったけど、映画を見る目は大したものだったとつくづく思いますね。

T　クレージーの映画も「東宝ラブレア劇場」ではよくかけたのでしょうか？

W　クレージーの映画は『黄金作戦』とか、三、四本やりましたね。ロサンゼルスにはビバリーヒルズとかサンタモニカも入れて日系人が八万人くらいいたんだけど、そのうちの一割、八千人くらいが劇場に来ると、劇場はペイするんです。でも、アメリカ人でこの映画を分かった人はあまりいなかったんじゃないかな。ラスベガスへ行って、向こうの漫才が僕らに分からないのと一緒で。

T　その点、三船さんはやっぱりすごいですね。アメリカ人からあれほど注目されたわけですから。

それにしても、平均のモデルがハイジャック犯とは……。調べれば、名前出てくるんですかね、その人？

W　新聞見ると、出ていますよ。

T　お名前はなんというんでしょう？

W　ポールですよ。ポール・N！

T　いやぁ、今日は衝撃的なお話を伺いました。

※1　Qは、短躯禿頭という風貌が山梨の小佐野賢治によく似ていたことから、ハワイでは〝国際興業の小佐野賢治〟の名をかたって食事をしたり、ホテルに泊まったりしていたという。

※2　川喜多長政は、映画の輸入・配給を担う東和株式会社（のちの東宝東和）の創業者。東宝グループの一員だったことから、東宝外国部の重役も兼ねていた。

※3　「東宝ラブレア劇場」の所在地は、ハリウッドの「La Brea Avenue at 9th Street」。レンガ作りの趣のある建物で、のちに韓国の原理協会となった。

【当ハイジャック事件に関する新聞記事概要】

読売新聞（1972 年 11 月 7 日朝刊）を見ると、当ハイジャック事件の犯人は「文京区駒込生まれ、米国カリフォルニア州ロサンゼルス市在住の無職・中岡達治」と明記されている。

事件は「よど号事件」の二年後、1972（昭和 47）年 11 月 6 日に発生。羽田発日本航空 351 便を、拳銃を持った男＝中岡が名古屋上空でハイジャック。機長にキューバ行きを命じるも、国内便だったため、国際線への乗り換えと身代金 200 万ドルを要求。人質の乗員と共に代替機に乗り込んだ直後に、中岡は機内に潜んでいた捜査一課員によって逮捕される。中岡は拳銃のほか、ニトロ、火薬等を所持、脱出用のパラシュートまで用意していたという。

自供によれば、中岡は 1941 年、立教大学予科（ポールの名前はここからきている！）に入学するが、1 年半で中退。陸軍飛行学校を卒業して少尉に任官するも、終戦となり、戦後はヤミ屋で生計を立てる。その後、1948 年に密出国した中岡は、加州で日系二世の女性と結婚して永住権を取得。ゴルフ・コースのマネージャーやゴルフ用品のブローカー、さらには映画界に近づいて米映画社の日本ロケ時に、日本の風俗・習慣についてアドバイスする仕事などをするが、持ち前の詐欺師的性格が災いして、いずれも不成功。妻や三人の子供の面倒はあまり見ず、「無責任ぶり（！）が目立った」とのことだ。

二日後の読売夕刊で中岡は、大阪のスポーツ用品販売店でも約 1 千万円の詐欺を働いていたと報じられているので、渡邊さんのおっしゃるとおり、インチキのゴルフ用品でも売りさばいていたのだろう。

結果として中岡は、1974 年（当時 49 歳）に懲役 20 年の刑に処せられている（74 年 3 月 13 日夕刊）。

驚くべきは、1969（昭和 44）年公開の『社長えんま帖』（監督：松林宗恵）に登場する日系人バイヤーの役名が「ポール花岡」であることだ。演ずるは藤岡琢也。脚本の笠原良三のお遊びなのだろうが、逮捕前だったこともあり、当時の観客でこの悪戯に気づいた者は誰一人いなかったろう。

読売新聞（72 年 11 月 7 日夕刊）には、ハイジャック犯に関するフランキー堺の談話が掲載。ここでフランキーは「昭和 23 年、東宝の LA 支社で会ったポール中岡から、喜劇俳優レッド・スケルトンを紹介され、以来、交際を続けている」と証言している。記事では『社長外遊記』で中岡をモデルとした日系三世バイヤー、その名もずばり「ポール中岡」を演じたとされるフランキーだが、実際の役名は「ジョージ沖津」であった。

(2)『クレージー作戦 くたばれ！無責任』

昭和38年10月26日封切　監督：坪島 孝　脚本：田波靖男　出演：植木 等、ハナ 肇、谷 啓、浜美枝、藤山陽子、北あけみ、淡路恵子、田武謙三、山茶花究、東野英治郎、上原 謙

【本作の選出ポイント】

①〝無責任〟イメージの回避にあたり、当時流行の清涼飲料水＝コーラを使うという、その斬新奇抜なアイディア

②坪島孝と田波靖男がのちに確立する〈喜劇手法〉がすでに見て取れる驚き

③迷惑行為やセクハラといった、今に通じる社会問題を取り上げている先見性

いわゆる〝作戦〟シリーズの第二作目にして、小学生時代の筆者がゴジラも三船敏郎も出ていないのに、大きな興味と興奮を抱き、繰り返し見たクレージー映画の一本。

最初の〝作戦〟もの『クレージー作戦 先手必勝』（昭和38年3月公開）の印象は――テレビ・シリーズの「クレージー作戦」を毎週楽しんで見ていた身としては、絶対に劇場に足を運んだはずだが――まったくもって薄い。『警察日記』や〝駅前〟シリーズなど、〈人情〉群像劇を得意とする久松静児監督だが、

その持ち味がクレージー映画には適していないことが子供心にも伝わってきたのであろう、こちら『先手必勝』のほうは一、二度しか見に行かなかったように記憶する。毎週テレビで流れていた「クレージー作戦のテーマ」や、レコードでお気に入りだった「ホンダラ行進曲」の使われ方も非常に淡白で、高揚感が乏しかったのも、その要因のひとつであったろう。

小林信彦も封切当時、「この映画のファースト・シーン、ブタ箱の中の植木等を見た時、こりゃ、いけねえナ、と思った。〝無責任〟シリーズの時のように、ビリビリッとくるものがなかったからだ。（中略）『先手必勝』の植木には、その動物電気が感じられない」（『テレビの黄金時代』所収「土曜手帖」）と書いており、筆者と同じ感覚を持っていたことがうかがえる。

こちらの脚本は池田一朗。クレージー映画には『無責任遊侠伝』と『クレージー大作戦』に参加しているが、三作とも評価がイマイチなのは、この方も久松監督と同様、クレージーとの相性が悪かったとしか言いようがない。

ハッスルコーラの衝撃

私事で恐縮だが、筆者の生家は山形市内で酒類販売を営む小さな商店であった。本作公開当時、いまだコカ・コーラの全盛期は到来しておらず、店頭にはペプシにクラウンと、様々なコーラが並んでいた。そして、この「ハッスルコーラ」のビンとラベルが「ペプシコーラ」のそれに良く似ていたこともあり、イタズラ心を覚えた筆者は、店頭に並ぶペプシのラベルを、一瓶一瓶「ハッスル」に書き直すという悪行に及ぶ。当然ながら、父親からはひどく叱られたが、いつも映画を見に連れていってくれていた祖母のとりなしによって、何とか事なきを得る。ただし、売り物にならなくなった「ハッスル（本当はペプシ）コーラ」は、すべて筆者と祖父母で飲むこととなったが……。

とにかくこの作品、劇中に登場する「ハッスルコーラ」[注1]の印象は誠に絶大なものがあった。祖母にねだって、いったい幾度、劇場に通ったことだろう。これも、前作『先手必勝』とは大違いの衝撃＝インパクトがあった、ということに他ならないが、まずもって「ハッスル」という語の持つ、得も言われぬ魅力にとりつかれたことも大きかった。今になってみると、この言葉、当時はどこからやって来て、誰が流行らせたのかも意識していなかったが、小林信彦著『現代〈死語〉ノート[注2]』（岩波新書・1997）などによれば、1963年春に阪神タイガースが米国でのキャンプから持ち帰り、「ハッスル・プレー」という言い方がなされたのが起源とされている。そんなことを知らずとも、植木等が劇中突然歌いだす「ハッスル・ホイ」の呪文的・悪魔的ムードは、我々子供たちに「スーダラ節」にも勝るインパクトをもたらしたのであった。

かくして本作は、異色の内容ながらも、小学生時代の筆者が『キングコング対ゴジラ』（昭37）に次いで、繰り返し劇場に通った〈お気に入り〉映画となる。

衝撃的な「ハッスル・ホイ」歌唱シーン
© TOHO CO.,LTD.

〝無責任〟イメージの否定

今の目で見ても、ドライでスマートなアメリカ喜劇のエッセンスが採り入れられ、実に軽妙洒脱な映画と映る本作。しかしながら、封切当時はそうしたセンスや面白さを理解する人が少なかったのか、その評判はあまり芳しいものではなかった。

なにせ「くたばれ!・無責任」と謳っているくらいだから、植木等は一種の興奮剤である「ハッスルコーラ」を口にしないと、まるでやる気の出ない〝無気力社員〟に設定されている。その冴えない風貌とダメ社員ぶりは、それまでの無責任＝傍若無人ぶりを知る観客には、かえってそのギャップが際立ち、意外さを楽しんだものと思われるが、批評家筋には、せっかくの〝無責任男〟キャラ――〝悪漢ヒーロー〟と言った方がよいか――をここで終わらせてしまうのは勿体ない、という見方が大半だったようだ。確かに〝無責任男〟をセルフパロディ化したり、自己否定してしまったりするにはいささか早過ぎだったかもしれず、『ニッポン無責任時代』を大いに買っていた小林信彦からの不満表明＝批判的な言葉「これは自己の新しさの否定であり、いわば自殺に等しい」（前掲『日本の喜劇人』）は非常に重い。

今では、こうした〝アンチ無責任路線[注3]〟への転換は、植木等本人、すなわちナベプロ・サイドからの要望というより、無責任のイメージを覆すことに躍起となっていた藤本眞澄プロデューサーの意向によるものとされている。したがって、このようなタイトルをつけさせた張本人（？）は藤本だったことになるが、むしろこれを逆手《さかて》にとって上手く料理した坪島＝監督[注4]&田波＝脚本[注5]コンビの手腕こそ、評価されるべきであろう。

マドンナ・浜美枝の誕生

やがて植木等の相手役として、クレージー映画には欠かせない存在となる浜美枝。本作は、その浜が小さいながらも初めてマドンナ役を務めた作品である。[注6] 続く『香港クレージー作戦』（昭38）では、複数ヒロインの一人として「無責任なんて、もう時代遅れだもんネ!」などと言って植木を励ましていた(?・)浜だが、『日本一のホラ吹き男』(昭39)からは、植木の〈正妻〉に昇格。結果として、計十三本のクレージー映画に出演することとなる。ヒロインとしての、その頂点が『クレージー黄金作戦』(昭42)の海《うん》野《の》月《つき》子《こ》であることは、クレージー映画を愛する方ならどなたも賛同してくださるはずだ。

坪島孝監督による喜劇スタイルの萌芽がここに

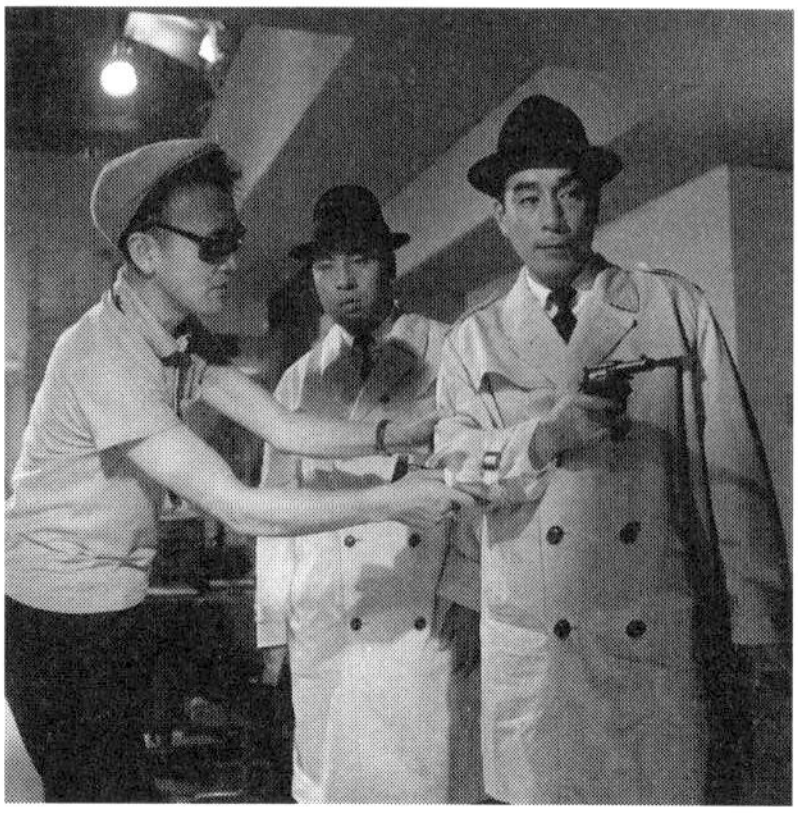
坪島孝監督による演技指導。ベレー帽がお洒落 ©TOHO CO.,LTD.

本作で注目すべきは、坪島と脚本の田波靖男の二人が、のちに『クレージーだよ 天下無敵』(昭42)から『クレージーの怪盗ジバコ』(同)、『クレージー メキシコ大作戦』(昭43)などを経て、『だまされて貰います』(昭46)で完成させる〈作劇術〉の萌芽が見て取れることである。すなわち、場面転換の妙で笑わせる手法や、複数の登場人物の〈部屋ごとのやり取り〉を交互に、それも同時進行的に描いていき、やがてそれを一点に収束させていくという構成術——叙述テクニックと言っても良い——は、すべてここから始まった、ということになる。

坪島監督と田波靖男のチームプレー

これは坪島監督ご本人から伺った話。田波靖男の手による脚本は、米国製ライト・コメディをお好きな監督の志向を実によく反映したもので、共作の度にその出来ばえに満足していたという。その場に同席されていた田波夫人の京子さんも、「二人は本当に良いチームプレーで仕事をしていた」と嬉しそうに語っておられた。きっと田波は、波長の合う坪島だったからこそ、緊密で良好な関係性を保ちながら仕事をすることができたのだろう。そうでなければ、後年二人して作ったクレージー映画があれだけのレベルを保つことはなかったろうし、さらにはジャック・プロダクションという映像制作会社（他には監督の岩内克己、脚本家の小川英らが参加）が創設されることもなかったはずだ。

なんと言ってもこの脚本、実際は〝ショボクレ男〟＝無気力サラリーマンの植木が「ハッスルコーラ」を飲むと、たちまち超自信家に変貌、何でも事が上手く運ぶという、そのアイディアが秀逸。自信が沸いてくる度に、画面がモノクロからカラー（当時は「総天然色」といった）に転換するという技法[注7]も――監督自ら、何かのアメリカ映画からの〈いただき〉だとおっしゃっていたが――、実に斬新だった。ただ、かつて浅草東宝などで盛んに行われた「オールナイト上映」では、見事なまでにプリントが褪色、〈ほとんど真っ赤〉状態で、この面白さがまったく伝わっていなかったのは「悲しいことだよ、プンプン」だったが……。

注1　ハッスルコーラのアイディアは、田波靖男の言に従えば坪島監督によるものだという（『無責任グラフィティ クレージー映画大全』）。コーラ工場のシーンはペプシコーラ工場でのロケだとか。

注2　当書では、「ハッスル」には米国の俗語として「娼婦が客を引く」との下品な意味があるという理由で、ＮＨＫが放送禁止用語とした旨の注釈が加えられている。

注3　ところが、植木から「無責任」のレッテルがすぐにはがされることはなく、『無責任遊侠伝』（昭39）、『花のお江戸の無責任』（同）、『無責任清水港』（昭41）といった、タイトルに〝無責任〟を冠した映画が（〝作戦&時代劇〟シリーズに限って）さらに作られていくこととなる。

注4　演技事務から助監督～監督職に転身した坪島監督は、東宝内部でも変わり種として知られる。

注5　田波靖男は『クレージー映画大全』のインタビューで、本作のタイトルの所以について「そろそろ〝無責任〟というものに幕を引きたかった」との思いがあったことを明かしている。

注6　浜美枝のクレージー映画初出演作は、この年（昭和38年）7月公開の『日本一の色男』であった。

注7　トイレで用を足すとハッスルコーラの効力が失せ、気弱な田中太郎に逆戻り。画面もモノクロに転換するというギャグは一見わざとらしいが、子供にも分かるという点で実に効果的だった。

其の壱：ロケ地の秘密

①成城から祖師ヶ谷大蔵に向かう途中、仙川に架かる「成城橋」を渡ってすぐのところに現在でも〈X字〉状の坂道がある。本作では、その坂下正面に建つ家がハナ肇扮する大沢の自宅に設定されている。ハナは青と黄のツートンカラーの小田急線の車両が通過するのと同時にこの坂を下り、自宅に入っていく。この坂は、『ぼくらの七日間戦争』（昭63：菅原比呂志監督）にも登場するので、機会があったらご確認いただきたい。

②モノクロのオープニングで植木等が出社しようとする団地は、善福寺川公園の北に位置する「荻窪団地」。植木と浜のデートは「石神井公園」でのロケ。上原謙が社長を務める大東京商事は、引き続き「大和証券」ビルの外観が使用されている。

ハナ肇の自宅は、祖師谷三丁目12番地でロケ
© TOHO CO.,LTD.　右は撮影地の現在（撮影：神田亨）

其の弐：俳優座の重鎮俳優の中で、最も多く東宝映画に出演したのが東野栄治郎である。古くは『兄いもうと』（昭11：P.C.L.／木村荘十二監督）から、『野良犬』（昭24：新東宝）、『七人の侍』（昭29）といった黒澤作品でもその顔を見ることができる。東宝のスクリーンでは小沢栄太郎、千田是也、東山千栄子といった俳優座設立メンバーの姿を見ることは滅多になかっ

たが、東野のクレージー映画出演は、これ以降も『日本一のゴマすり男』（昭40）から『クレージーのぶちゃむくれ大発見』（昭44）まで、足かけ五年に亘って継続。出演作は、やはり意外に出演作が多い進藤英太郎と同じく、計七本を数えている。

其の参：東野英治郎扮する岩下社長が通うのは「トルコ風呂」。のちに隆盛を誇る、かの風俗店とは違う本来の意味での個室サウナ風呂で、『香港クレージー作戦』（昭38）や『日本一のワルノリ男』（昭45）など、クレージー映画でも度々舞台となっている。

映画で聴くクレージー・ソング②

本作でクレージー映画の音楽を初めて担当した広瀬健次郎。〝若大将〟シリーズは第一作目の『大学の若大将』（昭36）から『俺の空だぜ！若大将』（昭45）まで、〝駅前〟シリーズは、二作目（「喜劇」の文字が冠された一作目）の『喜劇 駅前団地』（昭36）から『喜劇 駅前桟橋』（昭44）まで担当。クレージー映画も、これ以降『大冒険』（昭40）と『日本一の男の中の男』（昭42）に関わるが、何故かいわゆるクレージー・ソングは一曲も作っていない。

坪島孝とはウマが合ったようで、『クレージーだよ 奇想天外』（昭41）や『奇々怪々 俺は誰だ?!』（昭44）といった谷啓主演作のほか、戦争映画の『蟻地獄作戦』(昭39)やスパイ・アクションものの『国際秘密警察 火薬の樽』(同)、さらにはミステリー・タッチの『愛のきずな』(昭44/原作は松本清張)などの坪島作品に関わる。広瀬が紡ぐ劇伴は「明るく楽しい」都会的な作風が売りの東宝映画、とりわけ若大将映画とクレージー映画には大いにマッチした。

結局クレージー映画には、中心的作曲家である萩原哲晶、宮川泰の他は、広瀬と山本直純、それに神津善行の三人しか関わることはなかったが、広瀬の果たした役割は絶大。異色の展開を見せる本作でも、ストーリーやギャグの盛り上げに大いに貢献している。

①「ハッスル・ホイ」

そんな本作、音楽的には植木等によって〈いの一番〉に歌われる「ハッスル・ホイ」に尽きるだろう。青島幸男と萩原哲晶の黄金コンビにより、この映画の内容に合わせて作られた楽曲だが、封切時にはレコード化されなかったにもかかわらず、繰り返し見てすっかり憶えてしまった筆者は、ひとり学校でこの曲を歌っては、大いにはしゃぎまくった記憶がある。

それほど、この曲には強いインパクトがあったわけだが、どう考えても「ハッスル、ハッスル、ハッスル、ホイ!」とラップ風に掛け声をかけるだけの——要するにメロディのない——平歌部分と、「なんだか知らぬが天下取った気分だよ〜」という短いサビしかない、この単純極まりない歌がシングル盤として発売されるはずもなく、その後これは、長らく〈幻の楽曲〉となる。

②「オート三輪進軍ラッパ」（前掲『テレビの黄金時代』では「いざ行かん」とクレジット）

テレビ版「クレージー作戦」シリーズのエッセンスが盛り込まれた本作には、七人揃って「いざゆけ！　それゆけ！」と声を合わせる「オート三輪進軍ラッパ」と題された軍隊調の楽曲も用意。高速道路を走るオート三輪車の姿など、もう二度と見ることのできない光景である。

③「ホンダラ行進曲」

「世に無意味な歌は数々あれど、〈無意味について歌った〉歌は少なく、……これ以上の革命的な歌はもう出ないのではないか」（CD「クレイジー・キャッツ・デラックス」解説：1987）と評したのは大瀧詠一。植木等自身も、青島幸男との対談（「植木等デラックス」：1992）で「この曲は奥が深い。非常に含蓄がある！　はっきり言って、何言ってんだかわからない」と語っている。

シングル盤を繰り返し聴いては、この「不思議な歌詞を持つ呪文のような歌」が頭に刷り込まれてしまった筆者。学校に行くときも、三角ベースの野球もどきをするときも、この歌を頭の中で唱え続けていたものだった。これが青島幸男による「人生訓」、「哲学」だと悟ったのは、かなり大人になってからのことである。

本作では、お祝いの席上、「あれをやってもホンダラッタホイホイ」の四番のみ、お馴染みの振り付きで、クレージー全員により合唱されている。

④「くたばれ！無責任」

丸の内ビル街（富士銀行や東京銀行がバックに見える）で撮影されたラスト・シーンで、全員によって歌われるのが、本来なら主題歌と呼ばれるべき、この行進曲。見れば、明るさと軽妙さ、そして切れの良い動きと歌の巧みさ、どれをとっても七人の中では植木が群を抜いており、植木には大人だけでなく子供にも注目されるカリスマ性が備わっていたことが改めて実感できる。

丸の内での「くたばれ！無責任」歌唱シーン

Column 4

〝東宝銀座〟とは

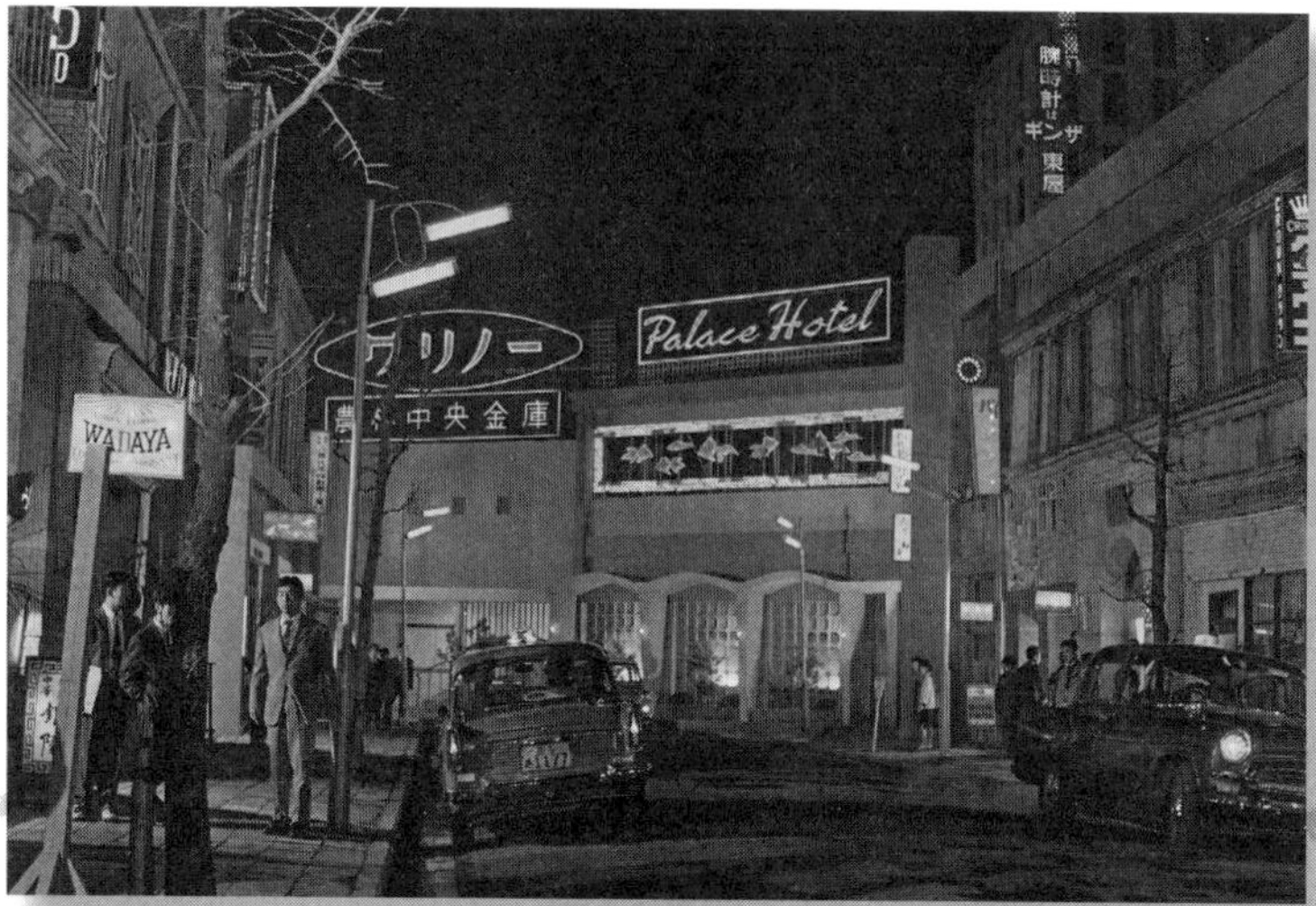

所内オープンの北端に設けられた“東宝銀座” © TOHO CO.,LTD.

〝東宝銀座〟とは、かつて『酔いどれ天使』（昭23）のどぶ池や『浮雲』（昭30）の伊香保温泉のセットが設けられた、所内オープン用地内に存在したパーマネント銀座（繁華街）セットのこと。昭和30年代中期以降の東宝映画では、しばしばその姿を拝むことができる。

新東宝（砧）や日活（多摩川）の撮影所にもこうしたセットが常設され、それぞれ〝〇〇銀座〟と呼び習わされていたことはよく知られる。各撮影所がこれほど大がかりなセットを設けたのは、わざわざ銀座にロケに出向くより、効率的な撮影が可能だったからに他ならない。

こちら〝東宝銀座〟は、クレージー映画では『ニッポン無責任野郎』で植木が「のんき節」を歌う繁華街や『クレージー作戦 先手必勝』のお祭りが行われる通りとして使われたほか、『くたばれ！無責任』においては、ハッスルコーラの呪文を唱える谷啓を精神病院の車が迎えに来る商店街や「BARハッスル」がある夜の街、さらには植木が銀行ギャングを夢想するシーンなどで使用されており、所内オープンとしての役目を十二分に果たしている。

　極めつけは、黒澤の『天国と地獄』（昭38）で伊勢佐木町の街並みに作り替えられたとき。さすがは黒澤明、どこからどう見てもこれが銀座セットの改装とはとても思えない。

　今この地は、住宅展示場から東宝が建造する大型マンションへと変貌。撮影所内で、本当に人が居住するエリアとなってしまっている。

東宝撮影所全景。“東宝銀座”は写真右上の辺りにあった　© TOHO（提供：東宝スタジオ）

(3)『日本一のホラ吹き男』

昭和39年6月11日封切　監督：古澤憲吾　脚本：笠原良三　出演：植木 等、浜 美枝、飯田蝶子、草笛光子、曾我廼家明蝶、山茶花究、三井弘次、坂本 武、清水 元、人見 明、由利 徹

【本作の選出ポイント】

①シリーズの方向性が確立された作品

②植木等の〈心情〉に添ったキャラクター（有言実行の男）設定がなされた結果、その底知れぬパワーが全開となる

③東京五輪に向かう日本の〈勢い〉が作品全体から迫ってくる

『日本一の色男』（昭38）に続く〝日本一の男〟シリーズ第二弾。植木等の陽性でポジティブな魅力が全開した映画として、さらには、当シリーズの方向性・イメージが確立した作品として、非常に重要な位置にある一作である。古澤憲吾の演出と笠原良三の脚本も、前作にあったどことなくウェットなテイストを廃し、明るく前向きな姿勢に徹しているところが、観客からの共感や支持を得たものと思われる。これなら子供が好きにならないわけがない。

タイトルの所以が、〝ホラ吹きクレイ〟と称された、のちのモハメッド・アリ（カシアス・クレイ）であることは、後年、脚本家の笠原良三が『ジ・オフィシャルクレージーキャッツ・グラフィティ』（前掲書）で明らかにしている。

ちなみに、筆者がこの映画を小学生時代に見ていた時分は、〝日本一の男〟シリーズという呼び方はなく、単に〝日本一〟シリーズという括り方をしていたように記憶する。このシリーズ名を言い出したのは、いったいどこのどなたなのであろうか？　実際、植木等ご本人も、講演などにおいては後年になるまで、〝日本一〟シリーズという言い方を貫いておられた。まあ、「そんなこたぁどうでもいい」のだが。注1

本作製作の舞台裏

冒頭の「東京五輪音頭」の熱唱場面から、いかにも絶好調に見える植木等。しかし、映画にテレビに舞台（日劇、梅田コマに地方公演も）、さらにはＣＭ出演にレコーディングと、超多忙の日々が続いたことから、植木は１９６４年1月、『出たとこ勝負』（杉江敏男監督）の撮影途中でウイルス性肝炎を発症し、病床に伏す。

ちなみに、植木の１９６３年の公開映画は、みんなまとめて面倒みたのか、助演作を含めてなんと十二本。すると、ひと月に一本という計算になるが、これは自説（前掲「テレビの黄金時代」）であり、実際の数はのちに示す。いずれにしても、植木が殺人的なスケジュールをこなしていた事実に変わりはなく、とても仕事どころではない状況に陥る。

のちに、１９６３年という年がいかに大変だったかについて本人が語るには、「これ、他人事だから笑えますけどもね、やった本人は朝起きたときなんか、もう立てないんです。這っていかないとトイレに行けないんです。三十代の男が……」（１９８３年、鎌倉「円覚寺」における講演）ということだから、持ち歌のとおり「体にいいわけない」ことを自ら実践していたことになる。

ところで、この入院騒動（2月3日入院）の最中に植木等から運転手として採用されたのが、小松政夫こと松崎雅臣さんである。当時の植木等の状況や発言については、小松さんが自著でたびたび言及されているので、ここでは触れないが、植木自ら前述の講演で『おとなの漫画』っていうのを毎日やっておりまして、VTRなんてないころですから、そこにいなきゃ駄目なわけです。それで撮影は毎日毎日やってるわけです。それで地方公演っていうのも月に四、五日行きましたか……」と語っているとおり、この当時はまだフジテレビで毎日お昼に放送の「おとなの漫画」が継続中（番組は64年の12月まで）のうえ、日本テレビの「シャボン玉ホリデー」も放送中。こちらがリハーサルに二日、本番に一日をかけるという今では考えられない丁寧な番組作りをしていたことや、これに加えて映画の撮影と舞台、レコーディングがある植木等の疲労度、消耗度たるや、果たしていかばかりであったろうか。

映画冒頭から「東京五輪音頭」を歌い踊って、元気いっぱいの植木等　© TOHO CO.,LTD.

これにて『出たとこ勝負』の撮影は、タイトルどおりにはいかずに、もちろん中断。年始の舞台公演も休演することになった植木だったが、ようやく病も癒えかかった当年4月、本作の製作開始を待ちに待った古澤憲吾が植木を杉江敏男から略奪（?・）して、本作の製作を優先させるという挙に出る。かくして、『出たとこ勝負』が改題された『無責任遊侠伝』（悲しいことに、さらに〝無責任〟シリーズは続くことに）のほうは、本作の完成をもってようやく撮影が再開されたものの、公開も後回しにされるという不遇な作品となる。

結果として、両作の勢いや主人公のボルテージの差はどなたもご承知のとおり。植木の病が治り切っていない時期に撮った本作のほうが数段勝っているという逆転現象を引き起こし、植木の入院騒ぎは、まさに「古澤憲吾、恐るべし」の意を強くする結果となった。

〝有言実行の男〟に生まれ変わった無責任男

本作で植木等に与えられた役は、〔初等〕と書いて〔はじめひとし〕と読む陸上選手。来る東京五輪に三段跳びで出場予定の強化選手である。日本では初開催となるオリンピック大会は、本作公開の四か月後に迫っており、まさにタイムリーな役柄であった。

余談だが、植木等の兄・徹は中学時代には陸上競技部に所属、「百メートルを12秒フラットで駆けた」（前掲『夢を食いつづけた男』）ほどのアスリートであった。植木も同書で「私は陸上競技の選手だったこともある」と証言。中学三年のときには百メートルを、兄より早い「11・4秒で走った」（戸井十月著

『植木等伝 分かっちゃいるけど、やめられない！』小学館：2007）とのことだから、植木の演技のスピードが〈半端ない〉のは、やはり天性の運動能力の賜物だったことになる。[注2]

それはさておきこの主人公、思わぬ怪我（世界新記録を出したと思った瞬間、後ろにひっくり返って両足のアキレス腱を断裂）を負って、オリンピック出場はおじゃんに。実家で療養する初等は、掘り出された壺から出てきた、ご先祖〝法螺吹き〟等之助《ひとしのすけ》の一代記に感化され、「責任の持てないホラは吹かない」との家訓を守るべく、大学の就職課で〈超難関〉企業の「増益《ますます》電機」に就職しようと決意。大卒なら誰もやらない臨時守衛から始めて、やがて部長に昇進するという、三段出世の道を歩んでいく——。

とにかく本作の主人公は、「ホラは吹いても、実践を伴う」という点がミソ。〝無責任男〟キャラを嫌う植木等の心情を汲み取った〝有言実行男〟というキャラクター設定は、『日本一の色男』から新規参入した脚本家・笠原良三の腕の見せ所だったわけである。

それにしても、ここでの植木の演技はボルテージが上がりっぱなしで、とても病み上がりとは思えない。クレージー映画では二度目となる、植木＝初等之助の時代劇仕立てのシーンも実に様になっていて、見応えたっぷり。三船敏郎にも負けていないと言ったら、身贔屓が過ぎるというものだろうか？

本作で植木が成した行動

社長（曾我廼家明蝶）に取り入り、守衛から営業部調査課資料係、宣伝係長へとステップアップ、さ

守衛姿がこれほど様になるのは
植木等のみ　© TOHO CO.,LTD.

らには、研究所勤務の井川（谷啓）が開発した「冷暖電球」という、エアコンを備えた電球を勝手にテレビで宣伝。この製品――これは今考えても、なかなかナイス・アイディアだ――が大ヒットとなり、秘書課長に抜擢されたかと思えば、今度はダムの発電機の受注を巡り、産業スパイもどきの手を使ってライバル会社を出し抜いた等は、会社一の美女・南部可那子（浜美枝）と営業部長の地位を我が物とすることに成功、映画は大団円を迎える。

これぞまさに、とんとん拍子の出世物語。これが心底、痛快感を覚える映画となったことで、植木はサラリーマン＝大人たちはもちろん、少年少女たちからも絶大なる支持を獲得。翌年には、さらなる〝有言実行男〟「日本一のゴマすり男」へと生まれ変わることになる。

由利徹の存在感

本作でもカックンしまくり、絶好調の勢いを見せる由利徹の役柄は、植木が勤める増益電機の守衛。資料係という閑職（今で言うところの窓際族か）に回されても、めげずに深夜残業に励む植木の部屋を巡回に来て、「〽恋をしましょう、恋をして〜」と畠山みどりのヒット曲「恋は神代の昔から」を独特のイントネーション（由利は東北出身）で歌うあたりは、まさにこの方の真骨頂。主人公の植木等にも決して劣らない、大きな存在感を示している。

宮城県は石巻の出身者らしい、いかにものその東北なまりは、山形出身の伴淳三郎とは一味違う洗練されたもの（?・）であったためか、東宝作品では〝サザエさん〟シリーズ（昭和31年〜）とクレージー映画の両方で重宝された由利。クレージーものでは『ニッポン無責任時代』をはじめ、初期の〝作戦〟シリーズ、〝日本一（の男）〟シリーズに連続登板。クレージーキャッツの面々が、由利が出演する日は「今日は由利徹が来る!」と喜んでいたという逸話もよく知られる。

ヒロイン・浜美枝の確立

『日本一の色男』でクレージー映画初出演を果たした浜美枝は、〝作戦〟シリーズ二作での助演を経て、本作で初めて植木の本格的な恋人＝マドンナに昇格。以降、多くの作品で植木の相手役を務める。この映画では植木とのデート・シーン（場所は西武園ゆうえんち）で、監督の古澤憲吾からボートのオールを進行方向と逆方向に動かすよう指示され、「これは普通じゃない」と、浜は古澤への不信感を募らせている。

女優になる前は、東急バス川崎営業所でバスの車掌を務めていた浜が、植木同様、普通の感覚を持つ常識人であったのは当然のこと。ところが、のちにこの映画を見直したとき、これが実に自然に見え、四十年の時を経てようやく監督の演出に納得したという。そもそも、この「普通じゃない」漕ぎ方[注3]にほとんどの観客は気がついていなかったかもしれず、これぞ〈古澤マジック〉の極みと言えるだろう。

古澤憲吾、相変わらずの絶好調ぶり

古澤監督の強引な演出手法に、植木が散々悩まされていたことは大変有名な話。植木は多くのインタビューにおいて、古澤への愚痴や不満を語り連ねている。しかしながら、映画は出来上がった作品がすべて。我々は、勢い溢れる植木等の言動を楽しみ、その行動の結果から勇気をもらい、憧れを抱いたわけだから、監督の〈シュート演出[注4]〉はやはり正解だったと言わざるを得ない[注5]。

かくして植木は、高度経済成長期の日本にあって、本作とこれに続く『日本一のゴマすり男』で、「こんなサラリーマンなど、いるはずはない」と誰もが思う反面、「こんな人が会社にいたらさぞかし痛快だろう」と誰もが憧れを抱いたに違いない――まさに〈スーパー・サラリーマン〉と呼ぶべき――、痛快なヒーロー像を確立する。

ちなみに、この〝ホラ吹き男〟というアイディアとキャラクターは、脚本の笠原良三によって、そっくりそのまま「太閤記」の木下藤吉郎へとスライド。続いて、〝時代劇〟シリーズ第一作の『ホラ吹き太閤記[注6]』が作られ、これが、〝クレージー時代劇〟の最高傑作となる。

注1　予告編で「日本一シリーズ」と謳われたのは、次作の『日本一のゴマすり男』から。

注2　東洋大学時代にも陸上競技部に所属した植木は、のちに同部の名誉顧問となっている。

注3　この逆漕ぎが、いったい何を意図していたのかは不明。ちなみに浜は、前々作『クレージー作戦 くたばれ！無責任』においても植木とボートに乗るシーン（こちらは石神井公園にて）があるが、こちらは監督が坪島孝であったためか、ごく普通に舟を漕いでいる。そもそもクレージー映画の場合、何ゆえに女性ばかりがオールを握るのか？

注4　古澤が撮影の「本番」を告げるに当たって「シュートする！」と叫ぶのが口癖だったことから、谷啓は古澤演出をこう呼び習わしている。『クレージーの大爆発』（昭44）で谷がニセ映画監督に扮したときには、これを揶揄してのことであろう、「よかったらシュートするぅ！」と大袈裟に号令をかけている。

注5　本作は『キネマ旬報』ベストテンで30位にランク。『日本一の裏切り男』（昭43）が同じく30位に入ったほかには、クレージー映画が選出されることはなかった。

注6　小林信彦は『植木等と藤山寛美』で、「植木扮する人物の言動や歌声が観客に無限の開放感を与えたのは『ホラ吹き太閤記』あたりまで」と述べている。筆者の実感では、翌昭和40年の『日本一のゴマすり男』が植木人気のピークで、『大冒険』を境に徐々に下降線を辿っていったように思う。

其の壱：ロケ地の秘密

①冒頭のグラウンド・シーンは、吉祥寺北町にある武蔵野陸上競技場でのロケ。ラストの殿様の戯れは、横浜本牧にある「三渓園」で撮影されている。

②怪我を負い、五輪出場の夢破れて帰った実家は、静岡県伊豆の国市南條の地（韮山）で撮影されたもの。前著『七人の侍 ロケ地の謎を探る』と同様、３Ｄ地図ナビゲータ「カシミール」と航空写真を使って探索した結果、判明した。地図右下の辺りで、先祖の一代記が入った壺が掘り出される。

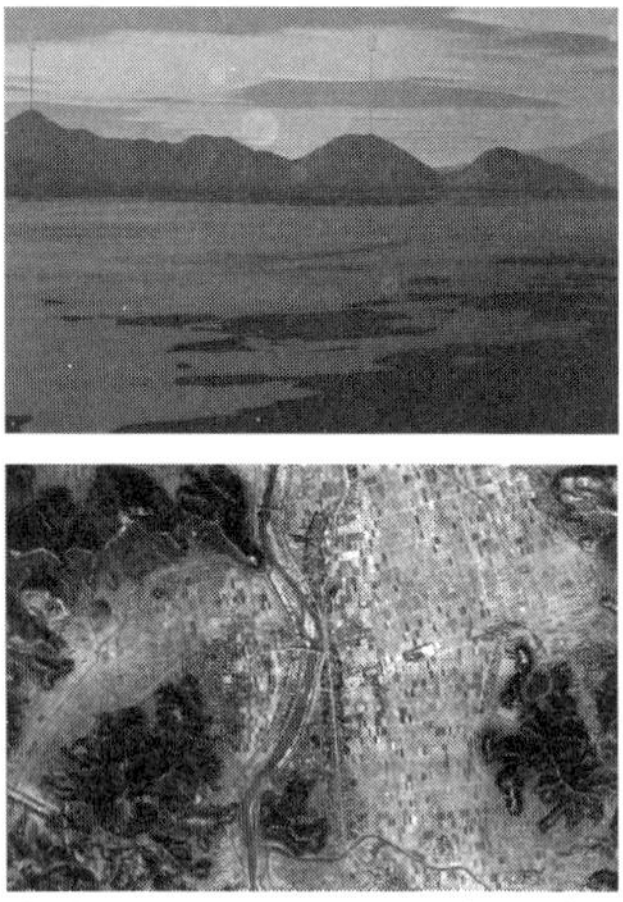
当地のカシミール３Ｄ写真並びに国土地理院航空写真（1962 年）

③植木が通う西北大学構内は、明らかに早稲田大学でのロケ。植木が「ホラ吹き節」を歌うのも同キャンパス内で、バックには大隈重信像と講堂のほか、学生服姿の古谷敏の姿が確認できる。

就職課でのやり取りに続いて、植木が書店で増益電機の増田益左衛門社長の伝記を立ち読みならぬ〈座り読み〉を敢行するシーンとなるが、ここから舞台は成城へと飛ぶ。この本屋は、かつて成城学園前駅北口にあった「吉田書店」（屋号も写る）で、外観だけではあるが実際に現地でロケされている。ちなみに、『ニッポン無責任野郎』で植木が「無責任一代男」を歌うのは、当書店左隣の化粧品店前にて。

④ライバル会社「丸々電機」の社屋は、またしても大和証券ビル。この建物が〝社長〟シリーズのほか、様々な東宝映画においてロケ地として使われたことは、東宝映画マニアには今さら紹介の要もないことであろう。

⑤目出度く結婚を果たした初等と可那子のマイホームは、〈成城台地〉の西のはずれ、国分寺崖線に面する某邸宅でロケされている。これは画面に写る建物の様式、崖下を走る小田急線（車両は濃紺と黄色のツートン・カラー）の見え方、撮影当時の航空写真、さらにはカシミール3Dで見られる山の稜線等から突きとめたもので、この度、かつて当宅にお住まいだった方に当該画像を見ていただき、確証を得た。クレージー映画マニアの方には、『ニッポン無責任時代』で氏家社長の邸宅として使われた「旧中村邸」を西に進んだ突き当り、黒澤映画ファンには、志村喬の自宅のすぐ南側と言えばよくお分かりいただけようか。

本ロケ地は、当時最新のアルミ・サッシの窓（昭和30年代後半に普及）があることから判るように、撮影直前に新築された住宅だが、のちに世田谷区の特別保護区「成城みつ

家の庭から南西方向を望む
© TOHO CO.,LTD.

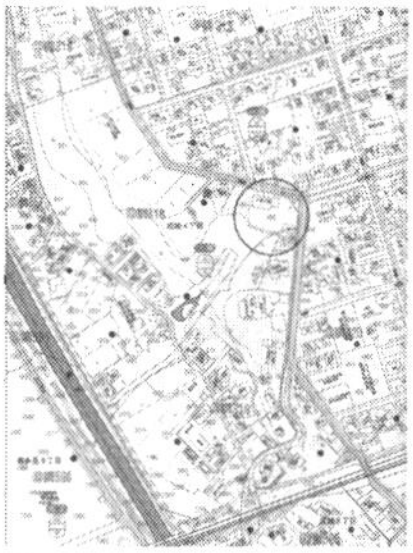

当地の住宅地図
(1991年)

池緑地」に吸収され、残念ながら建物は現存していない。緑地の南側には戦前に建てられた寄棟造りの洋館「旧山田家住宅」（東宝映画『あ・うん』のロケ地）があり、一般公開されている山田家の展望デッキからは、本ロケ地の雰囲気を十分に味わうことができる。

ちなみに、植木が浜から――プラスチックではあるが――洗面器で頭を殴られるのは、クレージーのステージではすっかりお馴染みのギャグ。

当時の航空写真と国土地理院地図（「今昔マップ on the web」©谷謙二）

其の弐：冒頭で歌われる「東京五輪音頭」は三波春夫歌唱版をオリジナルと思っている方もおられようが、これは多社による競作企画で、当時の大本命は橋幸夫ヴァージョン（ビクター）であった。作者の古賀政男は三橋美智也（キング）を想定して書いた、とも言われる。筆者が当時入手したのは、名前も忘れてしまったくらいの、全然知らない歌手のレコードであった。他にも北島三郎と畠山みどりのデュエット版（日本コロンビア）、坂本九版（東芝）など数多くの盤があったが、結果は三波春夫の一人勝ち。三波は国民歌手としての道を歩んでいくこととなる。

其の参：本屋のシーンで客に扮するのは、東宝〈Bホーム〉俳優の〝二枚目頭〟勝部義夫。すでに就職課の場面でも学生として登場していた勝部だが、実はファースト・シーンでもその顔を拝むことができる。その役こそ、オリンピック強化選手の初等がコーチ役の田島義文に対し、「人より一時間も前に来て練習していた」と主張するにあたり、これを神妙な面持ちで拝聴する陸上選手。ついでに言えば、古谷敏もその選手仲間を演じていて、ここからはいわゆる大部屋「B－2」型の俳優が、同じ映画の中でこのような〈使い回し〉をされていた事実が浮かびあがってくる。

Bホーム俳優では、他にも広瀬正一[注6]、荒木保夫[注7]、二瓶正也[注8]、加藤茂雄[注9]といった面々が壺を掘り出す工事人夫を演じており、子供たちには怪獣映画でお馴染みの顔を発見する喜びもあったろう。

注6　言わずと知れたキングコング俳優。従軍経験から〝ゾロモン〟の異名を持つ。怪獣からクレージー、黒澤映画まで幅広く出演し、大部屋制度廃止後もステージマンとして撮影所に居残った。

注7　『ニッポン無責任時代』では香典泥棒、『大冒険』ではナチスの残党の一員に扮する。

注8　旧芸名は本名の二瓶正典。1963年秋頃から正也に改名し、娯楽映画を中心に活躍する。ウルトラマンつながりの古谷敏とは東宝芸能学校、ニューフェイスを通じての同期。2021年逝去。

注9　黒澤明作品で重用されたBホームきっての演技派俳優。映画・演劇界に多くの人材を輩出した「鎌倉アカデミア」出身。組合の役員をしていたことから、最後の最後まで東宝との契約が残った。本作はご自身が語るとおり、クレージー映画では唯一の古澤作品出演となった。

映画で聴くクレージー・ソング③

①「どうせ駄目ならデッカク生きろ」（やけのやんぱち節）

実家で療養中の初等が、郵便配達員の自転車の荷台で歌う。レコードにならなかった楽曲は、オケを作る時間が取れなかったのか、アカペラで歌うこともよくあったが、これもそうした一曲。

②「ホラ吹き節」

本作の主題歌は、レコードの売れ行きや、TVで流された回数はそれほどでもない「ホラ吹き節」。当たり前といえば当たり前のプロットのせいか、青島幸男もそれほど腕を揮《ふる》えなかったようで、レコードでもB面扱いであった。「〽いびいび暮らしても日曜は休み」と、平歌（Aメロ）後半の歌詞がレコードと違っているのに注目だが、レコードは映画よりやや遅れて発売（6月20日）されているので、レコーディングの際に歌詞が修正されたものと推測される。

ラストの〝夢〟の中で歌われるときはイントロが異なっており、等之助の妾（六人のうちの五号！）の中には、本作がデビュー作となる沢井桂子の顔が見られる。

③「私はウソを申しません」（俺にまかせろ）

歌の題名は、「誰かの文句じゃないけれど」の歌詞どおり、もちろん当時の首相・池田勇人発言のシャレ。

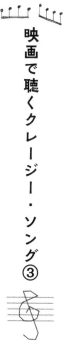

この勢いのある歌を歌うシーンは、ナイト・シーンで照明が充分でなく、映画館の画面ではイマイチだった箇所だが、ハイヴィジョン放送で観ると、これが実によく見える。ここは成城の桜並木に違いないと確信を深めていたところ、知人のI氏から耳よりの情報が入る。I氏は母親から、かねてよりこう言われていたというのだ。「お前が子供だった桜の季節。夜中に、家の前に植木等と撮影隊がやって来て、馬鹿踊りをして帰っていった……」と。

聞けば、時期はまさに1964年春のこと。その知人の家は「成城七丁目8－8」にあったことから、この歌唱シーンが、ここ成城の桜並木で撮られたことはまず間違いない。

④「馬鹿は死んでも直らない」

会社に泊まり込みで働き始めた初等が、夜中に歌う楽曲。浪曲風のメロが加わっているのが特徴で、歌い終わり直後の、由利徹との絡みも面白い。

『無責任遊侠伝』では「バクチは死んでもやめられない」と、歌詞を替えて歌われている。

⑤「学生節」

お馴染みの「学生節」は、可那子とのデートの最中に歌われる。「〽一言文句を言う前に、ホレ奥様よ、ホレ奥様よ」の部分だけ、レコードと歌詞が違っている。ボートを女性に漕がせて歌うのが、この男のマイペースぶりをよく表しているが、「二か月後に部長になっていれば結婚する」と言い出す可那子も、なかなか計算高い女性に見える。

⑥「世界は僕等のためにある」（青空と太陽）

小田急線の開通と同時に、１９２７年に開業した「向ヶ丘遊園」にて歌われるこの歌も、①、③と同様、レコード化されていない。明るい曲調の歌だが、レコード発売するには今ひとつだったか？　珍しく濃紺のダークスーツ姿で歌うのが新鮮。

「世界は僕等のためにある」を歌うのは向ヶ丘遊園にて　© TOHO CO.,LTD.

本作では、冷暖電球のテレビＣＭの際に歌われる**「八木節」**が聴かれるほか、**「デカイ男にゃ、デカイ夢」**なる、映画本編では使われなかった〝幻のクレージー・ソング〟の存在も確認されている。

注：カッコ内は、前掲「テレビの黄金時代」に記載された曲名。

向ヶ丘遊園における撮影風景　© TOHO CO.,LTD.

Column 5

「クレージー・ソング」とは

〝東宝クレージー映画〟の中で歌われるクレージー・ソング、いわゆる「クレージー・トラックス」は、そのほとんどが「プレスコ」と呼ばれる、あらかじめ映画用に録音されたものである。撮影現場では、この音源を流しながら植木等ら俳優たちが口を合わせて、いかにもそこで歌っているかのような映像を作り上げていった。

その歌唱場面からは、歌の上手さは言うまでもなく、植木等が持つ天性の身体能力の高さもよく伝わってくる。どうしてこんなに軽やかで愉快な動きができるのか――、子供心にも大いに感心させられたものである。

この〝映画ヴァージョン〟は、レコードとはちょっと違ったアレンジと歌詞が楽しめたりするのだが、筆者が小中学生だった頃は、テレビ放映されるなんてことは〈夢のまた夢〉、当たり前のことだが、何度も映画館で見て（聞いて）覚えるしかなかった。ときにはメロディがレコードとは異なっている部分を発見して、ひとりほくそ笑んだり、作曲と映画音楽を併せて担当した萩原哲晶の苦労に思いを馳せたりしたこともあった。

やがて、ビデオの時代がやってきて、自宅のブラウン管で簡単にクレージー映画が見られるようになったとき、初めてその微妙な違いに気づいた方も多いだろう。

さらに時が流れ、CD時代が到来すると、これらの音源が続々とリリース。映画版クレージー・ソングは、さらに容易に聴くことが可能となった。こういう時代になったことは、大変喜ばしい反面、自分だけの発見や密やかな喜びが失われてしまったような気がし

て、何とも言えぬ虚しさを感じたことも確か。

何でも便利になればいいというものではないし、画質が綺麗になればいいというものでもない。デジタル映像で見るクレージー映画からはフィルムの質感が感じられず、なんだか新作映画を見ているかのようで、ちとサビシイ。

本書では、劇中（7本に限るが）で歌われたクレージー・ソングをすべてご紹介して、レコード、ソノシートとの違いなどについて述べさせていただいている。
まずもって、植木等がいきなり歌いだす、その意表をついた行動が、小林旭や加山雄三が突然歌い始めるときといささか様相を異にしていることは、クレージー映画ファンならよくお分かりの事実であろう。
そもそも無責任男が歌いだすのに、意味や動機などはない。ストーリー的に何らかの関連性があるわけではないし、必然性も見出せない。

しかしながら、そのタイミングの異様さ、唐突さには〈特別な何か〉があり、その高揚感もマイトガイや若大将の場合とは段違いのスケール。三者とも、歌っても歌わなくとも、映画の進行上は何の支障もないが、マイトガイや若大将には大抵の場合、聴かせる相手——例えば、敵対する悪人たちや、浅丘ルリ子・星由里子といったヒロインたち——の存在（すなわち歌う動機らしきもの）があった。それが無責任男の場合は、誰に聴かせるわけでもなく——そして物語と歌詞の内容には何の脈絡もなく——、それこそ〈いきなり〉歌いだすという行為に及ぶ。それも、その強烈なキャラの存在感を示すだけのために歌っているようにしか見えないので、ほとんど意味不明。

しかしながら、我々観客は何の疑問も不満も抱くことなく、このやたら上手くて朗らかな植木の歌声を、心から納得して聴いてしまう。これぞ、植木等というワン&オンリーの存在の成せる技だが、植木にはMGMミュージカルのように観客に向かって歌っている、という感じもない。

すると植木等は、〈無責任男や調子のいい男を演じるため〉だけに、ひたすら一連のクレージー・ソングを歌い続け、我々はこの〈無目的・無意味な歌唱〉に対し、拍手喝采を送っていたことになるわけだが、意味のないことを論じても始まらないので、「クレージー・ソングとは何ぞや」論議はこのあたりで……。

東洋大学で軽音楽を始め、美しいメロディを持つ良い曲を巧みに歌いこなすことを目標にしていた植木等が、かの「スーダラ節」に出会い、疑問を抱きながらこれを歌っていたことは、今や知らぬ者とてない事実。よもやこれを映画でも、それも無目的・無意味な歌を10年も歌い続けることになろうとは、ご本人にとってはさぞや不本意なことであったろう。

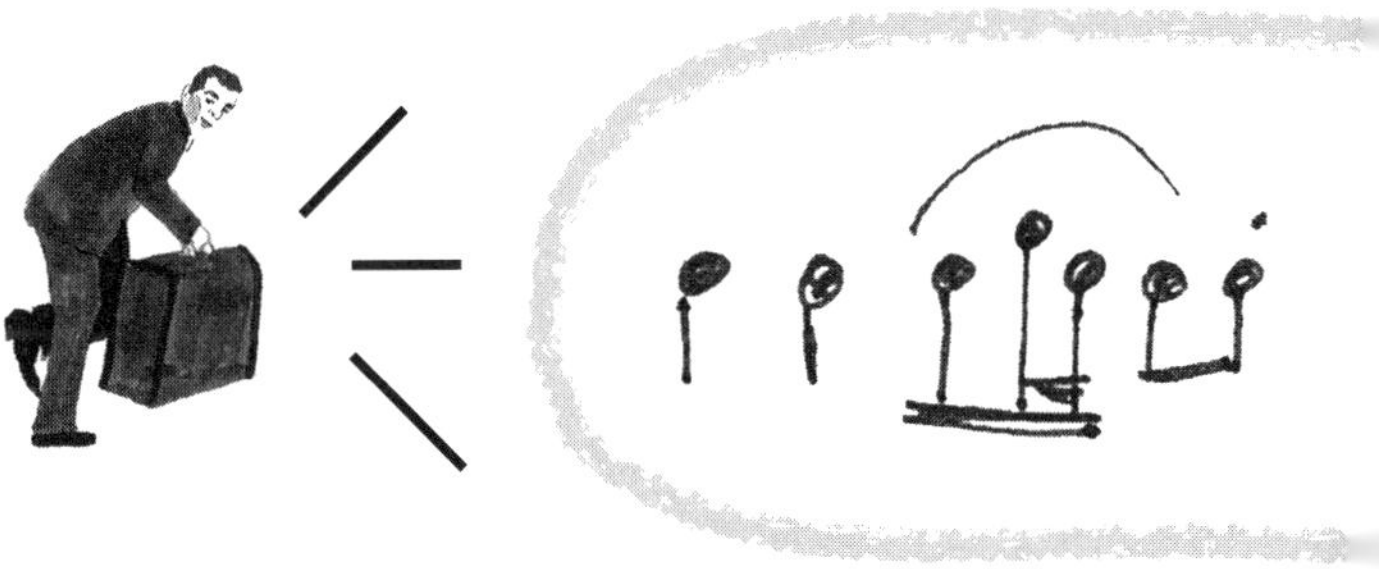

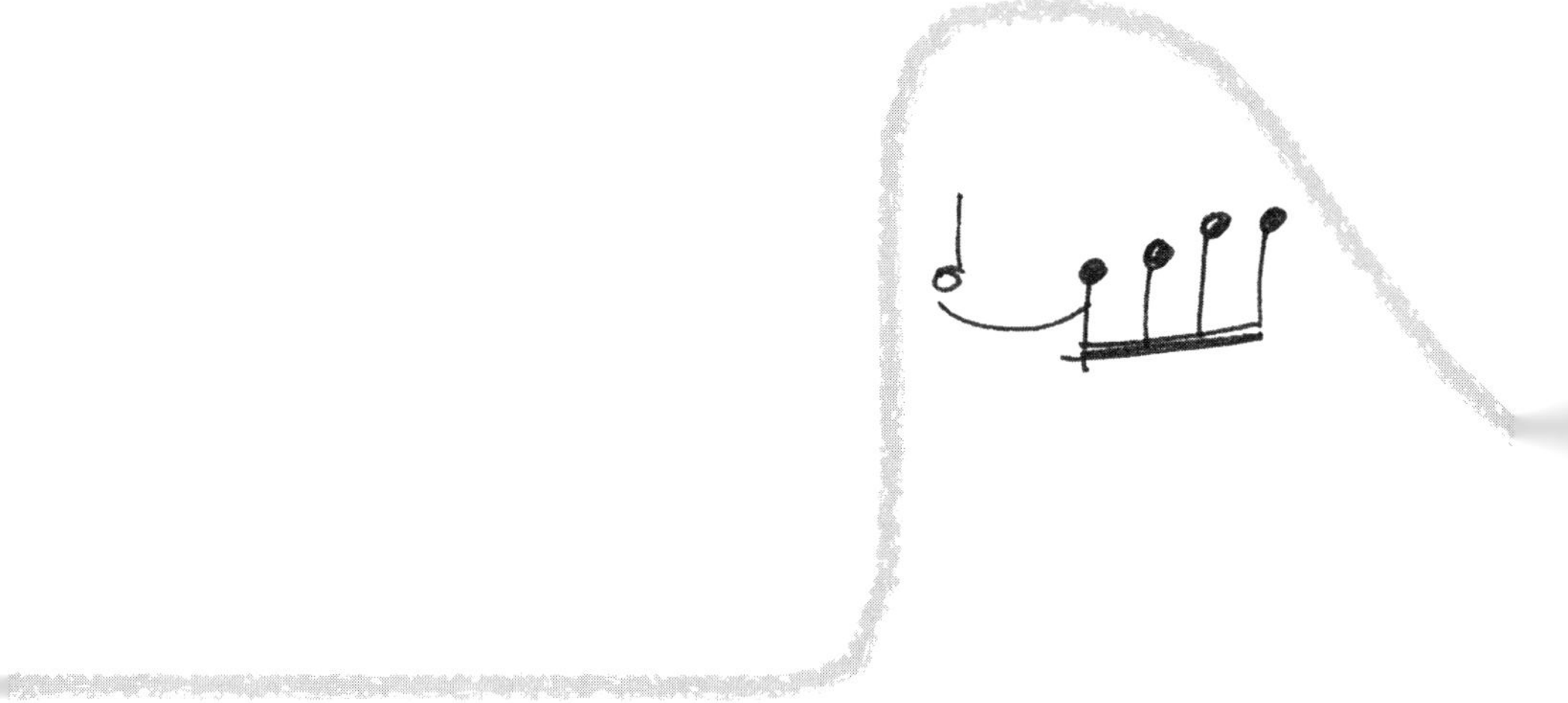

Column 6

「植木等のオリジナル曲」並びに植木等から伝授された〈ある極意〉

甘くささやくように歌う〝グルーナー唱法〟の名手であった植木等。彼自身が作曲し、レコード化された歌は、実は四曲ほどある。最初の曲は、『日本一の色男』で歌われた〈二の線〉の代表曲「ギターは恋人」。切々と歌う植木の歌声は、まさにクルーナー・ヴォイス。「スーダラ節」などではなく、本当はこうした美しいメロディの曲を綺麗な声で歌うのが目標だっただけに、植木は本当に嬉しそうに歌っている（ように聞こえる）。

少しあとのこととなるが、やはりシングル・リリースされた「それはないでショ」（66年12月発売／A面収録）と「余裕がありゃこそ」（67年6月発売／「花は花でも何の花」のB面収録）もれっきとした植木作。この頃、グループサウンズにイカレていた筆者だが、それでもクレージー関連のレコードは欠かさず入手していた。

昭和四十年代に入ってからの二曲はステレオ録音であるものの、初期の頃のアナーキーさ、破天荒さが薄れているように感じられるのは果たして筆者だけであろうか。

それ以外の植木オリジナルは、LP『女の世界』（71）に収録された山口あかり作詞による「おまえにあげよう」のみ。[注1] 他のクレージーのメンバーが作曲したものは（当時は）ほとんどなかった[注2]ことを考えれば、ここは〈さすがは植木等〉と、声を大にして讃えねばならないところだ。

植木のような〝グルーナー・スタイル〟のシンガーは、キーが低くても巧みに歌いこなせるのが特徴で、これは牧伸二が「〜フランク永井は低音の魅力〜」と歌ったとおり。したがって、植木等が歌う曲はすべて音程の設定が低く、キーは「C」（バンドマンはツェーと言う）が圧倒的に多い。

植木等愛用の Gibson ES-175（1964 年製）
※1965年頃に浅草の楽器店で購入したもの
とされる

注１：地元砧の三峰神社の夏祭りで流れる「砧音頭」も植木作だが、未レコード化。
注２：例外として、桜井センリがスリーファンキーズに提供した「ナカナカ見つからない」と弘田三枝子のために作った「明日をみつめて」他がある。

かの「スーダラ節」もキーは「C《ツェー》」で、筆者も自分のバンドで歌おうとしたとき、あまりにも低くて往生した憶えがある。これについては、カラオケで「スーダラ節」に挑戦したことがある方なら、よくお分かりいただけるはずだ。ちなみに、植木の音域の幅については、雑誌『話の特集』（66年5月号）のインタビュー「スーパーマン研究」植木編で、「上E↓下E」と紹介されていて、かなり低いところまで声が出ていたことがわかる。

そこで筆者は、植木さんの自宅にお邪魔した際、図々しくもこう問うてみた。『スーダラ節』はキーが低くて、植木さんのように上手く歌えないのですが、どうしたらよいでしょうか？」と——。

すると、返ってきた答えは「高田君、簡単だ。キーをE♭に上げて歌いなさい」との一言。これには、拍子抜けしつつも「そうだ、そうです、そのとおり！」と、心から納得した筆者。植木等は並大抵の歌手ではないのだから、原キーで歌うことなど、最初《テン》から無理だったのだ。

このとき、ついでに伺ってみたのが、あの〈平泳ぎスタイル〉の振り付けをスイスイとこなす秘訣について——。これに対する植木さんのアドバイスは、「滑りやすい靴を履きなさい」という、これまた分かりやすくてシンプルな一言。「目から鱗《うろこ》」とはまさにこのこと。これらは筆者のみが授かった極意＝免許皆伝として、いまだに自分のバンドで実践させていただいている。

Column 7

『日本一のゴマすり男』ロケ地及び販売ビデオの秘密

『日本一のゴマすり男』に関しては、どうしても書いておきたいことがあるので、コラムを設けて述べさせていただく。

その前に、ついでながらこの映画のロケ地情報を少々。

①父（中村是好）と母（吉川満子）が待つ実家シーンは『日本一のホラ吹き男』と同様、静岡県韮山でのロケ。下のスチールに写る一本松はすでになく、当地は現在、蛭ヶ島公園となっている。

②植木等が住むオンボロ下宿屋のロケ地は、『日本一の色男』とまったく同じ。周囲の状況から経堂辺りと推察されるが……。

③係長の人見明と連れ立って釣りに出かけるもまるで引かずに、魚屋で調達した獲物を課長（犬塚弘）の自宅へと届ける植木。そのロケ先は、砧四丁目36番にある「富士見公園」斜向かいの家。急勾配の滑り台は、今も子供たちの人気の的となっている。ちなみに、植木等が1969年から住み始める自宅は、ここから歩いて数分のところにあった。本作撮影時にこの高台の地が気に入って決めたかどうかは定かでないが、植木は亡くなるまで、この砧の地に住み続ける。

当公園やその近辺の路上では「太陽にほえろ！」や「傷だらけの天使」、それにウルトラ・シリーズなど、多くのテレビ作品の撮影が行われている。東宝映画では、加山雄三の『俺の空だぜ！

蛭ヶ島公園に残る石碑がチラリと見える

砧「富士見公園」前でのロケ風景。右奥の建物は山野小学校　© TOHO CO.,LTD.
右は現在の同地

現在の富士見公園
（撮影：岡本和泉）

若大将』（昭45／監督：小谷承靖）、森繁久彌主演の『喜劇・黄綬褒賞』（昭48／監督：井上和男）などで当地の風景を確認することができる。

④有島一郎の部長の引越先は岡本三丁目31番、高田稔扮する目高重役の邸宅は、上野毛にある「五島美術館」でのロケ。当美術館は東急電鉄の創始者・五島慶太（59年死去）の遺志を引き継ぎ、1960年4月に開館されたものだが、いかにも豪邸風であるところがロケ地に選定された理由であろう。「後藤又自動車」との語呂も、見事に合致。建物は変わってしまったものの、不老門に庭園の藤棚、お手植えの松や灯籠、茶室などは今もその姿をとどめている。

『日本一のゴマすり男』冒頭の歌唱シーン
© TOHO CO.,LTD.

さて、この映画『日本一のゴマすり男』で最も有名かつ印象的なシーンと言えば、主人公・中等《なかひとし》が純白のスーツ姿で「ゴマスリ行進曲」を歌い踊るところと、誰もが断言されるであろう。

この場面は、セットの規模も照明もそれは大仰なもので（東宝撮影所最大規模の第8もしくは第9ステージに作られたものと思しい）、MGMミュージカル級の豪華さ。宮川泰による劇判も、やはりそれ風のゴージャスさが感じられ、実に心躍るものがあった。

そして、一度でもご覧になったことがある方なら、この曲、この場面なくして、本作を観る価値が半減すること（いや、もっとか？）は、充分にご理解いただけよう。ああそれなのに、こともあろうか東宝という会社は、昭和五十年代後半に行ったビデオ化に際して、この場面を丸ごとカットしたヴァージョンで発売したのである。

その当時の「東宝ビデオ」の販売価格は、一本二万二千円と超高価。それでも、植木ファンの面目にかけても入手せねばならぬと一念発起した筆者は、渋谷ヤマハでこれを購入。喜び勇んでカセットをビデオ・デッキに挿入する――。

ところが、いくら目を凝らして眺めても、肝心の「ゴマスリ行進曲」を歌うシーンは見当たらない。よもや居眠りしたとも思えず、何度も巻き戻してみたものの、この場面は完全に消失。もしかすると自分の記憶が間違っているのかとも考えたが、主題歌が歌われないはずはない。これは不良品ではないかと、筆者は東宝ビデオに問い合わせてみることにした。

かくして、後日判明した歌唱シーン消失の理由《ワケ》とは、これが「テレビ放映版のビデオ化」であったという誠に意外なもの。当時の映画のテレビ放映は、大概1時間54分枠で、時には1時間24分のこともあったから、正味95分あるこの映画は（CMを除いた）放送時間枠には収まらず、テレビ放映の際は短縮せざるを得なかったというのだ。いくら物語進行上は支障がないからと言って、よりにもよって、最も大切な主題歌シーンをカットするとは！

だいいちこのビデオ、何度も言うが、価格は二万二千円！　これは、現在の五万円くらいに当たるようにも思える。ましてや、短縮版という事実を知っていたら、こんな中途半端な商品を購入することは絶対にない。これでは欠陥商品と言うほかなく、レーザーディスクが出た折には、東宝に交換を要求しようと真剣に考えた筆者であった。

これが最初の販売ビデオ・パッケージ
(筆者所蔵)

(4)『大冒険』

昭和40年10月31日封切　監督：古澤憲吾　特技監督：円谷英二　脚本：笠原良三・田波靖男　出演：植木 等、谷 啓、ハナ 肇、犬塚 弘、団 令子、アンドリュー・ヒューズ、越路吹雪、森繁久彌

【本作の選出ポイント】

①植木等が〝巻き込まれ型〟主人公に扮し、初めて受けに回った意外さ

②結成10周年を祝う記念映画にして、〝作戦〟シリーズの集大成的作品という大作感に酔わされる

③円谷特撮とクレージー映画の融合が話題に

〝クレージーキャッツ結成10周年記念映画〟にして、それまでのクレージー映画とは一味違った――すなわちマンネリを脱した――アクション喜劇を目指して、藤本真澄の陣頭指揮により製作された大作。実際、予告編では「007を凌ぐスリル」などと煽られていた。なにせジェームズ・ボンドは、大人のファンはもとより、当時の小中学生にとっても一際人気の高いヒーローだったから、植木がボンドばりの活躍を見せられるかどうかは別として、宣伝文句としては実に的確かつキャッチーなものであった。

ところでこの映画、当初藤本は、その原案ストーリーをあの新藤兼人に依頼しようとしていたのだと

いう。マンネリ気味のクレージー映画に活を入れ、作品に風格を出そうとしてのことのようだ。これは田波靖男の証言（前掲「映画が夢を語れたとき」）であるから、事実なのだろう。結局、笠原良三の反発により実現しなかったとのことだが、もしこれが実現していたらどんな映画になったのか、気になるのは筆者だけではないはずだ。

そして、小林信彦の言（前掲「植木等と藤山寛美」）によれば、その発想のもとはスタンリー・クレイマー監督によるドタバタ喜劇『おかしな、おかしな、おかしな世界』（63）であったというから、これまた意外。この映画と新藤兼人、〝巨匠〟クレイマーはどうしても結びつかない。[注1]

また、本作の脚本には、よく知られる次のような伝説がある。この脚本を渡辺晋が気に入らなかったことから、藤本は当初のライター、笠原良三と田波靖男を帝国ホテルに缶詰にして、二、三日で仕上げるよう指示。ところが、打合せ不足のせいか、時間不足によるものか、はたまた話が大きくなり過ぎたためか、笠原と田波がそれぞれ書いた前半部分（トップ屋と発明家兄妹が偽札偽造団と関わり、この秘密組織に追われる）と後半部分（この秘密組織が、実はヒットラー率いるナチスの残党で、世界征服を目指している……）が繋がらなくなってしまい、脚本の練り直し（というか辻褄合わせ？）の必要が生じる――。

ここで招集されたのが、当時はテレビのバラエティ番組の台本で実績のあった小林信彦（当時のペンネームは中原弓彦）である。小林は当初から、藤本に「ギャグを手伝ってくれ」と言われていたようだが、結果として「ギャグマンのはずが、シナリオ修理（スジの辻つまを合わせる作業）屋になってしまった」と、前掲書他で述べる結果に。つまりは、今でいう〈ブレーン〉のような立場にまつり上げられた小林であったが、偶然にも居合わせた田波靖男が中学・高校の一年先輩だったことで、打合せは無事に終了。一人前の脚本家なら、途中でよそ者が入ってきて書き直しを命ぜられることなど、絶対にプライドが許さないはずだが、笠原&田波チームはすんなりと小林の参加――もっとも、ノンクレジットだが――を受け入れている。

この第三者の起用が、『キネマ旬報』誌の南部圭之助発言「材料にお金をかけることだな。自分で作者を二、三人抱え込むんだな」[注2]を受けてのものかどうかは不明だが、プロデューサーの藤本が当初から

クレージー映画では希少な劇場パンフレット（筆者所蔵）

小林を引き入れようとしていた事実からは、企画やギャグ作りにかなり苦慮していた様子が見て取れる。[注3]

実は、本作を「この7本」に加えることに筆者はかなりためらいの念を覚えていた。映画としては洗練度不足のうえ、支離滅裂の展開にストーリーも破綻寸前。神戸の設定にもかかわらず横浜や赤坂で撮られていたりするのもいかにも出鱈目で、代表作には加えられても、成功した例とは決して言えないところがつらいところ。それでも古澤監督によるシュート演出＝力業で乗り切ったあとに残る、何とも言えない後味の良さがあるから、筆者は今この文章を綴っている。本作の魅力は、得も言われぬ〈ごった煮〉の味に酔わされるところにこそある。

そして、こんなに「汗をかく」植木等が見られるのは、本『大冒険』をおいてほかにない。事件が解決したあとで歌われる主題歌「大冒険マーチ」の充足感・爽快感が、負の部分のすべてを洗い流し、この危なっかしい内容＝出来栄えの映画を救っている、と言っても過言ではない。

〝巻き込まれ型〟の主人公という妙手

作者たちがこの記念映画の主人公として設定したのは、いわゆる〝巻き込まれ型〟のヒーロー。こうした役柄は、それまで演じてきた積極的＝加害者的キャラとは真逆なものであったから、植木のイメージにはそぐわないものと思われそうだが、次から次へと降りかかってくる災難や攻撃をスイスイと乗り切る姿に、子供たちはヒーロー像を見出したのであろう。植木人気は一層アップする結果となる。

そのため、本作の植木には、体操、馬術、陸上競技のエキスパートというキャラが加味されていて、厄災を乗り切るスーパーマン[注4]像に矛盾がないよう、さらには主題歌の「大冒険」の歌詞とも合致するよう、様々な工夫がなされている。もともと陸上競技が得意な植木だけに、こうしたキャラは『日本一のホラ吹き男』の役柄から引き継がれたもののようにも思える。

危険なスタント・シーンも自らこなす〝スーパーマン〟植木等

すでに述べたとおり、植木等はこの頃すでにスーパー・アイドル化しており、本作ではその傾向が特に著しい。職業は特ダネを狙う編集部記者（役名は植松唯人）の設定だが、そんなことはどうでもよいとばかりに、植木はひたすら体技で勝負する。実際、劇場パンフレットには、古澤が「俳優ができるギリギリの線まで体を張ってもらう」と植木を脅かしたエピソードまで掲載されている。その植木、冒頭で「遺憾に存じます」を歌うシーンから体操選手としての能力が高いことは示されているが、とにかく子供たちに受けたのは、次のシーンであった。

偽札偽造団、実はナチス秘密結社の工作員（荒木保夫）にピストルで脅され、ビル屋上の縁に追い詰められる植木。「飛び降りろ」と強要され、苦し紛れに暴れたところ、相手もろとも落下寸前に。ところが、植木だけは運よく看板に引っかかり、続けて電線をつかんで見事地面に着地。「いい運動になった」と軽く言ってのける植木に、劇場の子供たちは大喝采を送る。まさにスーパーマン的体技を見せた植木だったが、ここでさらなる爆笑を呼んだのは、死んだ工作員の方が自分より良い靴を履いていて、植木がちゃっかり相手の靴を失敬して去っていく、といういささか不謹慎なギャグ。山形宝塚劇場では、何度見に行ってもこのくだりが大受けであった。相手役の荒木保夫の名は未だ覚えがなかったが、これにより荒木は、その顔を一生忘れない役者に格上げとなった。

日本初の（？）ワイヤーアクションに挑む植木等　© TOHO CO.,LTD.

田波靖男の証言（前掲書）や自身の言によれば、小林信彦のギャグはほとんど反映されなかったとのことだが、これはいったいどなたのアイディアだったのだろうか。

撮影当時、植木等は三十八歳。役柄とスタント・シーンの危険さに気づいた登美子夫人が、出演に二の足を踏んだり、途中で横やりを入

列車から馬に飛び乗る危険なシーンを自ら演じる植木。命綱はなく、当然ながら必死の形相である
© TOHO CO.,LTD.

れたりした話もよく伝えられる。[注5] 当時付き人をしていた小松政夫さん[注6]の証言によれば、「保険がかけられているか確認したことはあったかもしれない」とのことで、これも本作の過酷な撮影を物語る逸話のひとつである。

植木がオートバイに乗って逃げるシーンの撮影でのこと。本職のスタントマンが「こんな条件では危険でできない」と申し出るや、監督の古澤が激怒し、「帰れ！」と一喝。すると、本職は本当に帰ってしまう。そこで、付き人兼運転手の小松政夫がボディ・ダブルを買って出て、これを無事務め上げたこともよく知られるエピソード。なにせ前職は車のセールスマンであるから、バイクの運転もお手のものと思っての立候補だったが、バイク（それもカブ！）をジャンプさせるための踏み台の角度があまりに急角度だった（これでスタントマンも尻込みする）ため、案の定、本番では転倒。もう一度やらせてほしいと申し出たものの、古澤はファースト・テイクにＯＫを出し、転倒したところから巧みに植木本人に繋げる、という見事な編集を施す——。これには、当の小松政夫さんも大いに感心したとのことだ（本人インタビュー参照）。

特撮映画の要素が加味された豪華なクレージー映画

冒頭、総理大臣（森繁久彌）は出るわ、大蔵大臣（高田稔）、日銀総裁（柳永二郎）、警視総監（佐々木孝丸）といったお偉方も登場するなど、普段のクレージー映画とは大違いの物々しさ。さらには、国際的偽札偽造団やら、終いにはドイツの〝独裁者〟[注7]まで登場するなど、そのスケール感にも驚かされる本作。前述のとおり、脚本の段階で前後のストーリーが繋がらなくなってしまったことから、話が飛躍し過ぎて、支離滅裂気味のところもあるが、舞台が神戸から謎の秘島にまで及ぶ大冒険は魅力たっぷり（ただし、ロケ地は横浜と大島で、経済性を重視?）。円谷特撮による潜水艦（当然ながらUボート!）や秘島の大爆発シーンも実に東宝映画らしくて、「明るく楽しい」を地で行くような大作に仕上がっている。[注8]

おまけにこの映画、出てくるだけで場をさらう植木等の大活躍が〈売り〉であったから、これでは子供に受けないはずはない。当時の少年誌でも本作はかなりプッシュされていたので、やはり最大のターゲットは少年たちだったのだろう。

ヒロインは、クレージー現代劇には久々に登場の（『日本一の色男』以来となる）団令子。谷啓の妹で、植木に惚れられているが相手にしない、という勝気な女性役である。子供心にもその色っぽさにゾクゾクしたことはよく憶えており、彼女の挑発的演技は直前に公開された『血と砂』（昭40／岡本喜八監督）

で最高潮に達していたから、団がスカート姿でヘリコプターに乗り込むところは、これまたハラハラドキドキの思い（?・）で見守ったものである。

当時の評価

本作については、『キネマ旬報』１９６５年12月上旬号（Ｎｏ．４０４）に平井輝章（読売映画記者）による批評文が掲載されている。平井氏（以下、敬称略）は、「企画の狙いは悪くない」として、クレージーの「現実をモノともせぬ彼らのバイタリティーが、特撮の助けによって、いっそう飛躍した形で表現されるだろう」と期待感を示しながらも、相当な悪評価を下している。主たる内容は以下のとおり。

まず、特撮に関して「円谷英二の名が一枚タイトルで出ているのがふしぎなほど、見せ場が少ない」と不満を述べる平井は、ラストの大爆発についても「相変わらずの量感の欠如」と、手厳しい意見を表明。植木が追ってくる車を跳び越える特撮シーンについては、「目新しい」とは言いつつも「ここもショットの変わり目がはっきり判るのが難」と断じ、「軍艦のシーンを白黒実写フィルムに依存している」ことにも「なんのための特撮かといいたくなる」と、苦言を呈している。

次に平井は、「アクション喜劇という、日本映画では未開のジャンルに挑んだ意気は壮」としつつも、「ギャグが成立していない」とバッサリ。さらに、件の『おかしな、おかしな、おかしな世界』を例にとって、「子どもから大人に至るまで笑える笑いというものが、いかに作りにくいか」という現実には理解を示しながらも、「ハナ肇にズーズー弁を使わせて笑いを期待する」作者側の安易な姿勢に、異議を唱える。

続いて平井は、「最も気になるのが内容の弱さだ」と、企画自体にも厳しい評価を下し、こう言う。「〝無責任〟といい〝ゴマすり〟といい、いままでの植木の喜劇には、大げさにいうならば、一つの行動原理みたいなものがあった。従来の道徳観からからすればとうてい美徳ではありえないものが、あんがい美徳としてまかり通るのがいまの社会なのだと、サッソウたるスーパーマンを通じて語りかけたところに、一つの社会風刺画があった。こんどの植木等の行動は、そのように能動的ではなく、ニセ札に端を発する事件にひきずられていくだけ。（中略）ふくらんでいくのは主人公の人間像ではなく、事件のほうであるところに、大きな疑問を感じた」。

先述のとおり、筆者は逆にここ（植木の受動性＝苦難を乗り越えていく、その対処方法）に魅力を感じたクチだが、この評からは、大人はそうは捉えてくれなかった現実が見て取れ、小林信彦が憂いたとおり、〈お子様セット〉に堕したと見る向きのほうが多かったことがうかがわれる。

結果として

とにもかくにも本作は、荒唐無稽になればなるほど、植木等がスーパーマン化すればするほど、そして、円谷特撮映画に近づけば近づくほど子供には大受けで、大人のファンはいささか白けた思いで劇場をあとにしたものと推測される。渡辺晋もその出来上がり具合には不満を覚えたようで、脚本の田波靖男を呼び出し、「何ゆえに映画界はテレビの世界と違って、コミュニケーションをとりながら作品作りができないのか」（前掲『映画が夢を語れたとき』）と、しきりにぼやいたという。

しかしながら、筆者にとって本作が――いかにお子様向けであろうと――、最も思い入れの強いクレージー映画であることに変わりはない。植木等の勢い＝人気が最高潮に達した瞬間に立ち会えたことを、今でも素直に嬉しく思うとともに、この矛盾だらけでいびつな映画を（作品としての評価は高いほうには下せないが）とても愛おしく思っている。

注1　最近の小林発言（『週刊文春』連載コラム）では、藤本は『リオの男』（64）のJ・P・ベルモンドを意識していたことになっている。

注2　『キネマ旬報』1965年6月下旬号（No．392）掲載の座談会「興行価値100％スター論〈日本篇〉」での発言。文面からは、「自分」というのは植木本人を指したもののように捉えられるが、これを脚本の笠原良三が自身のことと感じ取ったか、激高。発言者の南部圭之助と四号にも亘る大論争を繰り広げることに。

注3　翌昭和41年製作の『クレージー大作戦』では、笠原良三、田波靖男の常連脚本家に池田一朗（『先手必勝』、『無責任遊侠伝』）と坪島孝が加わり、さらには監督の古澤自身に小林信彦も参加したブレーン・ストーミングが実施される。ところが、この映画には〝作戦〟ものとしての面白さはあるものの、古澤の泥臭さに坪島監督ならではの洗練さが中途半端にミックスされた感があり、いかにもどっちつかず。古澤演出にもメンバーの演技にも往年の切れと勢いがなく、ご存知のとおりの結果に終わっている。

注4　劇場パンフレットで植木は、「笑いのスーパーマン」の称号を与えられるとともに、早稲田大学が行った「好きな人物アンケート」ではトップの座を獲得している。

注5　古澤憲吾はのちに、「あのとき、植木の奥さんが渡辺晋に『古澤先生は、私たちの生活を考えて撮ってくださっているのでしょうか』と言ったらしい」（『ジ・オフィシャル・クレージーキャッツ・グラフィティ』インタビュー）と証言。植木自身も『話の特集』（昭和41年5月号）のインタビューで、「1億円の保険をかけたそうです」と語っている。

注6　小松政夫の本名は松崎雅臣。当時「シャボン玉ホリデー」には、のちに「笑点」の座布団運びとなる松崎真が出演しており、植木が「松崎！」と呼ぶと、二人とも「ハイ！」と返事することから、松崎真を〈大松〉、こちらを〈小松〉と呼び分けることにしたとのことだ。

注7　この独裁者、アドルフ・ヒトラー（当時はヒットラーと表記）に生存説があることはご存知のとおり。本作の設定は、Uボートで海外に逃れたとの説を採り入れてのものだろうが、もし生きていたら、この時点で七十六歳ということになる。

注8　大爆発シーンが古澤憲吾監督作『青島要塞爆撃命令』（昭38）からの流用であることは、小学生の筆者でも分かった。ただ、基地内のモニターに映っていた艦隊の画像が、同年公開の『太平洋奇跡の作戦 キスカ』（これはモノクロ作品）のカラー映像であることは、本作がLD化されたとき、その解説書で初めて知った。

はみだしトピックス⑥ チョッと一言多すぎる

其の壱：ロケ地の秘密

①本作で植木や谷啓が住むアパートは、JR渋谷駅西口からも程近い桜丘町の坂道（旧ユーロスペースがあったところ）の突き当たり左側にある。当アパートは、通称「大冒険アパート」（通称といっても、我々クレージー・マニアが勝手にそう呼んでいるだけで、本当の

“大冒険アパート”前の坂道を駆け下りる植木　© TOHO CO.,LTD.

名称は「日本会館」）といい、1980年代後半までは確かに存在していた。
②谷啓扮する谷井啓介が発明した「従来の五倍のスピードでビール瓶に栓をする装置」の実験シーンは、ユーミンの人気曲「中央フリーウェイ」に登場するサントリー武蔵野ビール工場でのロケ。クレージーは当時、自身が出演する「サントリービール」のCMで「イチ、ニのサントリービール」なるギャグをかましていたが、当時はキリンの一人勝ち状態で、実家の酒店でもサントリーはあまり売れていなかった。植松が取材に入る「クラブ・サハラ」で出されるビールは、当然のことながらサントリーだったが……。
③ラスト・シーンで植木と団の結婚式の仲人を務めるのが、渡辺晋・美佐夫妻であるというのが本作のミソ。まさに、ナベプロ帝国の威光が示される瞬間である。式場となるのが、物語上では神戸の「ホテル・メリケン」に設定されていた「赤坂プリンスホテル」という〈出鱈目さ〉が、この映画の本質をよく表している。

其の弐：撮影中の奇怪な言動には定評（?）のある古澤憲吾監督。背広、シャツから靴まで、〈白づくめ〉の服装で撮影に臨んだことは有名な話だが、どうやらこれは〈黒づくめ〉の岡本喜八監督への対抗心からきていたようだ。

其の参：植木等が纏うコスチュームは、まずは『無責任野郎』と同じグリーンのスーツ。続いて『無責任時代』を思わせる黄土色のスーツを着用しているのは、古澤憲吾によるセルフ・オマージュ?

其の四：本作は、単独ではこの年の配収ベストテンに入っていないものの、併映の『喜劇・駅前大学』と合わせると四億円弱の配収（三百九十万人の動員）を挙げたと、田波靖男が自著（前掲）に記している。

映画で聴くクレージー・ソング④

①「遺憾に存じます」

言わずと知れたブルージーンズ演奏曲。イントロがビートルズの「抱きしめたい」から来ていることなど、当時の子供は誰も知らなかったし、気にもしなかった。レコードからはブルージーンズとの一発録りセッションの雰囲気がよく伝わってくる。

映画では、〝大冒険アパート〟内（最南端二階だが、もちろん撮影所内に作られたセット）で歌われ、メロディ・歌詞ともにレコードとはかなり違いがある。「だまって俺について来い」風のアレンジが施されているのは、映画用の録音に寺内タケシらを呼べなかったからであろう。

ミュージシャンの斎藤誠は、第16回紅白歌合戦で植木等がこの歌を歌った際、ブルージーンズがバックを務めていたことを鮮烈に記憶している。

②「ヘンチョコリンなヘンテコリンな娘」

1965年10月発売の谷啓のシングルからは、この歌が採用。B面は「小指ちゃん」という、ちょっと侘しくも愛すべき小曲で、どちらも日本在住の外国人ヘンリー・ドレナンの作。

映画では、物語上重要な役割を果たす「天然色万能複写機」の発明中、やはりアパートの自室で、一番の歌詞部分のみレコードとは一味違ったアレンジにて歌われる。

「小指ちゃん」のほうは、かなりのちになってから加川良がステージで歌い、ライブ・アルバム『やぁ。』（URC：1973）に収録された。

③「辞世の歌」

Uボートから〝人間魚雷〟として発射されかかる前に歌う、文字どおりの歌。アレンジは「これが男の生きる道」を思わせる軍歌調で、萩原哲晶はこうした編曲にも大いに才能を発揮した。植松は、越路吹雪扮する偽造団のボスに「ネエちゃんよ、死ぬ前にいっぺん歌、うたわせてくれないか」と頼み込むが、越路からは人見明に代わって「バカ！」と言われてしまう。

④「大冒険マーチ」

本作の主題歌で、歌詞もアレンジもまったくレコード同様（ただし、予告編では一部メロディが異なるヴァージョンが採用されている）。ハナ肇、犬塚弘、石橋エータローの刑事たちが本物のクレージーのステージ（「10周年記念パーティー」）を観覧している、という設定で歌われる。

なお、サビに出てくる「ドンガラガッタ」なる歌詞は、クレージーの二枚目のシングル「ドント節」（61年12月リリース）、さらには森山加代子が同年1月に放ったヒット曲「じんじろげ」（渡舟人詞、中村八大曲）でも使われている。

本作ではほかにも、クラブ・サハラでザ・ピーナッツがしっとりと歌う**「あなたの胸に」**（安井かずみ詞、宮川泰曲）や、植木が国宝・犬山城で歌う**「犬山音頭」**（野口雨情詞）を聴くことができるが、歌のインパクトや比重は、ほかのクレージー映画に比べるとあまり大きくない。トイレや道端で植木が**「人生劇場」**や**「通りゃんせ」**の一節を口ずさむのはすべてアカペラで、これもいかにも物足らない。

小林信彦は自著『植木等と藤山寛美』で、「いわゆる植木節は、ほぼ四年の間に生産」され、「名曲の量産は『遺憾に存じます』あたりで一段落する」と書いている。しかし、筆者は、青島幸男&宮川泰コンビによる「シビレ節」（66年3月発売：「何が何だかわからないのよ」と両A面扱い）が、植木が最後の輝きを放ったシングルとの感触を持っている。同年12月に出た「それはないでショ（塚田茂詞・植木等曲）／笑えピエロ（浜口庫之助詞曲）」からクレージー・ソングの〈普通の歌謡曲化〉が進行し、それ以降の楽曲には、風刺精神や批評性はほとんど感じられなくなってしまう。

これは、作家が変わったことや〈高度経済成長時代が終わった〉ことによる影響もあったように思うが、一番大きかったのが〈クレージー並びに植木等の求心力の低下〉であった。この時代、大衆も子供も、もはや植木等（の元気さ）を必要とはしていなかったかもしれず、クレージーのレコードを求め続けた筆者のような中学生は、それこそ稀有な存在であった。

Column 8

人見明の名セリフ「バカ！」

〝日本一（の男）〟シリーズを代表するサブ・キャラが、人見明扮する植木の〝上司〟であることに異論を唱えるファンは、まずいらっしゃらないだろう。主人公の人を食った言動に翻弄される人見が、植木が立ち去った後につぶやく「バカ！」の一言に、同情と共感を寄せた方も多かったはずだ。

古澤監督独特の、仰角気味のカメラ・アングルで捉えられた、その上目遣いの表情も堪らなく魅力的。シリーズ名物となった「バカ！」がいつ飛び出すのか、今や遅しと待ち受けていた方もたくさんいらしたに違いない。

そもそも人見は、「スイング・ボーイズ」なるバンドを率いたミュージシャン。その後もアコーディオンを片手に漫談を行うなど、音楽畑のコメディアンとして活躍。大蔵貢の兄であった近江俊郎が監督する新東宝映画に何作か出演したのち、古澤憲吾に引っ張られるような形で、当シリーズのレギュラー俳優となる。まさに〝日本一〟シリーズ専門の名脇役と言ってよい存在だが、ほかの映画で見た記憶がほとんどないのも、逆に凄いことだ。[※1]

人見自身も、「クレージーのノリには違和感を覚えなかった」と証言（前掲『ジ・オフィシャル・クレージーキャッツ・グラフィティ』インタビュー）しており、これは地方公演のショーなどで幾度も共演し、バンドマン独特の感覚＝仲間意識を共有していたゆえのことであろう。

さて、人見がこのセリフを初めて放ったのは、シリーズ第一作目の『日本一の色男』のときのこと。ここでは「あのバカ、調子に乗りやがって……」と、かなりキツイ言葉で（小声でだが）植木を罵っている。

続く『日本一のホラ吹き男』では、部下の植木から「君も頑張り給え！」と言われるや、「バカ！」と一言だけ返し、その後も続くワンフレーズ・スタイルを確立。

次の『日本一のゴマすり男』では、営業係長に扮した人見が「バカ！」と言いたいのを

ぐっと押し殺し、体をブルッと震わせて、目で植木を非難するという珍しい光景も見られる。それでも、犬塚弘の課長に「ゴルフの教え方は〝大松式〟だぞ」[※2]と言われた中等《なかひとし》が、「大松けっこう！　どこまでもついていきます。ボク、幸せだなぁ」とゴマをするのを見て、たちまち「バカ！」と一喝。ここは、まさに「待ってました！」の声が飛んできそうなシーンであった。本作では、最後に植木を「大バカ！」と評して、その進化形を見せているのが愉しい。

古澤監督自身も後年、「植木が会社で、ああいう調子でバカなことを言っていると、非常に不誠実な感じでしょう？……そこで（人見の『バカ！』で）爆笑が出てくる。喜劇は共感を持たなければだめなんです」（前掲書）と発言。この言葉からは、古澤が意外にも植木の行為を「不誠実」だと思っていたことと、お客に共感してもらおうと腐心していた事実がうかがえ、大変興味深い。

※1　人見明の東宝出演作には、他に『兄貴の恋人』（昭43）、『コント55号　人類の大弱点』（昭44）、『若大将対青大将』（昭46）などがある。忘れてならないのが黒澤明初のカラー作品『どですかでん』（昭45）に起用されたこと。人見は出番こそ少ないものの、伴淳三郎、三波伸介、小島三児などに交じって、コメディアン魂を大いに発揮している。

※2　大松博文は、ニチボー貝塚の女子バレーボール部監督。64年の東京五輪大会では全日本女子チームの監督を務め、〝鬼の大松〟として日本を優勝に導く。東宝映画『おれについてこい！』（昭40：堀川弘通監督）では、ハナ肇が大松に扮した。

⑸『日本一のゴリガン男』

昭和41年3月16日封切　監督：古澤憲吾　脚本：笠原良三　出演：植木 等、浜 美枝、進藤英太郎、人見 明、藤村有弘、ルーキー新一、田中邦衛、左 卜全、野川由美子、藤田まこと

【本作の選出ポイント】

①〝スーパー・サラリーマン〟キャラの到達点。その行動もシリーズで最も破天荒
②オールナイト興行では『黄金作戦』に次いでウケが良かった作品
③人見明の意外な起用法が楽しい。「シビレ節」歌唱シーンは本作の白眉

マンネリ打破を目指し、〝クレージーキャッツ結成10周年記念映画〟として大々的に製作された『大冒険』の後を受け、一年ぶりに作られた〝日本一（の男）〟シリーズ第四作目。植木等にとっては、ブルーリボン賞・大衆賞受賞後に、初めて出演したクレージー映画となる。[注1]

リアルタイムで見た者として、筆者はこの映画に特段の愛着を持っている。そして、今この時でも、本作が植木等の〝スーパー・サラリーマンもの〟の最高峰に位置する作品であると、自信を持って言うことができる。本作の植木等にはどの作品にも劣らぬ、突き抜けた（有無を言わさぬ）自己主張があり、

加えてそれがまったく嫌味を感じさせないところに、この映画の最大の美点がある。『日本一のゴマすり男』[注2]がマンネリズムの頂点だったとしたら、こちら『日本一のゴリガン男』はそれを逆手にとって、さらに深化させた、究極の〝日本一の男〟と言ってよいだろう。本作を「好きなクレージー映画」の上位に挙げる植木ファンも多いと聞くが、本書をお読みの皆さんはいかがであろうか。

笠原脚本と古澤演出の勝利

ここで植木が見せるのは、圧倒的な強引さ（いわゆるゴリ押し）で攻めながらも、誰もが納得の結果を生むという、問答無用の営業手法。これすべて〝ゴリガン男〟[注3]という意味不明かつ、これまでのすべてのキャラを超越した主人公の成せる業で、笠原良三のある種の〈開き直り〉が生んだ脚本の功績である。伸び伸びと一人で書いたほうが、こうした突き抜けた本になることもあるのだ。

それこそ、何かに突き動かされて撮ったような『大冒険』とは一転、ゆったりとおおらかな気持ちで撮影に臨んだ雰囲気が感じ取られる本作。古澤憲吾監督らしいストレートかつスピーディーなストーリー展開に、あっという間に出世物語は進行。見終わったあとの充実感・爽快感も格別なものがある。魅力たっぷりの挿入曲「シビレ節」（主題歌「何が何だかわからないのよ」と両A面扱いで発売）の勢いも含め、もしかすると、この頃が植木等にとって最も脂が乗った時期だったのかもしれない。

驚きのオープニングと意表を突くキャラクター設定

冒頭、北新宿のパチンコ屋から景品を抱えて出てきた植木が、工事現場のクレーンから落下してきた鉄骨に頭を直撃される場面は、この一連の流れをワンカットで捉えるという、驚くべき演出が施されている（実際、オールナイト上映では悲鳴が起きたこともある）。この突飛な演出＝カット割りを考えたのは監督の古澤憲吾に違いなく、ここはクレージー映画史上、最も観客の目を引きつける場面となった。

奇跡的に一命をとりとめた西北商事の営業課員・日本等《ひのもとひとし》は、たちまちのうち（物語上は一年後だが）に退院。脳みそにたまっていた余分なカスや水分が取り除かれ、頭の回転が入院前の百倍良くなってしまう、という設定からして何とも馬鹿げた話。こんなこと実際にあるはずもないが、妙に納得してしまうのは、笠原良三によるホラ話的筋立てに強引な古澤演出、それに植木等の大袈裟な演技が絶妙に絡み合ってのこと。そういう意味で本作は、ある種奇跡的な喜劇と言ってよいだろう。

退院してみると、以前勤めていた会社は倒産、そのビル（当然のことながら大和証券ビル）に新たに入った会社「統南商事」で〈月給無しの社員〉として働くこととなる日本《ひのもと》。デスクに掲げるプレートは、なんと「日本等課」！　フリーランス契約がある現在でも、こんないい加減なことは許されるはずもないが、そこはお約束。植木扮する主人公・日本等は、会社組織には属さずに活躍する、つまりは〈サラリーマンではない〉初めての〝日本一の男〟となる。

スーパー・サラリーマンとしての植木等

〈会社の名前を借りた個人営業〉を開始した日本。まずは、自衛隊からの「戦車」玩具の大量受注を手始めに（ここは古澤監督の面目躍如！）、「墓地」の販売にあたっては寺＝檀家ごと墓地に移転させたり、果ては「水」（海水を飲み水に変える装置！）を国家的規模で売りつけたりと、次々に商談を成功に導く。

最後はとうとう会社まで売り払って、社長（進藤英太郎）も仰天の結果に。まさに植木の勢いに圧倒されっ放しの90分だが、これぞ〝スーパー・サラリーマン〟の称号に相応しい活躍ぶり。

しかし、ここまでくると日本の行動は、〈会社に対する忠誠心〉や〈日本型雇用システム〉といった、高度経済成長時代には確かにあった価値観の否定＝破壊以外の何物でもなく、大げさに言えば、アナーキズムやテロリズムといった危ない匂いまで漂ってくる。この思想は、のちに須川栄三がシリーズの転換と破壊を試みた『日本一の裏切り男』（脚本は早坂暁と佐々木守）で反復され、クレージー映画が混迷を極めることとなったのはご承知のとおりだ。

本作はルーキー新一のギャグが堪能できる唯一のクレージー映画　© TOHO CO.,LTD.

魅力的な共演者たち

ナンバーワン・ホステス、リリ子に扮する野川由美子は、シリーズ初登場。日活のイメージが強い野川は、当時としては珍しく映画会社と専属契約を結んでいない女優だったが、ナベプロにマネジメントを委託していた関係で、本作以降、クレージー映画に多数出演することとなる。

藤村有弘とルーキー新一もやはり新顔で、二人とも、今見ても異様にテンションが高い。特に、本作が唯一のクレージー映画出演となるルーキー新一（玩具屋の若旦那役）は、東宝では他に出演作がないこともあって、ここで見られるギャグは貴重なものばかり。お馴染みの「いや〜ん、いや〜ん、いや〜ん」から「ゴメンね〜」「○○だも〜ん」「あんた知らないの、バカね、フフ〜ン」、さらには「これはエライことですよ！」まで、その決めゼリフを全放出して、植木に劣らぬ存在感を発揮。コメディアンのキャラと芸＝流行語の、映画での最良の活かし方がここにある。

古澤作品名物「軍艦マーチ」はこの格好で
© TOHO CO.,LTD.

『香港クレージー作戦』（昭38）でクレージー映画初出演、『花のお江戸の無責任』（昭39）では本来の〈悪役〉として登場した進藤英太郎。本作では、統南商事の社長にしてヒロイン・由里子（浜美枝）の父親という〈悪くない〉憎まれ役を実に自然に演じている。自分の会社で無給ながらも着々と実績を上げ、最終的に数十億円の利益をもたらした日本等と娘の結婚を許す、という役柄は、当時の進藤には大いにマッチ。本作以降も『クレージーだよ 奇想天外』（昭41）、『クレージー大作戦』（同）、『クレージーの怪盗ジバコ』（昭42）などで大いに重用されることとなる。

すでにシリーズには欠かすことのできない貴重な存在となっていた人見明は、宴会芸のシーンで、なんと植木と「シビレ節」をデュエットするという大役を獲得。人見にとっては、まさに一世一代の見せ場となった当ミュージカル＝宴会シーン。これに愛着を抱かぬクレージー映画マニアなど、一人もいないに違いない。

当時の評価

本作については、『キネマ旬報』１９６６年４月下旬号（Ｎｏ．４１３）に批評文が載っているので、ご紹介したい。

物議を醸した笠原良三（脚本）と南部圭之助（映画評論家）の誌上論争のあとだけに、評者の映画評論家・小菅春生は、この点に興味を持ったことを前置きの上、本作についてこう書いている。そう、「完全な期待はずれに終わった――」と。

小菅氏（以下、敬称略）の興味は、この点――すなわち、実際にどんな脚本を書いて、笠原が論争に応えてくれるかということ――だけでなく、「黒澤明と三船敏郎の関係に比されるような、古澤憲吾監督の植木等にたいするほれこみようが、どんな実りをみせているか」という点にあったようだが、小菅は「これは二つとも完全な期待はずれに終わった」と断じている。

本シリーズが「題名変われど内容変わらず」であるのは、「トレードマークの無責任男という一つの雛形から出てくるのだから、やむを得ぬこと」と理解を示しながらも、「あの論争のあとだというのに、この作品には意欲や工夫が少しも感じられない」と悪評価を下すばかりか、「植木ものの最低な部類」、「植木の使い方もマンネリズムが目立つだけ」とまで、小菅は言う。

さらには、「『ホラ吹き男』や『無責任清水港』は、相変わらぬものでありながら、工夫や趣向や機知があったから見られた」ことを前提に、本作は「エピソードの一つ一つに、その納得性がない。ギャグがギャグとして生きぬ」、さらには、植木が商品を売り込む相手たちについても「風刺というには幼稚すぎる」として、評者はこの映画をこき下ろすことに終始する。

ここまでボロクソに言われると、いったいどんなツマラナイ映画なのかと思ってしまうが、『ホラ吹き男』も『ゴマすり男』も大いに楽しんで見た筆者は、それでも――ここまで書いてきたように――この映画を大いに評価する者の一人である。「時代劇のサシミのツマ的な扱いよりも、もっとつまらない存在」との浜美枝のヒロイン評についてはある程度賛同するが、「これら（この映画のつまらなさ）はほとんど、脚本の中にある難」とする小菅説には、まったく同意することができない。

笠原は本作で、植木等の主人公をそれまでの〝有言実行男〟から、さらにその先を行く、人間離れした――手術でそうなったのだから、まさにそのとおりの――真の〝スーパー・サラリーマン〟へと昇華させている。この〝ゴリガン〟な男には、それまで植木等に張られていた〝無責任〟のレッテルや、モーレツ・サラリーマンとしての出世欲、しがらみといったものは皆無で、この男の内にあるのは、問答無用の〈合理主義〉のみ。この合理精神が破壊主義にまで繋がっているのは前述のとおりだが、植木等は本作で、遂に「ゴジラ」＝神の域にまで達したのだ。よって筆者は、本作を〝日本一（の男）〟シリーズの究極形と呼ぶことに躊躇はまったくない。

加えて、ここで指摘される〈幼稚性〉こそが、のちのちになってからのオールナイト上映で〝大のオトナ〟から好評価を受け、館内が爆笑の渦に包まれる要因となったわけだから、評者が〈マンネリと幼稚性〉をもってこの映画を低評価したことは、先見性がなかったばかりか、真の喜劇性をも見失っていたことになるだろう。究極のマンネリズムや徹底的な馬鹿々々しさが、時には普遍性を持つこともあるのだから——。

分岐点を迎える〝日本一（の男）〟シリーズ

ここまできてしてしまうと、もうこれ以上の〝日本一の男〟など創出できるはずもなく、当シリーズが真の意味でのマンネリに陥るのは当然のこと。植木等の勢い、バイタリティーの持続も、さすがにこのあたりまでで、同年10月公開の『クレージー大作戦』はグループ全員による〝作戦〟もの、翌昭和42年1月公開の『クレージーだよ 天下無敵』は谷啓との二枚看板路線となり、植木は徐々に比重の軽い役を担っていくこととなる。

昭和42年のゴールデン・ウィークに公開された『クレージー黄金作戦』は大ヒットを記録したが、これ以降、興行的には苦戦の連続。1年9か月ぶりに製作された『日本一の男の中の男』では新ヒロインに浅丘ルリ子を迎えたものの、残念ながら観客動員には結びつかず、本シリーズはいよいよ大きな分岐点を迎えることになる。

注1　1月の受賞発表とほぼ同時に公開されたのが、小国英雄の脚本遅延により坪島孝監督が難儀したことで知られる『無責任清水港』。犬塚弘が〝追分三四郎〟という妙な名前の役を演じることになったのも、脚本の遅れのせいとされている。

注2　『日本一のゴマすり男』については、『キネマ旬報』（昭和40年7月下旬号）の押川義行氏による批評文で「（植木は）〝生活〟を失った現代人たちの英雄」と称えられている。

注3　公開と同時に発売されたシングル盤やスタジオ・メールでは、この謎のワードの語源が次のように説明されていた。
①一説は「関西のスラングで、無理押しの意（漢字で「御利願」「強力願」）。転じて強引に願ッチャウの意を持つ」
②異説として「千里眼ならぬ『五里眼』なる名詞」
③珍説として「ゴリラとガン（拳銃）の連結語で、強引かつ勇敢なハスラーの意」
④迷説として「合理化案の略語」
⑤新説として「東北地方の伝承民話に残る〝狐狸丸〟なる丸薬」
中でも信頼に足るのが、田波靖男が自著で述べた「〝合理化案〟から作った造語」説。実際、劇中でも、進藤英太郎の社長から「なんというゴリガン男だ、君は！」と言われた日本が「合理化男と呼んでくださいよ」と答えるシーンがあるので、④が正解ということになる。脚本を書いた笠原良三が前掲『ジ・オフィシャル・クレージーキャッツ・グラフィティ』で、「大阪弁で、強引に自分の意志を押し通す、という意味」（これだと正解は①となる）と語っているのが悩ましいところだが。

其の壱：ロケ地の秘密

代理店の家族を接待する会場として使われたのは「船橋ヘルスセンター」（1955年開業）。「温泉デパート」と銘打たれていたことからすると、今の健康ランドかスーパー銭湯のようだが、遊園地のほかにも人工芝スキー場やプール、果てはゴルフ場に人工ビーチまで設置。コスト・パフォーマンスの良い「総合レジャーランド」として、老若男女から人気を集めた施設であった。1962年には大々的にテレビCM（三木鶏郎作、楠トシエ歌唱によるCMソングでお馴染み）が打たれ、関東ではさらにポピュラーな存在となる。

其の弐：本作には、植木が「オバケのQ太郎」の着ぐるみを被ったり、浜美枝に向って〈シェー〉をしたりする場面がある。当時の小学生でオバQや「おそ松くん」（どちらも「少年サンデー」連載）のイヤミ氏を知らぬ者など一人もおらず、ここからも製作者たちが子供の観客を意識していたことがうかがえる。

〈シェー〉のパフォーマンスは、東宝映画では前年（昭和40年）末のゴジラ（『怪獣大戦争』で披露）に続くもの。その後、浩宮様が「シェー」をしたとの報道もあり、まさに日本中を席巻する勢いであった。

其の参：船橋ヘルスセンターの宴会場で出されるビールは、『大冒険』と同じ「サントリービール」。植木は物語上でも当社のビールを無料提供させており、キャバレー・シーンでは「サントリーオールド」のボトルも登場。本作は二重構造により企業とのタイアップがなされた、珍しい映画ということになる。

其の四：古澤作品恒例の「軍艦マーチ」は、船橋ヘルスセンターにおける宴会場面で「シビレ節」に続いて流される。本作には自衛隊（名目は「国防隊」）の机上演習シーンもあり、ここからは古澤が嬉々として演出している雰囲気が伝わってくる。

映画で聴くクレージー・ソング⑤

①「何がなんだかわからないのよ」

脳外科手術を経て、一年ぶりに退院した日本等が病院（ロケ先は国立がんセンターの旧施設）前で明るく元気に歌唱する、本作の主題歌。

この歌は、本作の音楽監督を手がけた宮川泰によるものだが、歌詞・メロディともにレコードとは一部相違がある。レコードの発売日が封切日の一日前であったことを考えれば、ほぼ同時期の録音と思われ、レコーディング直前まで試行錯誤していた様子がうかがえる。ラストの輸出プラント（海の水を水道水に変える！）仮契約成立の際には、お馴染み「赤坂プリンスホテル」脇の歩道橋上でリプライズされる。

②「シビレ節」

オープニング・クレジットでは「しびれ節」と表記されるこの歌。やはり宮川泰の作で、数あるクレージー・ソングの中でも屈指の短さ（1分57秒）ながら、そのインパクトは絶大。「スーダラ節」をも凌ぐパワー溢れる植木の歌唱に、文字どおり全国民がシビレさせられた。

思えばこの歌、三番の歌詞「ジイさんも中気でー」が不謹慎だとして、すぐに放送禁止（自粛か？）扱いに。復刻版レコードやCDでも、長らく「中気で」の歌詞がカットされていたので、オリジナル盤を所有していることは筆者のちょっとした自慢であった。ところが後年、これが解禁となり、筆者のささやかな優越感は露と消えることに——。

映画では「エレキにシビレて」いるのは「弟」だったり、「映画はギャングに」、「パトカーはデモ隊に」シビレたりと、レコードとは多少歌詞が違っているのが楽しい。

人見明、一世一代の名場面 © TOHO CO.,LTD.

③「おてもやん」

人見明から歌い出すこの歌は、当然ながら熊本を代表する民謡。宴会芸・お座敷唄の定番曲だったことなど、今ではピンとくる方も少ないのでは？

④「オモチャのマーチ～戦争ごっこ」

国立競技場にて歌われる「机上演習」の歌。クレージー・ソングというより童謡だが、三番・四番は「ホントの戦争はイヤだけど、オモチャでやってりゃユカイだね」と、替え歌で歌われる。イントロでは、進軍ラッパが鳴り響くうえ、ブライアン・デ・パルマばりの（まだ映画界に登場していないが）360度回転パンまで見られる。

⑤「山寺の和尚さん～坊主丸もうけの唄」

元歌「山寺の和尚さん」と宮川オリジナルが絶妙に融合した、「無責任経」以来のお経ソング。寺の立ち退き交渉を進めた植木が、一同揃い踏みにて霊園で歌う。

⑥「水のファンタジー」

浄水装置の売り込みに当たり川崎の浄水場で歌う、タイトルどおりのファンタジックな曲。

本作では他にも、**「遺憾に存じます」**、**「いろいろ節」**、**「だまって俺について来い」**といった既存のクレージー・ソングがアカペラで歌われるほか、**「柔」**（美空ひばり）、**「さよならはダンスの後に」**（倍賞千恵子）などの歌謡曲も〈ボーナストラック〉的に取り上げられ、映画に華を添えている。さらに、代理店の家族の接待会場となる船橋ヘルスセンターでは、お馴染みのCMソング「〽長生きしたけりゃちょいとおいで」がマーチング・バンドにより演奏され、ロケーション許可への謝意が示されている。

(6)『クレージー黄金作戦』

昭和42年4月29日封切　監督：坪島孝　脚本：笠原良三・田波靖男　出演：植木等、ハナ肇、谷啓、浜美枝、藤木悠、藤岡琢也、石山健二郎、園まり、有島一郎、飯田蝶子、加山雄三

【本作の選出ポイント】

①〝作戦〟シリーズの頂点にして、クレージー映画の最高傑作と呼ぶべき大作。一本立て興行としてGW公開され、大ヒットを記録

②同時進行する植木等、ハナ肇、谷啓、それぞれのエピソード（点）が、三人が羽田空港で出会ってから、ひとつの話（線）に集約されていくストーリー構成の妙。並びに、人間の愚かさと純粋さ、さらには社会風刺をも喜劇として描く坪島演出の奥深さ

③ラスベガス大通りにて展開されるミュージカル・シーンから、ホテル・リヴィエラで繰り広げられる「クレージーキャッツ・ショー」に至る怒涛の展開に心躍る。これほどの高揚感を覚えるクレージー映画は他にない

かつて浅草東宝で繰り返し行われた、クレージーキャッツ関連作品のオールナイト興行において、〈一

写真Ⓐ 感動的な「ハロー！ラスベガス」の歌唱場面。見物人の多さにも注目である

番人気〉を誇っていたのが本作である。[注1]ラスベガス大通りでのミュージカル・シーンには、深夜（早朝）にもかかわらず大歓声が——ときには拍手まで——沸いたものだ。リアルタイムにせよ、後追いにせよ、クレージー映画を通してご覧になった方ならどなたも、これぞクレージー映画の〈頂点〉と捉えておられるに違いない。

ゴールデン・ウィーク一本立興行として公開された画期的なクレージー映画

筆者が本作を初めて見たのは、1967年、中学校に入学して間もないゴールデン・ウィークの或る日のこと。前章にも記したとおり、山形県では小学生や中学生が見ることのできる映画は、教育委員会の選ぶ〈許可映画〉に限られていて、それは、春・夏・冬の長期休暇中に上映される作品以外には、まずあり得なかった。だから、GW公開[注2]の、クレージーキャッツにとっては記念碑的意味合いを持つ、この一本立て超大作を見られた中学生など、我が県にはほとんどいなかったはずである。
しかしながら、筆者は見た、いや、見てしまった！　中学生ともなれば他にやることもあり、封切時にはせいぜい二、三度ほどしか見ていないように記憶するが、それでもこの映画は〈ディープ・インパクト〉をもって筆者をノックアウト。今でも、その時の衝撃と高揚感がありありと蘇ってくる。したがって、浅草東宝オールナイト興行の観客同様、筆者にとっての「クレージー映画ナンバー・ワン」は、本『黄金作戦』をおいて他にない。中には、2時間37分強の長さを理由に評価しない向きもあるようだが、この作品を嫌いなクレージー・ファンなど、一人としていないと信じたい。

田波・笠原脚本の人物設定と物語構成の妙

本作、植木等のキャラがギャンブラーであることからすれば、『無責任遊侠伝』が下敷きとなっているような設定だが、まずそのスケールからして段違い。これほどの大作感を有する作品は、クレージー映画史上初であり、結成10周年記念映画『大冒険』をも遥かに凌ぐ。そして、その成功の要因は、何と言ってもその恐ろしいまでに良く練られた脚本によるところが大きい。

クレージーの七人を〝ギャンブルの都〟ラスベガスまで連れて行き、そしてそこで歌って踊らせる、というアイディアもさることながら、主人公格の三人のキャラクターと周辺人物、並びにその状況設定の面白さ、さらには、その三人が何かに引き寄せられたように集まってくるという、その物語構成の巧みさには、まったくもって感服するほかない。

①植木＝ギャンブル好きなC調坊主、②ハナ＝お人好しの代議士、③谷＝気弱な医師、という三人の人物設定も、各人がこれまで演じてきたキャラの集大成的なものとなっていて、実に的確（ピッタリ）。何度見ても、その都度笑わされ、ホロリとさせられ、感情移入してしまうのは、各々の定番キャラがこの優れた脚本の力＝マジックによって、〈生きた人物像〉にまで昇華させられていることの何よりの証しである。

その素晴らしい脚本を書いたのは、笠原良三と田波靖男の師弟コンビ。これまでのクレージー映画のほとんどの脚本を手がけてきた二人[注3]だが、いよいよその集大成的大作をということで、年末から年始にかけて、都内（赤坂だとか）のホテルに缶詰にさせられて書いたものだという。

先に記した一本立て公開のほかにも、製作費に一億八千万円が投じられたとか、初のアメリカ本土ロケを敢行したとかの、スケールの大きさがなにかと話題となった本作[注4]。しかし、何よりも感心したのは、この映画の話の展開・進め方であった。

三人のエピソードが同時並行的に進行する、ストーリー展開の面白さ

映画は、「万葉集」という、クレージー・ソングのなかでも一、二を争う渋い曲を歌う植木のエピソードからスタート。これがバクチ狂いの生臭坊主・町田心乱《まちだしんらん》である。ハナ肇は、お人好しであわてん坊の国会議員・板垣重金《いたがきしげかね》という、これまたお似合いの役柄で登場。そして、引っ込みがちな性格で、看護婦の園まりを好きなのに勘違いから自ら身を引いてしまう医師・梨本金男《なしもとかねお》に扮する谷啓。この何の関係性も持たない三者[注5]のエピソードが平行して描かれ、やがて三人はそれぞれの事情により、アメリカへと向かうことになる。

繰り返しになるが、このバラバラと思える三人の物語（五つのパートで構成される）がやがて一点に収束していくという、そのストーリー展開が実にスマート。アンドリュー・ヒューズ演ずる[注6]〝ゴールドさん〟という人物がそれぞれのエピソードに顔を出し、各人と関わりを持つという人物配置も巧みで、何度見直しても唸らされてしまう。

やがて、それぞれトラブルを抱えた三人の関係者が羽田空港の見送りデッキに勢揃い。「戻って来い」との大合唱を繰り返すが、時すでに遅し。初対面の三人は隣同士の席となって、飛行機はアメリカを目指して飛び立っていく……。

映画はこの時点で54分が経過。ここまでだけでも実に見応えのある展開で、『七人の侍』前半の侍集

めのシークエンスに匹敵する充実度、と言っても過言ではない。

魅力的な脇役陣

一度でもご覧になった方なら賛同いただけようが、本作は何が秀逸かといって「松田」と「町田」を訛って発音する（マツダとマチダが反対になってしまう！）有島一郎の軽妙洒脱な演技[注7]である。有島絡みのやり取りからは、そのドメスティックなギャグとは裏腹の、洗練されたアメリカ喜劇の匂いを感じ取ることができるし、心乱の上司に扮する藤岡琢也のコメディ・センスはもちろん、秘書を務める浦山珠実のクールなおとぼけぶりにもノックアウトされること必至。実際、坪島監督も藤岡を「天才的なカンの持ち主」と称えており、浦山については「あの頃の女優さんの中じゃ珍しいタイプ」とか「若いのに自分の見せ方を心得ている」といった言葉をもって称賛している（前掲「クレージー映画大全」インタビュー）。

本作が持つ社会性

喜劇に社会性を取り込むのが坪島&田波流。本作にも、もしかすると成瀬巳喜男や松山善三あたりが取り上げそうな題材、すなわち下水道処理問題、政治汚職（政治の貧困）、成金=金権主義、カミカゼ・タクシーに代表される交通戦争、といった社会問題がさりげなく散りばめられている。

病院の経営のためには、病気でもないのに金持ちの婦人（塩沢とき）を特別室に入院させる院長（藤木悠）、あるいは、政治家としてのし上がっていくためには、家業や母親も犠牲にする道楽息子などを、嘲笑の対象とはしていても、どこか憎めぬ哀れな存在として描き、慈しむ姿勢が感じられるところからは、お二人のヒューマニズム（心優しさ）と生真面目さが確《しか》と伝わってくる。

もちろん坪島と田波は、ロス支店長に扮する人見明に「バカ！」を言わせる〈お約束事〉[注8]も忘れてはいない。

ハナ肇パートには政治汚職の問題が取り入れられている　© TOHO CO.,LTD.

ハワイからアメリカ本土へと向かう三人

重金からの招待を受け、ハワイで豪遊する心乱と金男。妾たち（北川町子、中真千子、豊浦美子）に指示されたとおり、チップ（実は百ドル札！）を配りまくる重金の様子には、笑いと共に哀れさが滲む。成金趣味の愚かさを喜劇にまで昇華させた田波脚本&坪島演出の素晴らしさについては、何度称賛しても足りることはない。

坪島監督に伺った話では、田波は「頼まれるとノーと言えない」性格をお持ちだったとのことで、坪島監督の注文はすべて採り入れ、その都度脚本を書き直してくれたという。[注9]田波先生、これではまるで〃若

ハリウッド大通り（チャイニーズ・シアター前）では「星に願いを」を歌う　© TOHO CO.,LTD.

大将〟ではありませんか。

ホンモノの若大将（加山雄三）やギャンブル好きの女子大生・海野《うんの》月子《つきこ》（浜美枝）との出会いを経て、アメリカ本土へと向かう三人。ここまでで、映画はすでに1時間6分強の時間を費やしている。

そして、本作の白眉はここから

L・Aでのくだりは1時間25分辺りまで。一攫千金を狙う心乱は金男らを誘い、有り金をはたいて行けるところまでのバス・チケットを購入、一路ラスベガスを目指す。途中でバスを降ろされてしまったことで始まる、「ここまでやるか⁉」と言いたくなるほど延々と繰り広げられる砂漠彷徨シーンは、続く〈ラスベガスの灯〉の発見〜歓喜の現地到着のためには必要欠くべからざるもの。そののちに展開される、まさに〝前代未聞〟のミュージカル・シーンによって、見る者すべての魂が開放されることとなる。

ラスベガス到達後の怒涛の展開〜「ハローー！ ラスベガス」、「金だ金だよ」

この14分間にも及ぶ砂漠彷徨のくだりは、オールナイト上映で睡魔に耐えているときに見ても、ちっ

ネバダ砂漠で谷啓が見る百合子の幻。何たるスケールの大きさか　© TOHO CO.,LTD.

とも長く感じない。ついでに言えば、谷啓が見る〈百合子の幻〉シーンに拍手喝采が巻き起こるのは、浅草東宝オールナイト上映の常。谷啓ならずとも、園まりが妖精に見えた方はさぞや多かったに違いない。いずれにしても、この〈いきなり感〉は、クレージー映画の、どの歌唱シーンよりも強烈なものがあり、園にとっても、この短いシーンのためだけにすべての撮影行程に参加した甲斐はあった、というものだろう。

映画はここまでで1時間42分が経過。続いて、今や〝伝説〟となった、3分20秒に及ぶラスベガス・ダウンタウン大通り（ネオン・サインに旧サンダーバード・ホテルの名前が見られる）における歌唱&ダンス・シーンとなる（181頁写真Ⓐ）。

クレージー映画史上初めてと言っていいほどの、この〈本格的ミュージカル・シーン〉は、190頁に示す写真Ⓒ／Ⓓからも分かるとおり、日本国内で入念なリハーサルを行ったうえでの撮影であった。植木等本人と坪島監督に伺ったところでは、撮影はもちろんプレスコ方式で、大きなスピーカーから、「ハロー！ラスベガス」の音源を流しながらのリハ&本番であったという。ところが、現地警察と交わした約束はわずか二時間で、交通ストップの時間に至っては、たったの一時間。この短い時間内にて、なんとか絵コンテどおりに撮影は済ませたものの、当然ながらすべてのカットを撮り切れるはずはなく、

写真Ⓑ 調布深大寺の駐車場で行われた別撮りの模様　© TOHO CO.,LTD.

残った撮影（俯瞰ショットや個別ショットなど）は後回しとなる。

谷啓と坪島監督のお二人からは、これらは日本に帰国後、調布の深大寺にある駐車場で撮影したものと伺っており、その証拠となる写真が上掲スチールⒷである。

植木等の言によれば、谷啓は、写真Ⓐに写っている見物人が自分たちをカメラ・テストのための〈スタンド・イン〉と思っているに違いないと、ひたすら恥ずかしがっていたという。〈植木等が語った黄金作戦の内幕話〉については、「植木等、かく語りき」の項で詳しくご紹介させていただきたい。それにしても今、このシーンを眺めても、植木等の動きのシャープさは群を抜いており、他のメンバーとの差異は明らか。そのセンスや運動神経には、改めて感服せざるを得ない。

ちなみに、大通りでの歌い踊りシーンには主要キャスト

写真Ⓒ／Ⓓ　大変珍しい「ハロー！　ラスベガス」のリハーサル風景　© TOHO CO.,LTD.

の三人以外にも、何故かゴールド氏の遺産を狙うギャングの安田伸と石橋エータロー、砂漠で出会ったインディアン・犬塚弘、さらには領事館書記の桜井センリも参加、〈七人勢揃い〉の図となるが、これぞ問答無用の展開というものであろう。

坪島監督に伺った話では、「現地ユニオンの規定上、日本人と同じ数だけ現地スタッフを雇わざるを得なかったが、アメリカ人でさえも『マフィアに殺される』と恐れをなし、誰ひとりとして現場に現われなかった」との証言が興味深い。なにせこのサンダーバード大通りでの撮影は、それまでアメリカ映画でも実現したことがなく、我がクレージー＝東宝映画が初めてだったという[注10]から、これは大いに誇るべきことである。「緊張なんてもんじゃなかった。いつズドン！と来るか分からない」（前掲インタビュー）との監督の言葉からは、この決死の撮影の様子がひしひしと伝わってくる。

続いて展開されるリヴィエラ・ホテルでの「クレージーキャッツ・ショウ」シークエンスの撮影が、時間に追われ、和田嘉訓監督に〈丸投げ〉されたこともよく知られた逸話である。「企画・構成」はハナ肇と谷啓とクレジットされているが、おそらく音楽コントは谷啓のアイディアによるものであろう。『香港クレージー作戦』（昭38）でショウ構成を担って以来、こうした音楽コントはもっぱら谷啓の手で創り出されていたからだ。実際、ご本人に伺ったところでは、「ギャグは譜面に書き込んでいた」とのことだから、これは谷啓が根っからのミュージシャンであったことの何よりの証しである。

ここでは、ザ・ピーナッツのヒット曲「ウナ・セラ・ディ東京」（岩谷時子詞、宮川泰曲）を、バラードからリズム&ブルース、エレキ歌謡、さらにはドゥーワップまで、大胆に編曲してギャグ化。とりわけ、ブラスバンド・スタイルでの演奏の後、谷啓がトロボーン、安田伸が消防ホース（実はクラリネット）、さらには桜井センリと石橋エータロー（の足）が超特大ピアノでこのメロディを合奏。果ては植木が木琴で焼き鳥を焼いて（これは封切当時も大受け）、「お呼びでない」風ギャグをかましたところで、クレージーお得意の洗面器ギャグ[注11]へと繋げる〈変奏〉＝ワルノリぶりは圧巻の一語。様々な仕掛けとアレンジを用いて、この優美な曲をいじり倒した宮川泰の節操のなさ（いい意味で！）は、まこと絶賛に値する。

画面に映し出されるホテルの電飾看板によれば、このホテルでクレージーキャッツとともにショウを行っているのは、トニー・マーティンとルイ・アームストロングのご両名。実際にクレージーのステージに出演しているのは、ザ・ピーナッツ、ブルーコメッツ、ジャニーズ、[注12]ザ・シャンパーズといった面々で、まるでクレージーとピーナッツによる舞台公演のような賑やかさである。

後半の展開はいささか失速気味に

ここまで怒涛のような展開を見せていた本作だが、後半に入るとその勢いはいきなり失速する。持参したチップがすでに廃止されたものだったり、心乱の〝天敵〟海野月子が現れたことで、ルーレットで勝った大金《チップ》がパーになったりと、いやなムードが漂ってくるのはこうした映画の常なので仕方ないが、残念なのは、廃坑の地図（本当は金鉱が眠っている！）を狙う悪漢たちとの争奪戦のあたりから、いつもの坪島演出の〈冴え〉や〈切れ〉が見られなくなってくることである。ラスベガス大通りシーンのインパクトがあまりに強烈過ぎたのかもしれないが、何度見返しても、ここから先のドタバタ騒動は――まさにドタバタしていて――、監督が目指したであろう米国スラップスティック喜劇の域には達していないように感じる。

さらに、帰国後のエピソード――ルーレットでさらに膨れ上がった遺産三千六百万ドルは、心乱に結婚を断られた月子のリベンジにより、慈善協会へと寄付されている――も、「悪銭身に付かず」の格言どおりで、いかにもありきたり。クレージーが大御所になってしまったことで、悪漢が悪漢たり得た〝無責任〟二部作のような展開にはできなかったのかもしれないが、いかにも爽快感・カタルシス不足。「それはないでショ！」と言いたかったのは、おそらく筆者ひとりではあるまい。

こうして、植木等による寂寥感溢れる「万葉集」の歌声とともに、この〝超大作〟クレージー映画は静かに終幕のときを迎える。これほどまでに虚しさ漂うラストは、『日本一の色男』以来のことで、ラスベガス大通りシーンで得た高揚感は、決して大袈裟ではなく、引き潮のように失せていくのであった。

『キネマ旬報』における評価と本作の美点

ここまで、散々後半パートへの不満をあげつらってきたが、それでも本『黄金作戦』が〝クレージー映画〟全三十作の頂点に立つ作品であることに変わりはない。こんなに気持ちが高まり、巧みに作られたミュージカル・コメディを、筆者はあとにも先にも見たことがないし、本作を「クレージー映画の最高作」と呼ぶことに躊躇いはまったくない。

ところが、映画評論家の山田和夫が、『キネマ旬報』昭和42年6月下旬号（Ｎｏ．４４１）の「日本映画批評」において、「皮肉なことに映画は『アメリカ大陸』に上陸してからがつまらない」と、本作についてで筆者とは真逆の見解を示しているので、ここにご紹介させていただきたい。

「あれだけ日本では〝無責任〟にあばれまくるクレージー一党が、アメリカではやけにおとなしい。せめてアメリカがギクリとするくらいの皮肉が、一発や二発あってもいいのではないか?」とか、「谷啓のもとに転がり込んだ遺産が百万ドル、というのも話が小さい。(中略)もっとハメを外した方がクレージーらしい」とのご意見には、筆者も頷く点がないわけではないが、「ラスベガスの大通りをアメリカのミュージカルまがいに踊りまわったり、ハンテンを着込んだ日本式ギャンブルでアメリカ人を煙にまいたり、三千六百万ドル稼いでかえったりだけでは、ちょっと情けないのである」との御説には、まったく同意しかねる。恐らく山田氏(以下、敬称略)は、当該大通りでこれだけの撮影を成したのは、彼らが「世界初」であることを知らなかったのではないか。この撮影がいかに困難を伴うものだったかについては、これまで坪島監督(前掲『クレージー映画大全』)や植木等自身(本書第三章)が証言しているとおりで、むしろ偉業として語り継ぐべきことである。

他作品と同様、クレージー映画に対して厳しい姿勢を崩さない山田だが、日本篇については珍しく「意外に面白かった」と、好意的な意見を表明する。評価しているのはもっぱら〝ハナ肇パート〟で、「保守党政治家たちの言動ほど、常人の想像を絶するものはない。下手な喜劇作家が頭をひねっても、追っつかないくらい、奇想天外、あきれはてるようなアイディアを出し、権力と金力で実行に移す。日本映画にこういう手合がめったに登場しないことが、どれほど日本映画のおもしろさにマイナスしているかわからないくらいである」と、日本共産党員でもある山田は当時の保守勢力の金権主義を非難したうえで、日本映画がこうした政界のダークサイドを描かない事実に異を唱える。
「この映画は、本題ではない日本篇での、ハナ肇代議士の活躍のおかげで、ずいぶん得をしている」と、やたら山田が持ち上げるのは、筆者が指摘した本作の〈社会性〉を認めてのことだろうが、〝植木パート〟と〝谷啓パート〟との〈アンサンブル〉があってこその、ハナ＝代議士パートである。ここだけで膨ませても、面白い喜劇になるとは限らない。やはり本作の優れたところ（美点と言ってもよい）は、悪漢、お人好しの政治家、そして心優しき医師の三者三様の個人的行動を、ひとつの物語、それも壮大な冒険旅行に収束し得た、坪島&田波による大胆な〈構成力〉にこそあると、筆者は声を大にして叫びたい。

なお、本作は昭和42年の興行収入ランキング[注13]で、『日本のいちばん長い日』に次ぐ第二位の成績を挙げている。第三位は『怪盗ジバコ』、第六位・第七位が『日本一の男の中の男』と『クレージーだよ 天下無敵』であったから、この年は、実はクレージー映画の絶頂期だったことになる。しかしながら、栄枯盛衰は世の常。翌昭和43年GW公開の『クレージー メキシコ大作戦』[注14]が期待どおりの成績[注15]を収められず、七年続いた〈クレージーキャッツの時代〉はいよいよ終焉のときを迎える。

注1　筆者の実感では、二番人気が『日本一のゴリガン男』、次に『ニッポン無責任時代』の順となる。他には『奇想天外』、『天下無敵』あたりがオールナイトの観客に受けの良かった作品である。

注2　いわずもがなのことだが、GWなる呼称は映画界で生まれた造語。それまでのGW公開作品には、『或る剣豪の生涯』（昭34）、『太平洋の嵐』（昭35）、『用心棒』（昭36）、『どぶろくの辰』（昭37）、『五十万人の遺産』（昭38）、『モスラ対ゴジラ』（昭39）、『奇巌城の冒険』（昭41）などのヒット映画（ほとんどが三船敏郎出演作）がズラリ。昭和40年公開の『赤ひげ』を除いてはすべて二本立て興行であったことを考えれば、クレージー映画もついに黒澤&三船作品に並んだことになる。

注3　二人が全くタッチしていない作品は、〝作戦〟シリーズの『先手必勝』（昭38）と『無責任遊侠伝』（昭39）の二作のみ。

注4　本作は十一本あった「東宝創立35周年記念作品」の内の一本。一本目が『佐々木小次郎』（稲垣浩監督）で、本作は二本目に当たる。

注5　植木等演ずる町田心乱の当初の役名は「町田円金」、国会議員の板垣は「重金」、医師の梨本は「金男」、梨本に遺産を譲る外人の名は「ゴールド」と、主要登場人物の名前に「金」の文字が振られる〈洒落っ気〉がタマラナイ。

注6　いわゆる〝東宝ガイジン〟の一人で、オーストラリア人の貿易商。『大冒険』ではヒットラーを演じた。ちなみに〝東宝ガイジン〟とは、力道山の日本プロレスでレスラー、のちにレフェリーを務めたユセフ・トルコの実弟、オスマン・ユセフがエージェントとなり、東宝撮影所に集められた日本在住の（職業俳優ではなかった）外国人俳優を指す。

注7　有島一郎の怪演ベスト3は『キングコング対ゴジラ』の多古部長、『100発100中』の手塚部長刑事、そして本作の北川常務で間違いなし？

注8　坪島監督は前掲『クレージー映画大全』のインタビューで、「人見明さんは、クレージー映画になぜか出ることになってました」と、そのパターン化を認める発言をしている。

注9　脚本執筆にあたり田波が念頭に置いた「三人吉三」（歌舞伎の演目）の要素は、お金にまつわる因縁話という点と、三人の逸話を並行的に進める物語構成以外はあまり見られず、むしろ「珍道中もの」のテイストのほうが強い。

注10　ラスベガス・ダウンタウン大通りでの映画ロケは、本作が本邦初、いや世界初。かのシナトラ映画『オーシャンと11人の仲間』（1960）でさえも、ホテル内での撮影や夜景撮影はあったものの、現地ロケは行われていない（坪島監督の証言）。ロケに際して、マフィアの力が大きかったことは確か。1971年公開の『007ダイヤモンドは永遠に』（ガイ・ハミルトン監督）では、

この通りでの大規模なカーチェイス・シーンが見られるが、この時はプロデューサーのＡ・ブロッコリが当地の大物ハワード・ヒューズと親しかったことで、五晩もかけてのロケが可能となったという（『究極の００７大全集』シンコー・ミュージック：１９９６）。

注11　洗面器で頭を引っ叩くギャグは、クレージーキャッツのステージではお馴染みのもの。これについては、「植木等、かく語りき」の項で植木自ら明かした、その極意をお伝えしている。

注12　〝元祖〟ジャニーズは、真家ひろみ、あおい輝彦、飯野おさみ、中谷良で結成された四人組。

注13　キネマ旬報社増刊『世界映画記録全集』（１９７３年）による。

注14　田波靖男は前掲『クレージー映画大全』のインタビューで、『黄金作戦』より「ノビノビといろんなギャグが考えられ」て、「手を凝らした『メキシコ大作戦』のほうが好きだと語っている。

注15　前掲『映画が夢を語れたとき』で田波は、「興収六億八千万円、配収三億四千万円、観客動員二百九十万人」の成績を挙げた本作に対して、『メキシコ大作戦』は「興収四億五千万円、配収二億二千五百万円、動員百七十万人」と、期待外れの結果に終わったと書いている。

其の壱：ロケ地の秘密

①植木・ハナ・谷の三人が留置所から釈放されるシーンで彼方に見える建物は、〈ロス疑惑〉の折に日本中に知られることとなった「電気水道局」ビル。L・Aを旅した際、筆者も当地を訪れてみたが、この裏手であの事件が起こったかと思うと、実に感慨深いものがあった。画面には、1999年までアカデミー賞授賞式が行われた「ロサンゼルス・ミュージックセンター」の建物もちらりと写っている。

②植木が勤める金友商事は、またしても「大和証券」本社ビルでのロケ。当ビルは、同年公開の『日本一の男の中の男』あたりまではいまだロケ地として使われていた。

ＬＡ市内ロケの模様　© TOHO CO.,LTD.

其の弐：「リヴィエラ・ショウ」の演出を任された和田嘉訓監督。すでに昭和39年、『自動車泥棒』で一本立ちしていたにもかかわらず、同作の不入りにより三年もの間ホサれていたところに、この応援演出の話が回ってくる。坪島監督の期待にたがわぬ素晴らしいショウ場面を撮り上げた和田だが、その後、ドリフターズやタイガース、コント55号など、人気者の主演映画ばかり撮らされる羽目になるのは、何とも皮肉なことであった。

其の参：町田親鸞ならぬ〝心乱〟坊主が、ゴールドさんに貰ったチップを複製させる玩具工場では、東宝＝円谷プロ製の怪獣（バラゴン、エビラ、ガラモン、パゴス、ウルトラマン）のソフトビニール人形とプラモデルを製造中。このシーンで流れ作業により作られていたのが「怪獣ブースカ」であることを考えれば、当工場が「マルサン」（１９６７年「マルザン」に社名変更、68年倒産）であることは明らか。

其の四：谷啓と偽造結婚させられるメリー役を演じたのは、米女優ペギー・ニール。東映の『海底大戦争』（ＲＡＭフィルムとの合作で、昭和41年7月公開：佐藤肇監督、千葉真一共演）や松竹映画『宇宙大怪獣ギララ』（昭和42年３月公開：二本松嘉瑞監督）にも出演し、日本のチビッコにはすっかりお馴染みの〝ガイジン〟女優であった。

映画で聴くクレージー・ソング⑥

①「万葉集」

クレジット・バックで、植木等扮する町田心乱により〈お経〉を交えて披露される、御詠歌のような楽曲。もとは永六輔＆中村八大のコンビにより、植木等のソロ・アルバム「ハイ!! お呼びです」（67年5月5日発売）用に作られた歌で、物語世界との関連はまるでないが、実にピッタリと嵌まっている。シングルでの発売はだいぶ遅れて、同年10月。筆者はもちろん入手したが、これをA面でリリースする東芝というレコード会社に、植木等をプッシュするという意識はすでに失せていたように思える。当時、この曲を口ずさんでいた中学生など、日本国中探しても筆者のほかにはいなかったろう。

②「チョッと一言多すぎる」

心乱がパチンコをしながら口ずさむ歌。やはり「ハイ!! お呼びです」に収められたナンバーで、中村メイコ&神津善行夫妻の作による。植木は歌詞を替えてテキトーに歌っているが、店ではこの曲のレコードが流れている、というシャレが効いている。字面が良いので、迷わず「はみ出しトピックス」のタイトルに流用させていただいた次第だ。

③「代議士ソング」

これほどハナ肇に相応しい楽曲が他にあるだろうか？　曲名は便宜上「代議士ソング」となっているが、実際には「板垣重金の歌」と呼ぶべき歌。ハナは「男の憲法／かあちゃん」(72) 一枚しかシングル盤を残していないが、本来ならこうした曲調のレコードをこそ出すべき人であった。

④「星に願いを――ハリウッド・ブールバードの唄」

TBSで放送された「植木等ショー」(67～68) のクロージング曲。植木にとっては以前から待望していた曲想がようやく実現したもので、歌詞の一部も担当している。植木がこの曲を歌ったハリウッド大通りの舗道には、〝殿堂（ウォーク・オブ・フェーム）〟入りした様々な映画人や音楽家の星型プレートが埋め込まれているが、当シーンの撮影地点（チャイニーズ・シアターの斜向かい）には、2016年に三船敏郎の名が刻まれることに。

⑤「ハロー・ラスベガス——金だ金だよ」

もはや、「言うことなし」の超名曲。ミュージカルと名のつく映画に、こうした印象的な楽曲はなくてはならないもので、いつ聴いても精神が高揚してくる。田波靖男がお気に入りの『クレージーメキシコ大作戦』（昭43）にカタルシスがイマイチ感じられないのは、この曲に相応する代表曲とミュージカル・シーンがないことが大きい。

本作では、クレージー・ソング以外にも園まり、加山雄三、ザ・ピーナッツの楽曲が印象的な使われ方をしているので、ここに特記しておきたい。

①「何も云わないで」

谷啓がラブレターを渡そうとすると、それをさえぎるかのように園まりが歌いだすのが、1964年に大ヒットしたこの曲。洋楽カバーばかりだった園にとって、NHK「きょうのうた」で流されたこの歌（詞は安井かずみ、曲は宮川泰による）が初のオリジナル・ヒットとなる。歌詞はレコードどおりだが、映画用に施されたゴージャスなアレンジが素晴らしい。本作、谷啓パートで流れるBGMもやたらドリーミー。

②「二人だけの海」

ワイキキ・ビーチに〝若大将〟そのもののキャラで登場する、加山雄三のオリジナル曲。まずは砂浜で日光浴に興じる植木等によって歌われ、それを引き継ぐ形で加山が歌い出す。このシーンは、同じく東宝35周年記念映画『南太平洋の若大将』の撮影地・タヒチからの加山の帰路に合わせてハワイで現地撮影されたもので、これも坪島監督から伺った秘話（後述）のひとつである。最後に「お呼びでない」とボケる加山に、植木がずっこける展開となるのは、避けては通れない〈お約束事〉？

③「つれてって」

谷啓がラスベガスに至る道中で見る〈幻〉の中、愛しの君・園まりによって歌われるナイスな楽曲。「夢から覚めて――」との歌詞は、谷が置かれた状況にピタリと嵌まっている。サボテンの陰からいきなり現れる園の可憐さ（まさに妖精！）は、その後に現れる数多のアイドルの比ではなく、その色っぽさも尋常ならざるものがある。発売された同名シングル（岩谷時子作詞、宮川泰作曲）は、歌詞こそ一部同じであるものの、メロディも曲調もまるで別物。映画ヴァージョンの方が断然素敵だ。

同名異曲の「つれてって」『東宝映画』1967年4月号広告（寺島映画資料文庫所蔵）

④「ウナ・セラ・ディ東京」

リヴィエラ・ホテルで開催される設定の「クレージーキャッツ・ショウ」でモチーフとなったのは、ザ・ピーナッツのこの曲。もともとは1963年、「東京たそがれ」として発売されたものだが、翌1964年にこの曲名とご存知の曲調に変えて再発売されている。宮川泰が亡くなったとき、通夜の席で流されたという逸話からは、ご自身やご家族にとっても思い入れの深い一曲であったことがうかがえる。

Column 9

監督・スタッフ・俳優が語る『クレージー黄金作戦』撮影秘話

Vol.1：坪島孝監督に伺った本作撮影秘話

２００５年3月19日、幸運にも坪島監督と酒席を共にする機会を得た筆者は、ここぞとばかりに積年の疑問を監督にぶつけてみた。監督からは、本項に記したダウンタウン大通りでの撮影の様子以外にも、興味深い撮影秘話を伺っているので、ここでご披露したい。

①まずは本作の撮影順。何から、どこから撮り始めたかは非常に興味があった点である。

すると、監督から返ってきた答えは、映画の進行とはまるで逆。まずはアメリカ・ロケから始め、ネバダ砂漠→ラスベガス→ロサンゼルス→ハワイ、そして日本国内という順で撮影したという。

②園まりは、自曲「つれてって」をワン・コーラスのみ歌う、そのシーンだけの出演だったにもかかわらず、アメリカからハワイに至るすべてのロケ行程に同行したとのこと。監督の、園まりと谷啓への執着ぶりはよく知られることである。

③加山雄三の出演シーンは『南太平洋の若大将』のタヒチ・ロケの帰りに、ハワイに立ち寄った際の5時間ほどを利用して大急ぎで撮影したもの。ワイキキ・ビーチでの撮影後、足らないショットは東宝撮影所のステージと江の島でリテイクした。最後の江の島パート（この撮影に加山本人は参加していないように見える）には確かに烏帽子岩が写り込んでおり、画面を注視すると、集まってくる女の子たちがパートごとに違っているのがよく判る。

④本作とは関係ないが、黒澤組と撮影が重なると自分のステージに電力をまわしてもらえず、撮影が中断して頭に来た、などという意外な不満話も飛び出す。

坪島監督を中心にスタッフで撮った記念写真。野上照代さんの顔も見える

話が盛り上がって、入れ歯が飛び出すほどの熱弁をふるってくださった坪島監督には、いくら感謝してもしきれないくらいだ。

Vol.2：竹中和雄美術監督の証言

『七人の侍』でセカンド、成瀬巳喜男の『浮雲』ではファースト美術助手を務めた竹中和雄さん。助手時代のこの二本の映画については、特によく記憶されているという。

一本立ちしてからは、『若い狼』（昭36）、『その場所に女ありて』（昭37）、などの野心作をはじめ、『ハワイの若大将』（昭38）、『血とダイヤモンド』（昭39）といった福田純監督の作品を多数担当。『日本一のゴリガン男』以降、クレージー映画も何本か担当し、美術監督として東宝娯楽映画の屋台骨を支えた方である。

『クレージーメキシコ大作戦』劇場パンフレット
（寺島映画資料文庫所蔵）

その竹中さんが本作のカジノのセットについて、こう証言してくださった。

「『黄金作戦』や『メキシコ大作戦』のセット（ラスベガスのカジノやピラミッド内部）は、特大の第8か第9ステージに作ったものです。『メキシコ大作戦』の時は、ロケ・ハンで二度もメキシコに出張しました。『黄金作戦』のカジノのルーレットは手製ですが、スロット・マシーンはラスベガスにあった実物が日本製だったので、日本で調達できました。あのチップも手作りです」。

これが竹中和雄氏による手製ルーレット

黒澤映画や成瀬作品を（『ゴジラ』も！）経験した美術監督が作り上げたセットであるから、そのスケールやグレードに格別なものを感じたのも当然のことである。

Vol.3：浜美枝によるラスベガス・ロケ日記（『東宝映画』より）

本作のアメリカ本土&ハワイ・ロケは、1967年2月22日から3月11日までの約三週間に亘って敢行された。

浜美枝は、この時のロケ日記を「東宝友の会」の会報誌『東宝映画』（67年4月号）に寄稿しており、興味深い記事を引用のうえ、ここにご紹介してみたい。

2月26日

午後4時、ラスベガス着。

距離的には、ほんの九州ぐらいとしか感じないのだが、気候、言語の違いから、とうとう遠い国へと来てしまったという感じで心細い。そんな私の心配をよそに、さすがクレージーの人たちは旅なれたもので、日本にいるときと同じようにハシャギまくっている。

ラスベガスでも上級のホテル、リヴィエラに旅のひもをとく。

2月27日

今日よりロケ開始。

ラスベガスより、バスで1時間半くらいのところにある広大な砂漠でのシーン。日中は35度を超す暑さに、植木、ハナ、谷さんたちはグロッキー。

夜、リヴィエラのカジノでバクチをやる。昨日に続いて、相変わらずハナ、植木、安田さんが勝つ。犬塚さんを除いて、皆さんギャンブルがお好き。

外人スタッフ※たちは大変陽気で、早くもクレージーとジョークを飛ばし合っている。ただし、クレージーの英語は皆ドングリの背比べで、ブロークン・イングリッシュの域を出ていない。

元気いっぱいの谷啓と幾分バテ気味（?）の植木等　© TOHO CO.,LTD.

※外人スタッフは、特機のチェック・ハロルド、クレーン車運転手のオルテガ（プロレスラーのジェス・オルテガと似ていることからつけられた愛称。植木と仲良しになる）、照明屋の親分ロイ、バス運転手のキャプテン（やはり愛称で、谷啓が肩にも届かない大男）といった面々であった。

2月28日

ロケーション順調。

園まりさんが出番、1シーンだけで今回のアメリカ・ロケ出演が全部終わるので、クレージーやスタッフから羨ましがられる。この後、ロケ隊と行動を共にするのに、「何時に帰るの？」「貨物車に乗って、貨物船で帰れ」などと、クレージーの面々にいびられる。

夜、チャーチで結婚式のシーン。

八時過ぎから、リヴィエラ・ホテルの前に移動してロケ。五百人くらいの見物人には、二世、三世の人たちがいて、皆感激していた。クレージーにオムスビの差し入れをしてくれる女性もあった。撮影にあたって、ラスのシェリフが協力的で感心していたが、外人スタッフの話によれば、アメリカで買収されないのはFBIだけで、あとは金さえつかませれば、バッジを売らないだけで何でもするそうです。

3月1日

夜中の十二時過ぎ、植木、ハナ、谷さんの三人が、ホテルの大噴水に飛び込むシーン。昼とは逆に夜はとても寒いのですが、風邪気味の植木さんを先頭に見事なダイビングを披露。終わった後、「アメリカ広しと言えども、この大噴水に入ったのは俺たちだけだろう」と変な自慢をする。

休憩中のひとコマ。出番のない浜美枝の姿も　© TOHO CO.,LTD.

3月2日

ホテルのプールサイド・シーン。

夜、感激的なラスベガスのダウンタウンでの夜間シーン撮影。ホテル・サンダーバード、サハラ、スターダスト、シーザーズパレスなどの鮮やかなネオンで、真昼のように明るいメインストリート。この通りを、それこそアメリカ映画でさえやったことのない、交通遮断をして、大通りの中央でクレージーが踊ろうというのだ。街角にはシェリフが三人ずつ立ち、舗道は見物人でいっぱい。クレージーはもちろん、スタッフも思う存分撮りまくる。撮影が終わると、見物人から猛烈な拍手が湧き起こった。とても感激してしまう。

日米スタッフの面々 真ん中がオルテガ氏か？ © TOHO CO.,LTD.

この夜で、ラスベガスともお別れ。ホテル・デューンズでショーを見て、クレージーは夜中まで最後のギャンブルに励んでいる。しかし、滞在期中、トータルで勝ったのは谷さんだけで、あとは全部負けたらしい。植木さんはカード、トウェンティワンが好きで、一度に二百ドルも賭けて、隣のご夫人から「ユー・クレージー？」と言われ、「イエス・アイ・アム・クレージーキャッツ」と答えていたのには大笑い。

3月3日

キャリコ（ゴールドタウン）近くの廃抗で撮影。撮影中、犬塚さんが落石で怪我をする。

これでラスベガスでのロケ予定は全部終了。ものすごい強行スケジュールでしたが、予定どおり無事に撮りまくって、ロケ隊はロサンゼルスへ……そして、パンアメリカン機で次のロケ地、ホノルルへ向かいました。

以上の撮影日記からは、坪島監督の証言にあったような危険な臭いはしないが、忙しくも楽しい撮影だったことがうかがえる。それにしても、園まりはかなりの〈役得〉で、羨ましい限りだ。

Vol.4：渡辺毅氏（「東宝ラブレア劇場」元支配人）の証言

いくら称賛しても、し過ぎることのないラスベガス大通りでのミュージカル・シーン。実はこの度、筆者はこの撮影に現地調達の助監督として参加した方から、貴重な証言を得ることができた。

本書では上記の坪島監督、浜美枝さんのほか、植木等ご本人（第三章）によるコメントも紹介したところだが、実際にロケに参加したスタッフによる撮影裏話は、これまでほとんど語られたことのない大変貴重なもの。ここに「特別インタビュー」として掲載させていただく次第だ。

証言してくださったのは、撮影当時、米国ロサンゼルスにあった東宝の直営館「東宝ラブレア劇場」で支配人を務めていた渡邊毅さん。

渡邊さんは1934（昭和9）年生まれ。1957年に東宝に入社し、四年半に及ぶ助監督経験ののち、本社外国部に転籍。1964年から当劇場の支配人（筆者注：現地法人・国際東宝の支配人は関戸慎一郎氏）となり、東宝作品を主に現地の日系人や米国人に向けて紹介した方である。本書では、『ニッポン無責任時代』の平均（たいらひとし）のモデルとなった人物も明らかにしてくださっている。

以下は、『黄金作戦』ラスベガス・ロケを間近で見た渡邊毅さんによる驚きの証言である。

高田（以下、T）　『黄金作戦』の助監督は、どのような経緯で？

渡邊（以下、W）　ロサンゼルスとラスベガスでロケがあるから手伝ってやってくれと本社から言われて。だいたい10日間くらいかな。

T　坪島監督からは、撮影順として、ラスベガスで撮ったあとロスへ行って、最後にハワイで撮ったと伺ったんですが。

W　ロスでレンタカーを借りて撮影して、その繋がりでラスベガスまで車を二台運びました。ロスで何日か撮影して、それからラスベガスです。ロスに帰ってから、また撮ったという話も聞いています。

T 砂漠のシーンがありましたよね、ラスベガスを目指して延々と砂漠を彷徨う、という。

W ロスとラスベガスの距離っていうのは450kmあるんです。飛行機で行ったら45分。それで、ロケが終わったら、みな飛行機でロスに帰っちゃったんですね。車を二台借りていましたから、僕ともう一人でそれを返しに行ったんです。レンタカーだからラスベガスで返してもいいんだけど、またロスで使うというので、450kmを走りました。

T なるほど、ロスで撮って、砂漠で撮って、ラスベガスへ行って、またロスで撮ったんですね。移動は、車だとどのくらいかかるものなんですか?

W 向こうの車は平均時速1マイルだから、時速160kmです。一緒に乗っていった男が「運転したい」って言うんで、運転させてみたんです。日本車でもアメリカ車でもスピード・メーターの真上が「100」となっていますが、その男が「この100って何?」と訊くので、「100マイル、時速160km」って言うと、「えっ、160kmですか! 運転、怖い。もういい」ってことになってね(笑)。

T でも、日本みたいに曲がってなくて、真っすぐな一本道ですよね。

W アクセルの上に石のっけるんです。こう、あぐらをかいてね。向こうからトラックなんかが来たら、石蹴っ飛ばして外して。で、またのっけてね。石に運転させていました(笑)。

T このときは、助監督をやったということで、ボーナスなんかは出たんでしょうか?

W いえ、何も(笑)。通訳までやったのにね。

T 人遣いが荒いですね(笑)。この映画は、砂漠を彷徨うシーンが印象的で、あとはラスベガス大通りでの歌い踊りが忘れられないんですが、他に憶えておられることはありますか?

W う~ん、あそこには鉄道も走っているんです。故障した貨車が切り離されて、そのままゴロンと砂漠に置き放しにされているんですよ。それは何故かというと、運んで修理するより、新しいのを買った方が安いからなんです。ゴーストタウンと同じですね。

T　置きっぱなし！　本当にあったんですか、あれ（筆者注：植木ら三人が夜明かしする貨物車のこと）。

W　あれは置きっぱなし。置いてあったのをそのまま使ったんです。ちょっと探せばいっぱいあるんですよ。

T　もちろん、ラスベガスは列車でも行けたわけですよね。

これが置き放しの貨車　© TOHO CO.,LTD.

W　はい。ラスベガスの街自体も、昔はダウンタウンとストリップとの間に砂漠があって、離れていたんですね。今では全部繋がって、ひとつになっていますけど。

T　クレージーが歌い踊ったのは、ダウンタウンの大通りだったんですよね。それに、シーザーズパレスの噴水などでも撮影しています。

W　あれは当時、一番新しいホテルだったんです。

T　坪島さんの話によれば、現場ではマフィアが怖いので、ロサンゼルスから連れて行った現地スタッフがだんだんいなくなっちゃって、最後は日本人スタッフだけになってしまったとか。本当にそんなことがあったのでしょうか？　ユニオンがあるから、現地スタッフを雇わなければならないってことはよく聞きますが。

W　確か、（日米）同じ数だけ雇わなければならなかったですね。それがロスのユニオンとラスベガスとでは違っていて、向こうで使っていた人をこちらでも使う、というわけにはいかなかったんですよ。

T　なるほど。警察も、州とか国、それにホテルの三者が混在していたようですが。

W　あそこではマフィアというか、商工会議所ですね。警察よりそっちが強くて、車でもここに駐めたいって言うと、商工会議所が仕切ってくれるんです。やっぱり商売の街だからですね。そのうしろに立っているっているのが、マフィアってことなんでしょうが。

T　じゃぁ、お金も幾ばくかは？

W　そりゃあ、いくらかは払っていたかもしれません。そういうことは、私はツ〇ボ桟敷だったので、分かりませんけど。

T　撮影のとき、渡邊さんは助監督としてどういう仕事をされていたんでしょうか？

W　主に通訳ですね。タイヤの移動車なんか、日本人は器用だからきれいにカーブして、ピタリと同じところに止まる。アメリカ人にやらせると、毎回違うところに止まる（笑）。キャメラマンは移動車の男を叱る。男は、「お前はキャメラマンだろう、そっちで調整しろ」と怒る。それを英語で仲裁するわけです（笑）。

T　ダウンタウン大通りのシーンは、1時間か2時間くらいの短い時間で撮ったそうですが？

W　照明部は明るさを上げることを「絞れ」、アメリカ人はこれを「メイクホット」と言います。そして、日本のスタッフは下げることを「バラセ」と言う。最後は、日本のスタッフに「ホット」を教え、アメリカ人には「バラセ」という言葉を教えて撮影を進めました。それに、ダウンタウンの撮影はとても効率の悪い撮影だったので、街中ではそんなに長く撮影できなくて、別の道路にラインを引いて撮ったりしました。

T　小道具なんかは、どうしたんですか？

W　日本のスタッフも効率的ではないですね。墓石に被せるハリボテなんかまで、日本から持ってきていました。ロサンゼルスで作らせれば充分

ダウンタウン大通りでの撮影風景
© TOHO CO.,LTD.

間に合うのにね。

T　わざわざ日本から！

W　ロサンゼルスに何があって何がないかを知らないから、全部準備してきたんでしょうね。

T　助監督はどなたでしたか？

W　久松静児の息子がいたのは憶えています。同期の砂原博泰、融通の利かない男でした（笑）。

（筆者注：本作でチーフ助監督にクレジットされているのは浅野正雄。砂原博泰は、『奇々怪々 俺は誰だ?!』、『日本一のワルノリ男』、『だまされて貰います』などの坪島作品で監督助手を務めた）。

T　筆記試験の成績が良くても、監督になる能力が高いとは限らないんでしょうね。

W　倉本聰、山田信夫も東宝の入社試験には落ちました！

T　そういう人の方が出世しているじゃないですか（笑）。

W　こういう人たちを採れば、もっと東宝映画は面白くなったんですが……。

ホテル・リヴィエラ　プールサイド撮影風景
（渡邊毅氏撮影）

T　クレージーの皆さんは、撮影以外ではどう過ごされていたんでしょうか？

W　ロスなんかにいると、〝悪いところ〟へ誘うヤツが必ず出てくるんです。だけど、植木等はもとが坊主だけあって、乗らなかったですね（笑）。あと、谷啓は照れ屋だから、人に顔を見られるのが嫌で、おもちゃの面をつけて歩いていました。ハナ肇以下は、ちょっと行ってみようかって（笑）。当時はね、大麻のパーティーとか、アメリカでは違法じゃなかったですからね。

T　植木さんはお寺の生まれだし、お父上がとても厳格な方でしたから。谷さんも真面目な人でしたね。

W　いやぁ、ほんと真面目な人でした。ハナ肇は、悪い方は先頭に立って行っていましたけど（笑）。それでもハナ肇には、ゴルフの靴を買うなら「フットジョイ」を買えと言われて、日本に帰ってから大変感謝しました。

T　ロケ・ハンは？

W　なかったですね。当時は航空運賃が高かったから、ぶっつけ本番のロケでした。ロサンゼルスやラスベガスを知っていたのは、脚本の田波靖男だけじゃなかったかな？

T　森繁さんの〝社長〟シリーズなんかは、いかにもLAロケをやりそうでしたけどね。ハワイには東宝の直営館があったそうですが。

W　私がロサンゼルスに行ってから、すぐにカピオラニ・ブールバードというところにできました。日本からハワイにフィルムを送り、その後ロサンゼルスで上映して、サンフランシスコ、シアトル、バンクーバーと英語版のフィルムが回っていきました。

T　南米は？

W　それはポルトガル版です。それには面白い話があるんですよ。〝社長〟シリーズの中で、森繁さんがこうやって（左手を開き、右手を握って）手を叩くところがあるんですね　これはブラジルではSEXのことなんです。それを森繁さんは確信犯的にやるんですね。みんな知らないから（笑）。でも、それがあると、ブラジルでは上映できなくて、カットされるんですよ。森繁さんは相当悪い人ですね（笑）。

T　ユーモアなのか、悪ふざけなのか（笑）。『小早川家の秋』のときはアドリブばかりやるんで、小津安二郎監督とかなり揉めたと聞きます。

W　そうですね、森繁さんは勝手に芝居するから（笑）。でも、成瀬さんも俳優さんの小芝居は嫌いだったですね。成瀬組は、成瀬さんの命日7月2日に今でもみんなで集まるんですけど、誰が一番成瀬さんの作品に出たかっていう話になると、草笛光子が「私は二本しか出ていない。私は成瀬さんに嫌われたんだ」ってひがむんです。他の人は「そんなことない」って言うんですが——。

成瀬さんが嫌いなのは、へたな芝居をね、小芝居を自分でする俳優なんですね。司葉子は、セリフのことで「先生、この台詞の最後に『・・・』と点が三つあるんですけど、これはどういうことなんでしょうか？」って訊いたらしい(笑)。そしたら成瀬さん、「お前ね、その三つの点を四つにしてやってごらん」って言ったそうです。それからは成瀬さんにそういうことを訊くの、やめたって（笑）。

へたな芝居をする役者は嫌われたんですが、一番多く本数出たのは加東大介、いや織田政雄かな？　あの二人は、ほんと余計な芝居をしないでしょ？　だいたい、〝社長〟の中でも加東さんの役は特別難しいんです。のり平はスケベなだけだし（笑）、小林桂樹は真面目一方。加東さんは守る場所がないんですよ。

T　成瀬さんの作品には、中北千枝子さんもたくさん出ていらっしゃいますね？

W　僕は、あの女優はあんまり好きじゃなかったんで。プロデューサーの田中友幸さんの奥さんでしたが。

T　成瀬映画では、とりわけ暗い感じで。ほかには、夏木陽介さんや宝田明さん、星由里子さんなんかも出ていらっしゃいましたが。

W　宝田さんとは今もつきあっていますよ。夏木は一昨年に死んじゃったからね（2018年1月14日死去）。あまり一緒に仕事した記憶はないけど、よく麻雀をやりました。国際放映の近くとか、本社近くで。

T　振り返ってみて、東宝という会社はいかがでしたか？

W　入る前はね、撮影所って怖いところだと思っていたけど、意外と悪い奴はいなかったし、若い頃から本当に怒られたことがありませんでした。一度、小道

具のリヤカーの上にカチンコ置いたら、「こんな所に置くんじゃない！」って、ベテランの小道具係に怒鳴られたけど、あとはホントにないですね。

T　それは東宝の社風でしょうか？

W　そうですね。イジメとかはなかったです。一度、大映の若い女優に小道具の下駄を揃えて出してやったら、「大映では下駄とか着物とかは自分で探せって言われるのに、東宝では私みたいな名前のない女優にも親切にしてくれる」って泣かれたことがありました。

T　いい会社じゃないですか。

W　いい会社です（笑）。

T　俳優さんなんかも、本当に仲がいいですよね。後輩でも大部屋の人でも、みんな「三船ちゃん」って呼びますし。

W　大部屋の人なんか、こっちの人と結婚して別れて、また別の人と結婚して、「自分の女房が六人いる」っていう人、いましたよ（笑）。ある作品のとき、喫茶店のシーンで「二人で何か話してください」って言ったら、なんだか凄く親密な感じでね。監督に「いい芝居をつけてくれた」って褒められたんだけど、その二人は夫婦だったの（笑）。

T　そりゃ、いい演技するわけだ！　俳優さんの中では、そういうことがしょっちゅうあったんですか？

W　そう、俳優はね。でも、我々スタッフは「俳優には惚れるべし、触れるべからず」って言われていました。だから、女優さんと結婚した監督は谷口千吉くらいじゃないかな？　あと、須川栄三が松竹の女優

（真理明美）と結婚したくらいで。

T　クレージー映画の話に戻りますが、古澤憲吾さんと坪島孝さんはまったく作風が違いますね。渡邊さんは、お二人をどうご覧になっていましたか？

W　坪ちゃんは、すごく真面目な人だった。そして、ユーモアもある人だった。

明日から一週間、隅田川ロケで、近くの旅館で合宿というとき、坪ちゃんは「ちょっと俺のアパート（祖師谷団地）に寄ってくれ」って言って、助監督三人をタクシーの中で待たせた。あとで「何していたんですか？」と尋ねたら、「ウン、一週間帰れないから、女房と〇〇やってきた」とノウハウと答えたんだって（笑）。

T　（笑）古澤さんは？

W　古澤さんは分からん人ですね。正体不明！

Column 10

衣裳デザイナー・柳生悦子の仕事――クレージー映画の衣裳について

矢野 進

映画衣裳デザイナー・柳生悦子の名前をどれだけの人が知っているだろうか。１９５６年の『ロマンス娘』から１９９０年の『ＢＥＳＴ《ベスト》 ＧＵＹ《ガイ》』まで、東宝を中心に映画の衣裳デザインを手がけた衣裳デザイナーのパイオニアである。

ここでは残念ながら柳生悦子の多岐にわたる映画の仕事について触れられないが、ご存じない方のためにも作者紹介を交えながら、クレージー映画にまつわる映画の衣裳デザインについて紹介する。

映画衣装デザインを始めるようになったきっかけ

柳生悦子（旧姓：福冨悦子／１９２９－２０２０）は、東京美術学校工芸科図案部（現東京藝術大学美術学部デザイン科）に入学し、その頃は日劇などのレビューの衣裳デザイナーに憧れていた。大学の仲間でのちに夫となる柳生一夫（専攻は鋳金、のちに日活で美術監督：１９２３－１９８８）から東宝撮影所の仕事を紹介され、ともに東宝で美術助手のアルバイトを始める。付いた美術監督はのちに『七人の侍』（１９５４）のセットを手がける松山崇（１９０８－１９７７）だった。１９５１年に東京美術学校を卒業し、東宝の美術助手として仕事を始めた。ちなみに、図案科で同級生の佐谷晃能《てるよし》（１９２７－１９９７）ものちに日活で美術監督となった。

当時、映画の製作現場で女性スタッフの仕事は限られており、映画美術の現場でも珍しかったが、すでに女子美術専門学校（現女子美術大学）出身の村木忍（1923－1997、旧姓・長岡、夫は東宝で黒澤作品を手がけた美術監督・村木与四郎）が市川崑監督の『青色革命』（1953）で一足先に美術監督として活躍していた。すぐに親しくなり、忍（愛称は「女史」）から自分の作品で衣裳デザインをしてみないかと誘いを受け、手探りで衣裳デザイナーを始めることになった。最初の作品は『ロマンス娘』（1956）で、ひばり・チエミ・いづみの〝三人娘〟シリーズの二作目である。それぞれが歌い手でもある三人の舞台が重要な役どころで、本格的なレビュー・シーンを含む仕事に柳生もやりがいを感じた。まだ数少ないカラー映画であることが、専属の衣裳デザイナーを必要としていたのである。

衣裳を手がけた映画で自身が気に入っている作品

柳生が手がけた映画の衣裳デザインは百本を超え、残された原画は、現在、世田谷文学館（筆者の元勤務先）に収蔵されている。1998年には同館で、「衣裳デザインにみる映画の魅力――衣裳デザイナー柳生悦子の仕事」と題したデザイン画の小展示と上映会、トークショーを行った。上映会で取り上げた作品は、『裸の大

『裸の大将』撮影風景　山下清に扮する小林桂樹（手前左）と台本を手に演出する堀川弘通監督。ベレー帽の女性が柳生悦子。

「衣裳デザインに見る映画の魅力――柳生悦子の仕事」（世田谷文学館 1998 年）フライヤーより

将』（1958）、『智恵子抄』（1967）、『風林火山』（1969）、『敦煌』（1988）であった。

これらは柳生自身が特に気に入っていた作品だが、いわゆるプログラム・ピクチャーではなく、制服や軍服を描いた歴史物、文芸作品が選ばれた。というのも、デザインを起こす前に、これらは綿密な衣裳考証が必須となる。製作までに費やした調査研究の時間、蓄積は貴重な糧となり、やがて柳生に衣裳考証、風俗史研究への道を拓いた。

今、改めて作品を見てみると、プログラム・ピクチャーの作品にも、その物語にふさわしい魅力的な衣裳が作られていたことが良く分かる。だがしかし、本数の多いこれらの映画で、それぞれ俳優の出演シーンにあわせて次々とデザイン画を新しく描いていくのは、相当に消耗する作業なのだそうだ。軍装を手がけたあたりから、生来の研究家気質により、風俗史や軍装史への考証へと活動の場を変えたのは必然な流れといえるだろう。70年代に入ると映画はテレビに圧されて衰退し、撮影所のスタジオ・システムも崩壊、衣裳にかける予算が大きく減らされて既製服が使われるようになったこともその理由といえる。2003年に完成した『日本海軍軍装図鑑　幕末・明治から太平洋戦争まで』（並木書房、2014年に増補版を刊行）は約二百五十点の海軍に属するあらゆる人物のコスチュームを描き、その解説を付すという労作で、柳生にしか成し得ない、これまでの軍装研究の集大成であった。

映画や舞台の衣裳、コスチュームのデザインは、一見するとファッション・デザインに近いように感じられるかもしれない。実際、森英恵（1926－）がまだ本格的にファッション・デザイナーとして活躍する前に日活の衣裳を担っていた時代もあった。現代が舞台であれば、流行の服を身にまとうこともあるだろうが、映画とファッションでは、そこはかなり異なる。あくまでも台本を読み、その人物の性別・年齢・職業を考えながら登場する場面を思い浮かべてデザインしていくのである。

衣裳デザイナーは、あらゆる時代、あらゆる場面の衣裳を考えなくてはならない。それは文字どおり時空を超えていく。ゆえに『妖星ゴラス』（1962）では宇宙服もデザインしている。もっとも思い出深い作品は何か？　と尋ねると柳生は『敦煌』を挙げた。日中合作の大作で、北宋時代の中国を舞台に、わずかに残る文書からしかうかがい知れない古《いにしえ》の世界をイメージして創造することは、デザイナー冥利に尽きることであったという。

柳生のフィルモグラフィーからいえば、クレージー関連作品は全体の一割にも満たない数かもしれない。だが、〝社長〟シリーズや〝若大将〟シリーズでもいえることだが、映画美術と柳生の丁寧な仕事が、スクリーンの中で彼らを生き生きとさせている。裏方としての衣裳の力を改めて映画から発見していただきたい。

手がけたクレージー映画の衣裳とその周辺

クレージーの出演作品で、柳生が衣裳デザインで関わった映画は次頁の一覧のとおりである。植木等はじめ、一部メンバーのみ出演した作品も加えてある。

こうして見ると、クレージー映画の中でも海外ロケのある大作で柳生が起用されていることがわかる。美術も息の合った村木忍との仕事が目立つ。植木等を主演に据えたクレージー映画の第一作『ニッポン無責任時代』（１９６２）と第二作『ニッポン無責任野郎』（同）は、ともに美術は小川一男。一作目はキャメル色、次作はモス・グリーンと、奇抜な色の一張羅の背広で悠々と街中や会社に登場する植木の姿は痛快だ。スーツの色の設定は誰のアイディアだったのだろうか。古澤憲吾監督なのだろうか？

クレージーの映画初出演は『裸の大将』（１９５８）で、クレージーの面々が新聞記者役で登場する。これも柳生の衣裳デザインだが、山下清を演じた小林桂樹のデザイン画はたくさん残っているが、クレージー用の原画は残念ながら見つかっていない。

『香港クレージー作戦』（１９６３）はクレージー初の海外ロケーション作品。香港の街や港で撮影した。衣裳ではヒロインを務めた浜美枝のドレスの華やかさが印象に残る。クレージーの音楽コントが画面に登場して評判を呼んだ。個人的には中尾ミエがクレージーをバックに

1958年	**『裸の大将』**東宝 / 監督：堀川弘通 / 美術：河東安英 ※クレージーキャッツの映画初出演（新聞記者の役）
1963年	**『香港クレージー作戦』**東宝 / 監督：杉江敏男 / 美術：村木忍
1964年	**『君も出世ができる』**東宝 / 監督：須川栄三 / 美術：村木忍・竹中和雄 ※植木等のみ出演（酔ったサラリーマン役）
	『無責任遊侠伝』東宝＝渡辺プロ / 監督：杉江敏男 / 美術：村木忍
1965年	**『大冒険』**東宝＝渡辺プロ / 監督：古澤憲吾 / 美術：村木忍
1966年	**『運が良けりゃ』**松竹 / 監督：山田洋次 / 美術：佐藤公信 ※ハナ肇（熊五郎）、犬塚弘（八）、桜井センリ（久六）のみ出演
	『クレージー大作戦』東宝＝渡辺プロ / 監督：古澤憲吾 / 美術：村木忍
1967年	**『クレージー黄金作戦』**東宝＝渡辺プロ / 監督：坪島孝 / 美術：竹中和雄
1968年	**『クレージー メキシコ大作戦』**東宝＝渡辺プロ / 監督：坪島孝 / 美術：竹中和雄

「おんなのこだもん」を歌うところが見所。『無責任遊侠伝』（1964）も香港、マカオでロケを行った。

クレージー映画からは外れるものの、この時期、柳生の代表作ともいうべき作品『君も出世ができる』（1964）が製作される。村木忍のモダンな美術セットを東宝の特大ステージに設え、雪村いづみ、高島忠夫、フランキー堺らスター俳優による歌、関矢幸雄の振付による踊りが相まって、柳生の衣裳の魅力が遺憾なく発揮された。東宝は須川栄三を監督に起用し、作曲に黛敏郎、作詞に谷川俊太郎が加わり、本格的な和製ミュージカルに挑戦した作品である。しかし当時の評判は残念ながら芳しいものではなかった。今ではカルト映画として再評価されている。高島の送別会と称してフランキーが天井から電車のつり革の下がるカウンター・バーに誘う。ここで植木が酔っ払いのサラリーマン役で登場。「これが男の生きる道」を歌いながら吊り皮で懸垂を披露する。このスーツが、紺地に赤・青の細いストライプを配した、まれに見る洒落た柄のスーツだ。このバーや屋台、工事現場のセット・デザインは、大胆なデフォルメが特徴の竹中和雄の仕事だろう。

続く『運が良けりゃ』（1966）は山田洋次初の時代劇作品。落語の長屋ものでハナ肇の熊五郎と犬塚弘の八が主演。東宝作品ではこれまで柳生のクレジットはなく、通常映画で「衣裳」とある場合は、衣裳を用意して着付けなどを担当した衣裳会社かその責任者の名が記されている。当初から東宝所属ではなくフリー契約であったことも影響しているのだが、松竹で『五辨の椿』（1964）の衣裳デザインを担当して、初めて「コスチューム・デザイナー」としてタイトルに名前がクレジットされた。松竹では『異聞猿飛佐助』（1965）の衣裳デザインも手がけている。『大冒険』（1965）、『クレージー大作戦』（1966）と村木とのコンビが続くが、どちらも大作だが、残念ながらデザイン画は残っていない。保管していた庭の倉庫に雨漏りがあって、傷んだ原画はやむなく処分したと聞く。フィルモグラフィーは柳生の記憶を頼りに二十年前に筆者が本人に確認したもので、原画の残っていないシリーズもののプログラム・ピクチャーは似た設定の作品が多いため確証を得るのは難しい。

そして、『クレージー黄金作戦』（1967）と『クレージー メキシコ大作戦』（1968）の美術は竹中和雄（1929－）である。この二作だけはたくさん原画が残っている。本書でも『クレージー黄金作戦』のデザイン画を収録（巻頭 フォト・ギャラリー）している。

〝クレージー作戦〟シリーズのなかでは最大級のスケールで、ラスベガスの大通りでロケを敢行した『クレージー黄金作戦』では、ほぼデザイン画のとおりの衣裳でメンバーは登場する。『クレージー メキシコ大作戦』はアメリカ、メキシコ縦断ロケの大作。植木等扮する酒森進のデザイン画だけでも十六枚、登場シーンごとに描き分けられて植木のために衣裳が誂えられた。この映画では、残っているデザイン画だけでも五十枚近くある。だが残念ながら映画は不入りだった。興行収入は前作のほぼ半分、

『クレージー大作戦』のワンシーン

二億三千万円にまで落ち込んだという。小林信彦は『日本の喜劇人』（晶文社、１９７２年、筆名は中原弓彦）で「常勝のクレージー映画が初めてコケた」と記し、「このグループは、そもそもが役者になりたかったのではないのである。とすればそのブレーンがいて、七人の糸を上手にあやつるほかなかった。そのブレーンを集められなかったところに、彼らの不幸があった」と、その人気の陰りを分析し、テレビにおけるすぎやまこういちと青島幸男が映画には欠けていたと指摘する。

この時期、柳生は黒澤明から直々に『トラ・トラ・トラ！』の衣裳デザインを頼まれていて、いくつかの作品と並行してデザイン画を描き始めていた。監督の交代により、フィルモグラフィーには名前の出てこない作品だが、そのデザイン画は現在、広島県呉市の大和ミュージアムに収蔵されている。クレージーから話は逸れるが、黒澤との唯一のコラボレーションを是非見てみたかったのは筆者だけではないだろう。

『復刻版 ジ・オフィシャル・クレージーキャッツ・グラフィティ』（エディシオン・トレヴィル、２００７年）に、「クレージー、植木等のファッションについて――植木等はやはり日本一の色男」（筆名の日本一平はどなたかの変名だろう）が収録されている。このなかでも「ライト・ブラウンやライトブルー、ライト・グリーン等の派手な背広」と、その当時の奇抜さに言及している。グレーのスーツに白のワイシャツがサラリーマンの制服と言われた時代ゆえに、派手な背広は型破りの異端児に相応しく、まったく違和感がない。

奇抜さといえば、『君も出世ができる』でサラリーマンの群舞があるが、このなかには差し色のように色とりどりのワイシャツを見ることができる。柳生にクレージーの印象をうかがったとき、一言「ジェントルマンだったわね」と語った。ステージを降りれば、礼儀正しくスーツの似合うジャズマンだったのだ。

植木等との対談で作家の安部譲二は「上着は長めの丈でね。ボタンはクルミボタンでね。それがすごくおしゃれだったんですよ」とジャズマン時代の植木について語っている。白いスーツにリボン・タイのクレージーの面々のスマートさは一際目を引く存在だった。映画に登場する植木のスーツ姿がダンディであることに異論を唱えるものは一人もいないだろう。ブランメルの申し子と言ったら褒め過ぎだろうか。

筆者は2006年に一度だけ植木さんを間近にお見かけしたことがある。二年に一度東宝スタジオで開かれていた東宝ゆかりの映画人の集い「砧同友会」で、である。参加された俳優の代表として、挨拶を求められて壇上に上がられたのだが、上がる前に袖でスタッフが「スーダラ節」を流しますから、それに合わせて歌いながらご登場くださいと植木さんにお願いしていた。この時植木さんが「私はそういうことはいたしません!」と、背筋を正してきっぱりとおっしゃった姿が忘れられない。

1971年に東宝撮影所は東宝スタジオへと名称を変更。美術をはじめとする各パートは分社化されて、東宝作品専用から貸しスタジオへと変わり、スタジオ・システムは終焉を迎える。クレージー映画の魅力はスタジオ・システムが生きていた佳き時代のスタッフによる技術の結晶だった。

本稿の執筆にあたり、インタビューの約束をしていた柳生悦子さんが２０２０年11月６日に91歳でご逝去されました。おうかがいしたいことが沢山あったのですが、コロナ禍によりこの一年お会いすることができませんでした。謹んでご冥福をお祈りいたします。

Column 11

クレージー映画で先に見られた「地上最大のチャンバラ！」

「この7本」には、残念ながら一本も入れられなかった〝クレージー時代劇〟。そこで本項では、その内の一作『クレージーの殴り込み清水港』（昭和45年1月15日封切：坪島孝監督）について述べてみたい。時代劇シリーズなら、予算が潤沢に投入されていて、植木等にも勢いが感じられる『ホラ吹き太閤記』（昭39：古澤憲吾監督）を取り上げねばならないところだが、この『殴り込み清水港』には、実は意外な事実が秘められているのだ。

1969年12月31日「山形新聞」夕刊（筆者所蔵）

この年、昭和45年の正月には、〝スター・プロ〟の両巨頭、三船敏郎と勝新太郎が激突する時代劇『座頭市と用心棒』（勝プロ／大映）が公開されている。筆者にとって高校受験直前に見た当作の封切は、1月15日。三船プロ製作による『新選組』（併映は『ブラボー！若大将』）が元日封切だったことから、大映は東宝と三船プロに配慮して、これを正月映画第二弾として公開したのである。

肝心の『殴り込み清水港』のほうも、同日（1月15日）公開との記録が残っているが、我が山形宝塚劇場では、何故かこれが『新選組』と同日、1月1日に公開。当時の地方館ではこういう（併映作が東京と異なる）ことがままあり、山形住まいの筆者は、『座頭市と用心棒』に先駆けて「地上最大のチャンバラ」を見る特権を得たのであった。

時代はいよいよ70年代に突入。人気面ではドリフターズの後塵を拝し、レコードのリリースもないクレージーキャッツと植木等の現状[※1]に接し、大のクレージー・ファンである筆者ですら、ある意味、諦めの境地に到達。クレージー映画もなるべく期待しないで見る（？）よう、心がけていた頃である。

そんな状況の中、公開された本作。これが予想に反してまるで生まれ変わったような痛快作に仕上がったのは、坪島監督の『無責任清水港』（昭41：本作の正編）への強い愛着とこだわりがあってこそ。直接お話を伺った際、筆者が好きな坪島作品として本作を挙げると大層喜んでくださったことからも、監督がこの二部作をお気に入りであったのは明白。植木等＝追分三五郎と谷啓＝森の石松による〝バディもの〟[※2]が、のちに〝ライバル対決もの〟の『クレージーだよ 天下無敵』（昭42）に発展するのも、坪島監督の正編への深い思い入れによるものであろう。

そして本作、なにがウケたかと言って、『座頭市と用心棒』（岡本喜八監督）を大胆にパロっていたことである。次郎長一家と敵対する鮫造一家の用心棒（内田良平）の名は、荒船五十郎。これが三船・三十郎のシャレであることはもちろん、相対する盲目の按摩（天本英世）の名が〝座頭吉《ざとうきち》〟というのは、まさに諧謔精神の極み。植木等と共に三船ファンでもあった筆者は、本家よりも早く座頭市と用心棒（偽物だが）の対決を見てしまったことに、嬉しいような、申し訳ないような、なんとも複雑な気持ちになったことを思い出す。

そして、対決の結果は本家本元もアッと驚く〈相打ち〉[※3]。「バケモノは死んだか？」との（末期の）五十郎の台詞には、『座頭市と用心棒』を見た人なら大笑いしたこと間違いない。

※1 クレージー関連のレコードは、67年10月リリースの「万葉集／たそがれ忠治」以降、69年7月の「あんた／ウンジャラゲ」まで、二年近くも世に出ていない時期があった。

※2 バディもの＝バディ・ムービーとは、男同士の二人組（相棒）が活躍し、友情を育む映画のスタイル。

※3 座頭市と用心棒の対決の結果も、当然ながら〈引き分け〉であった。

こうした悪戯が見られるクレージー映画は極めて珍しい　© TOHO CO.,LTD.

(7)『日本一のワルノリ男』

昭和45年12月31日封切　監督：坪島 孝　脚本：田波靖男　出演：植木 等、加藤 茶、浜 美枝、内藤洋子、小山ルミ、山口火奈子、人見 明、田武謙三、二瓶正也、大前 亘、谷 啓

【本作の選出ポイント】

①坪島孝監督の参入により、世界観が一新された〝日本一（の男）〟シリーズ。植木等の勢いとテンションが復活しただけでなく、責任感ある田舎教師から〝ワルノリ男〟へと変身する面白さも

②谷啓との〝ライバル対決もの〟の進化形として、加藤茶との〝二枚看板〟路線が推進。これが意外な化学反応を生む

③クレージー映画にお色気ムードを呼んだ山口火奈子の存在感と、これにも負けぬ内藤洋子の清楚さ。70年代ならではの清濁の対比がタマラナイ

時は1970年末、日本映画界の斜陽化はさらに進み、他社ではエロ・グロ＆暴力映画がはびこる中、都会派サラリーマン喜劇を中心とする東宝も、かつての勢いはすでに失われていた。〝社長〟シリーズや〝若大将〟シリーズといった看板番組からも、かつての大らかさやスケール感は喪失、時代の流れと

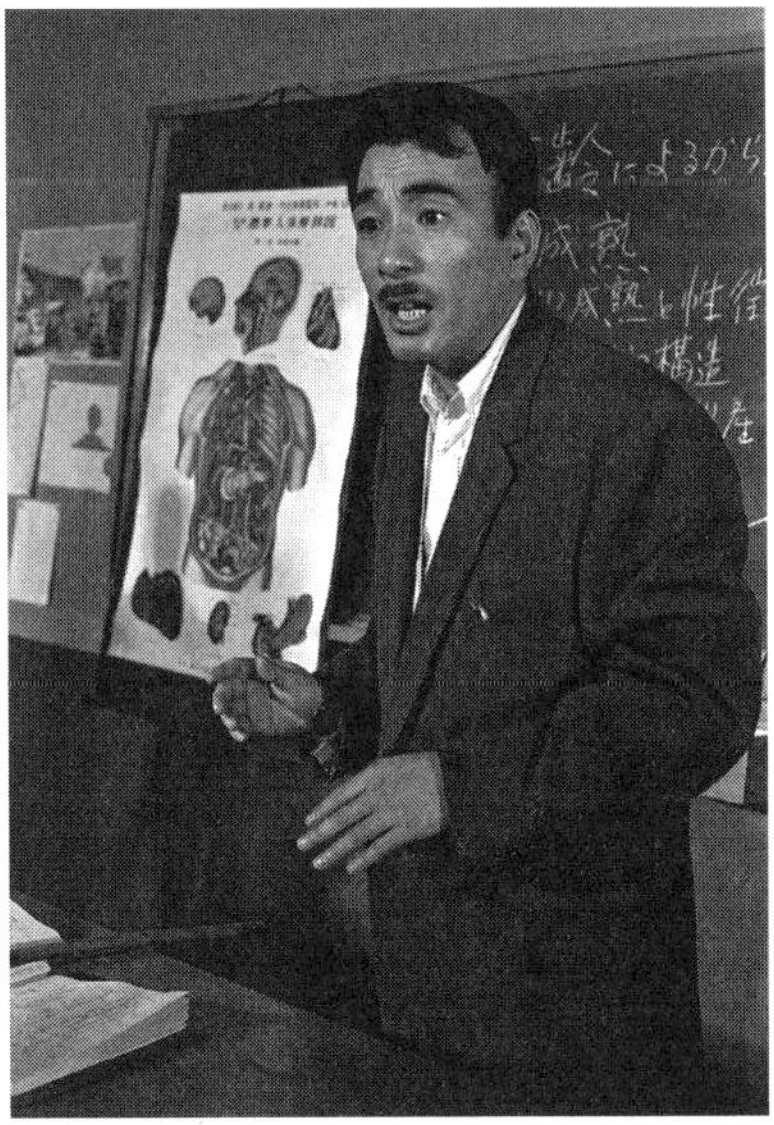

予算規模縮小の影響は甚大であった。新たに参入してきたザ・ドリフターズやコント55号主演による喜劇映画も、どこかうら淋しさが漂い、かつての「明るく楽しい東宝映画」とはまるで違う雰囲気が感じられたものだ。

当〝日本一（の男）〟シリーズも、60年代末以降の『日本一の裏切り男』（昭43／須川栄三監督）、『日本一の断絶男』（昭44／同）、『日本一のヤクザ男』（昭45／古澤憲吾監督）の三作は、高度経済成長期におけるシリーズ作とはまったくの別物。東宝映画と植木等への愛着溢れる筆者ですら、これには大いに戸惑い、いずれの作品も暗い気分で劇場を出たことを昨日のことのように思い出す。特に須川栄三の二作は、狙いはよく理解できるものの、果たしてこれをシリーズに入れてよいものかと、今でも疑問に思うほどだ。

しかしながら、70年代初頭のシラケきった日本に登場した、この〝ワルノリ男〟は、かつての作品を心より愛する者にとっては、〈嬉しい誤算〉以外の何ものでもなかった。人気も、勢いも低迷気味だった植木等が、よもや再びこのような弾けぶりを見せてくれるとは!! まるで別のシリーズを見る思いだった須川作品とは打って変わった、新たな〝日本一の男〟の誕生に、我々植木ファンは心からの喝采を送ったのであった。

特筆すべきは、主人公の〝日本一の男〟が物語の途中で〈変身〉することである。これはそれまでの作品にはなかった卓越したアイディアで、この点については後述する。

東北弁が得意な植木と加藤の顔合わせが実現。間に入るのは内藤洋子　© TOHO CO.,LTD.

ただ、一抹の寂しさを覚えたのは、共演者として名を連ねた加藤茶の存在であった。ご存知のとおり、加藤が所属するザ・ドリフターズは、クレージーキャッツの弟分というより、はるか後輩に当たる。彼らの芸名をハナ肇がつけた事実からも、その関係性がお分かりいただけよう。したがって、加藤が植木の対等の共演者=二枚看板として名を連ねることなど、それまでの関係性（すなわち序列）を考えれば、到底あり得ぬことであったのだ。

今思えば、ライバル役としての加藤の起用は、植木等の〈一枚看板〉では集客が見込めない、という不安に対する対抗策[注1]であったに違いなく、この強力な相棒＝助っ人の出現には楽しんだ反面、複雑な感慨を覚えたことを正直に告白しておかねばならない。

〝無責任男〟でも、〝有言実行男〟でも、〝破壊者〟でもない、新たな〝日本一の男〟が誕生

本作での植木の役柄は、東北のどこか（強烈な訛りがあるが、東北のどこなのかは分からない）の高校教師・日本兵介《ひのもとへいすけ》。教え子の白坂八郎《しらさかはちろう》（加藤茶[注2]）が起こした就職先でのトラブル——女子寮に忍び込んで叱責を受け、仲間と共に失踪したとされる——の後始末のため、東京へと向かう兵介。主人公の出処＝氏素性が明らかにされるのは、『ホラ吹き男』や『ゴマすり男』でもあったことだが、きちんとした職業や責任感（！）を持つ男としての登場は、初めてのことである。

兵介は、八郎の会社でいきなり〈ワルノリ〉ぶりを発揮。失踪した八郎を探し出すまでは彼の代わりにこの会社で働くと宣言。上司（やはり人見明！）を唖然とさせるや、冴えない田舎教師から〝スーパー・モーレツ・ワルノリ・C調男〟へと大変身を果たす。

つまるところ、脚本の田波靖男と監督の坪島孝は、かつて植木が演じた〝無責任男〟や〝有言実行男〟をもパロディにして遊んでいるわけだが、須川栄三らによる前三作とは大違いの、パワー漲る〝日本一の男〟に変貌するので、これが痛快極まりない。主人公[注3]の〈途中変身〉というアイディアと、「責任感があるだけに、かえって無責任男になる」というロジックはまさに本作のキモであり、田波のシナリオ

＝ストーリー展開の巧さには感服するほかない。

坪島孝の堅実さが生んだパワーあふれる喜劇

そもそも、こうしたバイタリティー溢れる〈猛烈社員〉を描くのは、古澤憲吾監督の独壇場であったはずだ。いったいどこから現れたのか、その正体すら定かでない〝無責任男〟や〝スーパー・サラリーマン〟の活躍に、日本中の誰もが問答無用で拍手・喝采を送ったものである。

かくて時代は変わり、その神通力も薄れたか、ナベプロと東宝は『日本一のヤクザ男』以降のクレージー映画を古澤に任せることはなく、『奇想天外』（昭41）や『黄金作戦』（昭42）でヒットの実績を重ねた坪島に、その演出を全面的に託す。

若い頃からハリウッド喜劇やエノケン映画[注4]に親しんでいた坪島は、『天下無敵』や『怪盗ジバコ』に代表される〈ライバル対決〉スタイルを得意とし、スタイリッシュでウィットに富む洒落た作風を持つ監督である。本作では、そのほのぼのとした味は残しつつも、同じアパートに住んでいながら、なぜかそれに気がつかない植木と加藤による〈すれ違いギャグ〉の面白さも加味して、映画を疾走させる坪島。結果として、閉塞感漂う当時の世相をぶった斬る、新しい〝日本一の男〟の創造に成功。見事、会社の期待に応えている。

本作でも人見明の「バカ！」を聞くことができる

〈お色気ムード〉の導入

本作のもうひとつの特記事項は、お色気ムードの導入である。兵介は失踪した八郎を捜しに歌舞伎町へと向かう。これまでの作品なら、銀座辺りを探すところだが、当時の若者が集まるのは新宿であった。それも、兵介が立ち寄るのは〝トルコ風呂〟で、あろうことか兵介に惚れてしまうトルコ嬢まで現れる。この裏ヒロインを演ずるのは山口火奈子という、東宝ではほとんど無名の女優さん。植木と堂々と渡り合っているのが実に頼もしい。それまでは東映や日活のお色気ものに出演していた山口が、何ゆえに東宝映画に出演することになったかはともかく、よもや本シリーズで女性の裸が見られるとは！　スマートな演出によって全く下品になっていないところが坪島監督らしいが、小学生時代からクレージー映画を見続けてきた身としては、実に感慨深いものがあった。

喜劇で道徳を語る坪島監督

植木はトルコ嬢の山口に「オシベとメシベ」の例えをもって、「愛情は銭っこで売り買いするものではない」と説教を垂れる。さすがは教師である。これは『奇想天外』における谷啓の台詞「ボクも愛してもらいたかったら、お金を持ってくればいいんだな……」（ハナの愛人・星由里子に発する）にも通じる皮肉なメッセージ。社会風刺はともかく、道徳を喜劇で語るなどという発想を、坪島監督以外のいったい誰が持つであろうか。

『日本一の色男』へのオマージュ、それともパロディ？

トントン拍子の出世を果たし、八郎問題も解決。最後は、関係するすべての女性がアパートに押しかけてきて、モテモテ状態となる兵介。時代が時代だけに、ここでは「お嫁に行く前に抱いて！」、「お礼に私の体をあげる」などという刺激的な言葉まで飛び交う。〝日本一の男〟はこうでなくてはならないが、そういう意味で、ここはシリーズ第一作目『日本一の色男』（昭38）のラスト・シーンの再現と見ることができる。そう、シリーズは、七年の時を経て、まさに一周（先祖返り？）したのだ。植木自身、最も気に入っていた作品がこの『色男』だったことを考えれば、ご自身も感無量の思いであったろう。それにしても、これは当作へのオマージュだったのか、それとも、ただのパロディだったのか……。

結果として本『日本一のワルノリ男』は、残念ながら興行的には振るわず、当シリーズ並びにクレージー映画は翌年の正月映画『日本一のショック男』でいよいよ打ち止めとなる。こうしてみると本作は、まさに〈終わりの始まり〉となった作品であり、クレージー映画史的にも非常に重要な位置にある一作と言うことができるだろう。

注1　加藤茶の抜擢はクレージーの〈ばら売り〉が進んでいたことに加え、ナベプロ側の強い意向が働いてのものと推測される。

注2　加藤茶の相手（クラスメイトのヨシ子）役に選ばれたのは、『クレージーの殴り込み清水港』（昭45）に続く登場となる内藤洋子。愛くるしい表情と甘い声、そしてそのキュートなおでこに、当時のヤングなら加藤ならずともノックアウトされたこと間違いなし。この二作で星由里子、浜美枝というひと世代前の正統派女優から、ヒロインのバトンを渡される恰好となった内藤だが、ザ・ランチャーズの喜多嶋修との結婚により、本作を最後に映画界から引退。シリーズ並びにクレージー映画の最終作となる『日本一のショック男』（昭46）のヒロインは、もう一人の東宝アイドル・酒井和歌子が務めることとなる。

注3　田波靖男は前掲『クレージー映画大全』のインタビューにおいて、本作の主人公を「アイデンティティのある無責任男」と表現。主人公の物語途中での変貌は坪島監督のオーソドックスな考え方（主人公の素性やテーマ、行動原理を大事にする）によるもの、との見解を示している。

注4　P．C．L．のエノケン映画が好きだった坪島は、就職するに当たって「悲しい状況も笑って過ごせるような映画」を撮る東宝を迷わず選んだという。（同インタビュー）

其の壱：ロケ地の秘密

①植木が代理勤務する「世界陶器」に見立てられているのは、今も高樹町にそびえ立つ富士フイルムの西麻布本社ビル。高速道路こそ今と変わらないが、周りの風景は現在とは大違い。西麻布のこの辺りにもまだ畑があったなんて……、と絶句する方も多かろう。

②山口火奈子のアパート「天国荘」は、当時すでに廃線となっていた都電「13系統」専用軌道沿いにある。新宿区役所脇の、現在では「四季の路」という名の遊歩道になっている辺りで、もはや見られなくなった懐かしい光景が画面に広がる。アパートの部屋には、どこからともなく奥村チヨの「恋の奴隷」（昭44）が聞こえてくる。

③谷啓扮する写真家のスタジオには、かつて世田谷区岡本町の崖上にあった、立方体の摩訶不思議な建物、通称〝百目の家[注5]（百窓ともいう）〟が見立てられている。この建物はとうに姿を消しているが、昭和五十年代末までは存在していたように記憶する。

④便器モデルを務める小山ルミの等身大パネルが置かれる「世界陶器」取扱店（高橋工業所）は、成城学園前駅南口から1分のところに位置する。当店は、『ニッポン無責任野郎』（昭37）で、植木が一円で貯金通帳を作った住友銀行の斜め前、『日本一の色男』（昭38）で植木が入った銭湯「成城湯」の裏手に当たる。

「百目の家」前で便器モデル交渉中の植木等

其の弐：谷啓が写真を撮る際に発する掛け声は「シュートする〜!」。これぞクレージー映画のもう一方の雄・古澤憲吾監督の口癖で、谷啓は映画監督に化ける『クレージーの大爆発』（昭44）に続いて、この「シュートする」を口にしている。

注5　当「百目の家」は、世田谷区岡本三丁目28の地にあり、竣工は1966年。『快獣ブースカ』（円谷プロ／TBS系）の第30話にも登場し、この家の前の通りをブースカが走っていく光景は誠にシュールなものがあった。やはり円谷プロ／TBS作品である『ウルトラセブン』の第12話「遊星より愛をこめて」（現在、封印）ではスペル星人のアジトとして、さらには、渥美清が寅さんになる前のテレビドラマ『泣いてたまるか』（TBS系）の一篇「お家がほしいの」（脚本は橋田壽賀子）においては、渥美とその息子役の蔵忠芳が石焼き芋を頬張りながらその窓の数を数える家として登場。東宝映画では、『社長繁盛記』（昭43：松林宗恵監督）でその姿を拝むことができる。

映画で聴くクレージー・ソング⑦

本作では、タイトルバックに流れる**「ワルノリ・ソング」**（植木と加藤の合唱）と、辺見マリがキャバレーで歌う**「男の部屋」**以外、挿入歌は一曲も用意されていない（例外は、加藤が口ずさむ「誰かさんと誰かさん」）。

これは当時、植木やクレージーキャッツのシングル・レコードがほとんど発売されなかった――すなわち売れなかった――という理由からに他ならず、非常にサビシイものがあった。

Column 12

砂田実さんが今、植木等にかける言葉

植木等ファンで、その名を知らぬ者とてないのが、元TBSプロデューサーの砂田実さんである。自著『気楽な稼業ときたもんだ』（エンパワメント研究所：2017）では、植木等との様々な仕事について回顧されている。

フジテレビの社員にして、高校の同級生だったすぎやまこういち（当時は椙山浩一。青島幸男も同級生というのが運命的）からの内々の依頼で、同社が作る生コント番組「おとなの漫画」（59〜64）の台本を書くことになったのが、砂田さんとクレージーキャッツ、中でも植木等との親密な付き合いの始まりだった。

それからも、砂田さんおっしゃるところの〝ジョクナイ〟（内職）は続き、60年代前半の小学生なら誰もが真似した「なんである、アイデアル」のスポットCM（植木等の代表的TVコマーシャル）の制作や、歌い手・エンターテイナーとしての価値をさらに高めた「植木等ショー」（これは所属のTBS制作：67〜68）のアシスタント・プロデューサー兼ディレクターなどを務めて、植木等との関係はさらに深まる。

のちに、「スーダラ伝説」で何度目かのブレイクを果たした後に企画されたトーク番組「植木等ショー」（MBS＝毎日放送制作：91〜92）のプロデュースも手がけた砂田さん。植木等とは、『週刊ポスト』連載のインタビューを単行本化（戸井十月著『植木等伝 わかっちゃいるけど、やめられない！』：2010）する仕事が最後となったが、植木等本人から「砂ちゃん、僕のここ一番という時は、

必ず隣にいるね。これも縁だね」と言われるほど、重要なパートナーの位置を築いた。

そんな輝かしいキャリアをお持ちの砂田さんには、その頃、体を壊され入院中だったこともあって、電話で取材させていただくこととなった。砂田さんに伺うべきことは、やはり〝人間・植木等〟についてである。

筆者のいささかストレート過ぎる質問に対し、砂田さんはこのような言葉をもって応えてくださった。

植木さんの、〝本当の意味での友だち〟っていうのは僕だった、と思うんです。僕はタレントとは個人的には付き合わない主義でしたけど、植木さんは人格者でしたからね。とにかく、植木さんに関しては感動的なことばかりでした。

晩年に近い頃、植木さんの自伝の仕事で、故郷の三重県まで車で往復したんです。そのときにいろんな話を聞きました。植木さんの自伝は、本当は僕が書いてくれと言われたんですが、植木さんを大事にしたいものですから、あえて戸井十月さんにお願いしたんです。

それで、何回も何回も打ち合わせをして。あの頃の植木さんはあまり体が良くなかったんですけど、それなのに新宿の打ち合わせの場所に、きちっとスーツを着てくるんです。いろんな思い出がありますねぇ。とにかく（植木さんは）僕の生涯でも、一番心に残る人ですね。

不思議なもので、亡くなったときも偶然、電通の久松（定隆）君と一緒に世田谷にいたんです。すぐお宅に駆け付けたんですが、間に合いませんでした……。

こうした言葉をもって植木さんを回顧する砂田さん。よほど良い関係性を築かれてきたのであろう、言葉の端々から植木等に対するリスペクトの念が滲み出てくる。どの仕事も、植木等の代表作となったものばかりで、植木等本人にとっても、砂田さんはなくてはならない人だったことがうかがえる。

砂田さんの著書からも、植木さんの仕事に対する厳しい姿勢や、礼儀作法へのこだわりがよく伝わってくる。

これは、砂田さんのおっしゃる三重への取材旅行での話。

仕事を終えて会食していると、若い仲居さんが立ったまま料理をテーブルに置こうとする——。すると植木さんは、「立ったままで皿を置くとは何事だ！」と、鋭い口調でその仲居さんを叱責。これは、若い人の礼儀作法がなっていないことに憤っての戒めの言葉だったのだが、この一件からも、植木さんが仕事や礼儀について非常に厳しい一面を持ち合わせていたことが分かる。

筆者も、植木等が贔屓にしていた祖師ヶ谷大蔵駅前の帽子店「ひつじや」のご主人・広瀬さんから、「植木さんは厳しい人ですよ」という言葉で、植木等の帽子に対するこだわりと人間としての厳格さを聞かされたことがある。このときは意外な気がしたものだが、砂田さんの話を聞けば心から納得である。

ちなみに広瀬さんは、黒澤明が晩年愛用したマリン・キャンプの製作者でもある。ご子息に伺えば、植木は最晩年に至るまで、店に立ち寄っては、帽子のアップグレードを頼みこんでいたとのことだ。

これも砂田さんの著書にあるエピソード。

スタジオ内で行われた「パンシロン」のCM撮影の折、ADによる「静かにしてください」との注意を無視して、現場のエキストラがぺちゃくちゃとお喋りを続けていると、これまた植木さんが「お前たちはここへ遊びに来たのか、仕事に来たのか、どっちだ?」と一喝。この一言で、スタジオは水を打ったように静まり返る——。

自分の言うべきことを植木さんが代わって言ってくれたと感じた砂田さんは、一言謝ろうと植木さんのもとへと向かう。すると植木さんは、「お呼びじゃなかった?」と、イタズラしたあとの子供のような表情で、肩をすくめてみせたという。

この逸話からも、砂田さんがおっしゃる植木さんの「許せないことには、きちんと立ち向かう厳しい姿勢」と「場を読む力」、さらには現場スタッフへの「心遣い」がよく感じ取られる。

そんな人柄だけに、砂田さんは植木さんを人間として心から尊敬し、芸能界で唯一の友人となったのであろう。いつか、じっくりとお話を伺ってみたい方である。

砂田実さんとのツー・ショット　提供:比呂公一・藤元康史

筆者が選ぶ「クレージー・ソング」ベストテン

シングル・レコード&ソノシート編

「スーダラ節」並びにB面収録の「こりゃシャクだった」は、別格の存在として除外したうえで、クレージー・ソングのシングル盤におけるベストテンを選出してみた（谷啓の歌唱曲も泣く泣く除外）。リアルタイムで聴いていた身として、最もインパクトがあったのはやはり①で、植木等のみならず、クレージーキャッツの代表作としても、この曲を一位に挙げざるを得ない。

① **ホンダラ行進曲**（青島幸男—萩原哲晶）：これほど哲学的かつ虚無的な思想を歌ったコミックソング——それも行進曲の形式をとる——が、いったい他にあるだろうか。これぞ世界に類を見ない風刺ソングの傑作。

② **ハイそれまでョ**（同）：二重構造を持つ楽曲（マイナー調からメジャーに、バラード調からロック風に転ずる）として、これほど画期的なものはない。間奏の素晴らしさも特筆すべき点だ。

③ **ゴマスリ行進曲**（同）：魂を開放・救済するという意味で、これ以上の〈人生応援歌〉は少なくとも我が国には存在しない。心浮き立つ行進曲は、名アレンジャーでもある萩原哲晶の真骨頂。

④ **シビレ節**（青島幸男—宮川泰）：世相を斬った風刺歌として、筆者の中では今でもナンバー・ワンの座をキープ。さすがは宮川先生、そのダイナミックな曲調には何度聴いても（歌っても）心踊らされる。人見明とデュエットした映画ヴァージョンも良い。

⑤ **だまって俺について来い**（青島幸男—萩原哲晶）：〝C調〟路線の歌ながら、妙な説得力がある、

これもまた〈人生応援歌〉の側面を持つ一曲。「〽見〜ろよ青い空、白い雲」にかけられたエコーが、最大の効果を生んでいる。とにかく明るい！

⑥**無責任一代男**（同）：〝無責任男〟のテーマ曲でありながら、東宝喜劇映画と主題曲の変遷（エノケンの「洒落男」のもじり。図らずも青島幸男は、植木等がエノケンの正統的後継者であることを示していたことになる）をもまぶした、その楽曲構成には唸るほかない。『あしたのジョー』の矢吹丈もこの歌がお気に入りだったか、少年鑑別所の心理テストで「俺は植木等のファンでね。とくにあの無責任という歌が大好きなんだ」と答えている。

⑦**ウンジャラゲ**（藤田敏雄―宮川泰）：「若者たち」で知られる藤田敏雄の詞を滅茶苦茶にした、宮川泰と植木等の破壊力が強烈。何ゆえにA面にしなかったのか、東芝の見識を疑う（A面の「あんた」も同じくらい好きで、愛唱したが……）

⑧**無責任経**（青島幸男―萩原哲晶）：こんな罰当たりでアナーキーな歌がどこにあろうか？ 映画用の楽曲がこうした形で録音され、ソノシートで発売されたことに心底敬意を表する。不道徳性、過激性の観点からすれば、「ショボクレ人生」も同様の魅力を放つが……。

⑨**遺憾に存じます**（同）：寺内タケシとのコラボが嬉しい、クレージー・ロック歌謡。二人の生セッションを一度は見てみたかった。間奏で聴かれるオルガンの音色のチープさがタマラナイ。

⑩**こりゃシャクだった**（同）：この曲がA面で発売されていたら、植木等のその後の人生も相当違ったものになっていたかと思うと、実に感慨深いクレージー全員歌唱曲。一人ひとりの個性を巧く生かした青島幸男のストーリー展開と、メンバーによるセリフ回しの妙が楽しめる。

映画用に録音された楽曲編

小中学生だった筆者が、レコードなど出ていなくともソラで歌えたくらいインパクトを受けた曲を中心に選出。特に、劇場で度肝を抜かれた「ハロー・ラスベガス～金だ金だよ」は、中学校の教室でクラスメイトに披露したほど。「ハッスル・ホイ！」を歌いながら、ペプシコーラのラベルを「ハッスル」に書き換えたのも懐しい思い出である。

①**ハロー・ラスベガス～金だ金だよ** from『クレージー黄金作戦』：そのシチュエーションと相まって、強烈なカタルシスを与えてくれたミュージカル・ナンバー。これぞ、クレージーによる〝いきなりミュージカル〟の最終到達点。

②**クレージー作戦のテーマ** from『クレージー作戦 先手必勝』：〝日本国中、みんな驚いた〟テレビでお馴染みのテーマソングを映画で聴けた感動を、筆者は今も忘れない。

③**ハッスル・ホイ！** from『クレージー作戦 くたばれ！無責任』：何かと評判のよろしくない映画だが、これを植木等が歌い出したときの高揚感は格別なものがあった。子供だった筆者には、まるで呪文のように聞こえたものだ。

④**やせ我慢節** from『ニッポン無責任時代』『ニッポン無責任野郎』『日本一の色男』他：あれほど多くの映画で歌われながら、なぜかレコード化されなかった軽快なるクレージー・ソング。それぞれアレンジが異なる点も楽しめる。

⑤**笑って笑って幸せに**〈幻のシングル〉from『クレージーのぶちゃむくれ大発見』：「悲し

きわがこころ」も愛聴したが、七人揃っての曲ではこちらの味わい深さに勝るものはない。人生の機微をこうした形で歌うのは、実はかなり難しい。「あなたが笑ってくれた時、ただそれだけで僕たちは、悩みも疲れもふっとんで、なによりいちばん、いちばん幸せさ」なる歌詞（山口あかり作）は、まさにこの状況下（コロナ禍）で、我々が植木等に寄せる思いに他ならない。

⑥**そうだそうですその通り**〈幻のシングル〉ｆｒｏｍ『日本一の男の中の男』：颯爽たる植木等の楽曲では最後期のもの。堂々たる歌唱力と説得力（今にしてみればかなり不謹慎）には、まだまだこれから、と思わされたものだが……。

⑦**こりゃまた結構**　ｆｒｏｍ『日本一の裏切り男』：映画には共感を持てなかったが、この楽曲の痛快さには大いなるシンパシーを感じた。クレージー・ソングらしからぬアレンジが魅力。

⑧**キンキラキン**　ｆｒｏｍ『クレージーの大爆発』：全員歌唱によるクレージー・ナンバーの佳作。どこか虚無感を覚えたのは、レコードにはなり得ないことが自分なりに分かっていたからかもしれない。

⑨**みんな世のため**（阪田寛夫－萩原哲晶）ｆｒｏｍ『クレージーだよ天下無敵』ＬＰ「ハイお呼びです!!」に収録：シングル盤未発売につき、こちらで選出。クレージー・ソングを象徴するような軽快なノリを持つ歌ではあるが、世の中のためになる楽曲では決してない。

⑩**東京五輪音頭**　ｆｒｏｍ『日本一のホラ吹き男』：ご存知、多くの歌手による共作曲だが、植木等のレコードも出してほしかったと心底思うほどの痛快さ。

第3章

〝植木等〟を語る

植木等、かく語りき

――〝無責任男〟の呪縛から逃れるために

本項では、植木等が残した、それぞれの時代における発言をピックアップしてご紹介してみたい。〝無責任男〟のレッテルがいかに植木をもがき苦しめたかは、本書の読者の方ならすでにご承知のことであろうが、その発言を時代ごとに眺めてみれば、植木等が俳優としてどのような意識を持って生きてきたかが浮かび上がってくるのではあるまいか。

まずは、1983年12月23日にオンエアされたラジオ番組「出逢いがなければ始まらない」にゲスト出演した際の発言からご紹介したい。これは、これまで一度も活字化されたことのない、大変貴重な証言であり、ほぼ全文を掲載させていただいている。本番組では、筆者と出会ったばかりの斎藤誠と山下久美子という、二人の若きミュージシャンが聴き手を務めており、お読みいただければ、植木等が二人の質問に全力で答えているのがお分かりになるだろう。

これは、クレージー映画の終焉以来、〝無責任男〟から一旦距離を置いていた植木が、浅草東宝でのオールナイト人気をきっかけに再注目されていた時期の発言であり、非常にボルテージが高く、語った内容にも重みがある。話によれば、植木はその年の2月に病気をしたようだが、そんなことはまったく感じさせない〈絶好調ぶり〉にも注目である。

時期的にはミュージカル『シカゴ』出演（1983年10～12月）、シングル盤「毎度毎度のおさそいに」発表（同年11月21日）の直後にあたるが、この時の発言ほど、植木等が自身の言葉で映画初出演時の心境や『クレージー黄金作戦』撮影時のエピソードなどについて赤裸々に語ったものは、筆者の知る限り他にない。

この時期では、「笑っていいとも」（CX）のテレフォン・ショッキング出演時の異様なテンションの高さも忘れ難い。今ふりかえれば、前述の病気が植木の意識を大きく変えた可能性もあり、全盛期以外では植木が最もノッていた（植木言うところの「ボルテージが高かった」）時期であるようにも思える。もしかすると、ここが〝無責任男〟の呪縛から解き放たれた転機だったかもしれず、ほとんど知られていないこの病については、今後検証の要がある。

本ラジオ番組への出演は、翌84年の『逆噴射家族』（石井聰亙＝岳龍監督）のキャンペーン・ライブ「ひとし＆カツヤ」（斎藤誠も参加）に繋がっており、これが別項で紹介する『刑事あいうえ音頭』という8ミリ映画に植木がゲスト出演するきっかけとなったことを思えば、筆者にとっても非常に重要な〈出逢い〉だったことになる。思えば、この「ひとし＆カツヤ」ツアーは、「スーダラ伝説」の序章でもあったのだが。

これに続いて、1962年の『ニッポン無責任時代』公開直後に行われた佐藤忠男との対談から、1998年の盟友・浜美枝との語らいまで、植木等が残した言葉を時代に沿って並べてみると、植木が映画初主演当時に感じていたこと、人気絶頂時に思っていたこと、キャリアを経た後に考えるに至ったことなど、その心境の変化が鮮明に見えてきて、実に興味深いものがある。

〝無責任男〟全盛時代はもちろん、転機を図ってシリアス路線に挑んだときも、オールナイト上映をきっかけに若者に再注目され、ミュージカルなどで大活躍した時期も、加えて、黒澤明や木下惠介など巨匠の作品に出演していた一時期や、「スーダラ伝説」によって再ブレイクを果たしたとき、さらにはハイ・テンションの老人を演じていた晩年期においても、植木等が常に、無責任男のレッテルに縛られていたことは紛れもない事実。植木の言葉からは、その俳優人生に付き纏った〈無責任男の呪縛〉が、並大抵なものではなかったことがひしひしと伝わってくる。

こうした観点から以下の発言をお読みいただければ、植木等が最終的に到達した〈特異な境地〉が、多少なりとも実感いただけるはずだ。

1983年12月にオンエアされたラジオ番組「出逢いがなければ始まらない」（制作：日本コロムビア）における発言

山下久美子の「周りにサインをもらってくれというファンが、やたらいるんです」との発言を受けて

それが、僕は不思議でしょうがないんですね。かつてボクがね、ブワーッとボルテージが上がって、（自ら高笑いして）「ウワッハッハ！」てなことを言ってた、その時代に青春時代を過ごした連中が、「あの頃は良かったなぁ」とか、非常にノスタルジックな気持ちでボクに迫ってくるんなら、そりゃあ気持ちはよく分かるわけ。でも、あなた方みたいな、自分の子供と話をしてるような感じの人たちからそう言われると、何が原因でそういう現象になっているのか、自分で非常に理解に苦しむわけね（笑）。

斎藤誠の「今、浅草でのオールナイトが受けている」との発言を受けて

そういう手紙はボク、あっちこっちから貰ってね。「あなたが映ると観客が拍手する。こういう現象をあなたは知ってるんですか？」と、いう手紙を、まだ二十一〜二歳っていうのからね、二十四〜五、十七〜八歳（の人たち）から、随分と貰うんです。まあ、僕も昔、鞍馬天狗が出てきたとき拍手したことは憶えてるけど（笑）。ボクが出

写真提供：斎藤誠

てくると皆、拍手するっていうのを聞いたときは、どう解釈したらいいのかなって思ってね。ちょっと理解に苦しむんだけど——。

話は飛ぶけど、二月の三日に赤坂の豊川稲荷で豆まきを頼まれていてね。それで、そこへ行こうと思ってたら、ひっくり返っちゃって——。三波伸介は、可哀そうに家族がそばにいなかった（筆者注：三波伸介は前年十二月、自宅に一人でいるときに大動脈瘤破裂を起こして急死した）。ボクは娘も女房もそばにいたから、救急車で運ばれて、今こうして話をしているわけなんだけど——、その時に死んでた方がカッコ良かったかもしれないね（笑）。そうすれば、あのまま逝けたかもしれないけど、いまだに生きて醜態を晒してるっていうのが、どうなの？ いいのかしら!? ウワッハッハ……（高笑）。

ご注目いただきたいのは、このとき植木等を再評価——再発見と言ってもよい——したのが、やはり若者だったということである。この事実からも、植木等にはいつの時代も、若い精神を高揚させる〈特別な何か〉が備わっていることがお分かりいただけるだろう。

そして、もしかすると三波伸介のように、死んでいたかもしれないところを助けられたという経験が、植木等をして「再び〝無責任男〟を背負って生きる」ことを決意させたようにも思えてくる。そのうえで次の発言を聞くと、植木の無責任男への思いが実によく見えてくる。

山下久美子による「〝ずいぶん昔に無責任男は死んだ〟との発言が雑誌に載っていたが——」との質問を受けて

あの人物像は、昭和三十年代の日本の高度経済成長とともに、グワーッと、どこから来たかも分からない（もので）、普通日本的な考えだと、目の前の人物に対して「履歴書」が必要なわけ。こいつはどこでとれて、どういう経過を辿ってここへ来たかっていうのが——。それがボクには必要なかったわけね。ポーンって出てきて、「なんだ、こいつ？」って言ってるうちに、ワーワー騒いでいるうちに、そのうちどっかへ行っちゃったっていう、た

だそれだけの話なわけよ。

　それまでの喜劇っていうのは、エノケンさんとかロッパさんも含めて、チャップリンにしても、〃被害者ムード〃の主人公が多かったわけね。だから〃加害者ムード〃の男っていうのが喜劇の主人公になったのは、世界でボクが初めてなのかもしれないんですよ。その意味ではね、意義はあったと思う、あの当時は――。

　だけども、オイルショックとともに日本の経済はストップした状態になってね。昭和四十七～八年かな、それから自然に植木等の役柄も変わったっていうかね――。まあ、たま～にね、三年にいっぺんか、五年にいっぺんくらいは〃無責任男〃を演じますけどね、この今の歳の人間で――。だけども、この男はここまでボルテージを上げないとカネに繋がらないっていうことを、体で知ってるのね！　だから、いくら細かく台本に書いてあったとしても、その台本よりいいコト言うわけ。無責任男に関しては！　だけど、それ以外は作者の気持ちを考えると、「一言一句間違えないように喋りたい」っていう気持ちがあるわけなんですよ。だから今、ボクは複雑な心境ですね。

シアターアプルでの『シカゴ』と、シリアスな『王将』を演ったこととのギャップを問われて

（『王将』は）大阪弁でしたからね、〃外国もの〃みたいな感じでしたね、ボクにとっては――。

「全部譜面にして、イントネーションを覚えたと聞くが――」との質問に答え

まあね。「なんで？」って言うときは、（音程を加えて）「♪ミミソ」と覚えればいいというような感じでね。まあ、そういう感じで割合（簡単）――。

　それと、僕は〈お寺の出〉だからね。お経で（平板な調子で）「タータータータ」っていうのは、横に傍線がまっすぐ引いてあるわけ。それで、（語尾を上げて）「タァ⤴」っていうときはケツが上がるわけ。要するに、中国語で「四声《しせい》」っていうやつ。例えば、「ツゥオ」っていう「走る」という字をね、（語尾を上げて）「ツゥオゥ⤴」って言うのと、（平板に）「ツゥオー」って言うのと、（語尾を下げて）「ツゥオウ⤵」って言うのでは、ちょっと意味が違ってくるわけ。だから、例えば（大阪弁で）「そやけど」っていう場合は、「そ」と「や」は音程が違うと（いうことで）、あとでそれを見たら分かるように印《しるし》をつけるわけ！　これは「お経」にあるんですよ。（平板に）「ウゥーウゥーウゥー」とか、（語尾を上げて）「ウ〜ウ⤴」とか、（語尾を下げて）「ウ〜ウ⤵」とかっていうのは、しるしがあるわけ。

　それで、それを台本全部に付けたの！　だから、その台本がなくなっちゃうと、もう喋れないわけ（笑）。まあ、そんなようなもんでね、ワケが分かんないうちにやっちゃって、終わっちゃったですね、うん。

「ミュージカルはお好きですか」との質問に答え

いやぁ〜（苦笑）。今までボクが見たミュージカルっていうのはね、不幸にして顔を伏せたくなるようなものしか見た経験がないんですよ。それで、外国で見たミュージカルっていうのは、言葉が分からないんで、英語の分かる奴に、終わってから「あれはこうだったんだ、ああだったんだ」って説明してもらって——。同時通訳で説明してもらうと、周りの人に迷惑をかけるから（笑）。『スイート・チャリティー』（筆者注：1966年にブロードウェイ初演、1969年にシャーリー・マクレーン主演で映画化）だとか、『ラブ』だとか、いろいろニューヨークで見ましたけどね。終わってから、（内容を）教えてもらうわけ。

　そういうのはね、踊りといい、歌といい、動きといい。納得のいくものなのね。それで、日本語で字足らず、字余りの歌を下手な歌でうたわれたり、下手な芝居でぎこちなくやられたりするとね、時間がもったいないような気がするの（笑）。早く出たくなっちゃうのね——。不幸にしてそういうのしか今までお目にかかれなかったので、ミュージカルは、やるからにはよほど気に入ったものでないと、納得したものでないとできないな、と思っていたら、〝ボブ・フォッシーの右腕〟と言われたジーン・フォット（筆者注：「スイート・チャリティー」「アニーよ銃を取れ」などの振付・演出家）というのが（日本に）

来て——。
　これが凄いタフでね、ガーッと来るわけ。「何回言ったら貴様ら、分かるんだ！」と、本当は怒鳴りたいところらしいの。そん時に横向いて、ブツブツぶつぶつ言ってるのね。いつも、なんか似たようなこと言ってるから、通訳に「あいつ何言ってるんだ？」って訊いたら、「ここは外国、ここは外国……」って言ってるっていうの（笑）。つまり自分を抑えてるわけ！　それで「疲れたか？」って訊くと、「ノー、ビジネス」って言うわけ。で、これを見たときにね、ボクはミュージカルの一から十までの組み立て方や、出来上がっているものを見せるんじゃなくて、練習風景をこそ見せたかった！　ミュージカルというものを将来やってみたいと思う人に——。だから今回、ジーン・フットに会えたということは、ボクはラッキーだったですね。

「ミュージカルは、忍耐とか努力とか、そういうことができる人じゃないとやれないのでは——」との質問に対して

いや、それは集中力じゃないですか？　集中力に欠けたら、もう引退した方がいいですね、ええ。（役者は）集中力だけで生きているようなものですよ。

「クレージーキャッツ時代もそうでしたか？」との質問に答えて

そりゃそうですよ。「（客が）クレージーキャッツを見に来てる」って思ったら、これは考えが甘くなっちゃう。「植木等を見に来てる」っていう気持ちを、ボクは絶えず持ってた！　だから石橋エータロー君とか桜井センリ君、犬塚弘君とか安田伸君、こういう連中が多少ミスしても、これは「ノット・マイ・ビジネス」みたいな気持ちですよ。だけど、谷啓、ハナ肇がミスすると、ボクはカーッときた。「お前ら、看板じゃないか！」と。「ハナ肇とクレージーキャッツ」なんだから、そのハナがミスするということは許されない、と——。
　だけど、それを言うと喧嘩になるから言わないけども、体に悪いですよ。言いたいこと言わないんだから——。それは、ハナも同じ気持ちを持ってたんじゃないかと思うんです

よ、ボクに対して。ほかの連中がミスしても気にしなかったとしても、ボクがミスするっていうことは、彼にとっても身を削られる思い（だった）でしょうね。これは、同じことが言えると思いますよ。

　ここから話は、クレージーキャッツのリーダー・ハナ肇との出会いの頃へと移る。よく知られるとおり、実は植木の方が年上なのだが、ハナとの良き関係性は彼が亡くなるまで続いていくことになる。

　彼が十六歳で、痩せててねぇ。目ばっかりキョロキョロしていて、ホント、今からは想像もつかない骨と皮みたいな男（笑）。昭和二十一年ですよ。東京駅の八重洲口の斜め前にね、「東京倶楽部」っていう進駐軍しか入れない日本人オフリミッツのところ、そこで初めて会ったの。ボクが角帽被ってたら、「おい学生！」って呼ぶわけ。「学校どこだ？」って、そう言うの。だから「東洋大学です」って（答えて）。ブルーの背広を着てるから、もちろん年上だと思ったけど——。あとで訊いたら、駐留軍の払い下げだったらしいけどね（笑）。駐留軍に、飲み過ぎとか遊び過ぎで「いくらでもいいから買ってくれ」っていうのがいるわけ、客の中に。それを買ったらしいのね。

　それで、ブルーのダブルなんか着て、足組んで「おい学生、ちょっと来い」って言うからね（笑）。「僕ですか？」って訊いたら、「どこの学生か？」って言うんで、「東洋大学です」って答えると、ガラッと態度が変わってね。

　「東洋大学の何々さんていう方、ご存知ですか？」って訊くから、「俺の同級生だ」って言うと、「失礼ですがお名前は？」って言うの。「植木と言います」と答えると、「はっ、野々山定夫と申します。どうぞよろしく！」って挨拶するの（笑）。

　今、どこで用心棒をやってるんだか、政界の黒幕になっているんだか、なんだか知らないけど、とにかく絶えずピストル持っているような男だから、名前は伏せますけどね、そいつが「おい坊や、あいつとちょっとゴロまいてみろ」ってなことを言って——。で、池袋界隈でハナはいつもそいつに言われて喧嘩して、「危なくなったら俺が出ていってやる」みたいなことを（言われてたみたいだね）――。

そいつは空手部のキャプテンをやってたの。おそらく、全日本ではちょっとうるさかったんでしょうね。そいつがバックについているから、（ハナは）怖いもの知らずですよ。だから、僕を見たときも、「おい、ガクセイ！」、こうでしょ？ それが、そいつの名前を言ったら、もう態度がガラッと変わって、「よろしくお願いします！」、こうなっちゃったわけ（笑）。彼が十六で、ボクが十九のときですよ。

クレージーキャッツでハナ肇と一緒になるのは？

それから十年経ちましたよ。それ迄、彼はあっちこっち行ってて――。その間、途中で一緒にやったのはね、「スーダラ節」を作曲した萩原哲晶《ひろあき》さんっていう人。あの方は芸大のクラリネット科を卒業していて、秀才なんですよ。だからクラリネットを吹けば、鈴木章治だとかレイモンド・コンデだとかいうのと並び称されるクラリネット奏者なわけ。まあ、日本で五本の指に入る人！ ベニー・グッドマンとかアーティ・ショウとか、それに匹敵する人なんですよ、日本では。

その萩原哲晶とデューク・オクテットというバンドがあったわけ。それで、バンドのランクを決める場所があるのね。なぜランクを決めるかと言うと、一時間演奏をするごとに、このバンドにはいくらペイするっていうランクを決める（必要があったの）。今の銀座の宝塚劇場が「アーニー・パイル」って言われてた頃、ここで、柔道で言えば段級審査みたいなものを受けるのね。Aクラスからdクラスくらいまであるんでしょう。それによって一時間演奏するのに対して、そのバンドに払われるペイはいくらって決まるわけ。

そして、その上にスペシャル・クラスっていうのがあったのね。そのスペシャル・クラスだったんですよ、デューク・オクテットというのは。だから、ハナもボクも、そこのドラマーでありギタリストだったわけね。だけど、大したことないんですよ、ウワッハッハッハ……（大笑）。だって、今の音楽のレベルからいったらね、あの当時のレベルっていうのは、また違うから。

ちなみに、「ハナ肇」の芸名は、デューク・オクテットのピアニスト・市村俊幸（南里文雄のホットペッパーズでもピアノを担当。『生きる』にはピアニスト役で出演）の命名による。野々山定夫が萩原に悪戯を仕掛けるとき、鼻の穴が広がることから、市村は「ハナ一《はじめ》」と名付けるが、これが「八十一」に見えてしまうことから、「ハナ肇」になったという逸話は、のちに植木等本人が明かしている（後掲『合点だい！』インタビュー）。

まあ、テレビなんてものがない頃でね、今日はラジオでたまたまご一緒したんですけど、初めてラジオに出たのは、日本ではNHK一局しかない、民間放送もなんにもない昭和二十二年の十一月。そのときに歌ったのが、服部良一さんの作曲、藤浦洸さんの作詞で「ビロードの月」っていう歌だったんですよ。それなんかもう、今あなた方が聞けば、「もう寝てるのかな」っていう感じの歌なんだけど、当時はもうロマンチックで、素晴らしい曲だったの。まぁ、クルーナー唱法の人が合う歌ですね。

「ハイそれまでョ」でのクルーナー唱法について問われ

あれには、いろいろ話があるの（笑）。（おもむろに「♪タラリ〜、タラリラ〜リ」とイントロの部分を歌って）、こう出たときに、「なんなんだ、これは？」って思ってたら、「♪あなただけが〜」って歌い出して、「ああ、ダメだ。植木もこれでお終いだ」って、みんな思ったらしいの（笑）。そこで「てなこと言われて――」って、こう来たときに「うん、こいつは勘違いしてない！」「俺らの期待を裏切らなかった！」と、そう思ったらしいのね。だから、ハラハラさせて申し訳なかったけれどもね、ちょっとその手もあるわけですよ（笑）。

「あなただけが〜」までのところが、クレージーキャッツをやるまでの植木さんだったのでは、との問いに対し

そうなんです。それでもやっぱり、まともに歌ったことは少なかったですね、ええ（笑）。

たらいが落ちてくるのは誰が考えたのか、の質問に答えて

あれはね、〈痛くなくて良《い》い音が出る〉っていうんで、始めたんだけどね。ところが、古くなってくるとダメなの。新品のうちは、音は良いし、痛くない。ところがね、デコボコになってくるとね、ボーヤが休み時間に、いびつになったのを直してるわけ。だけど音は悪いのね。

そこへもってきてね、やっぱり人をひっ叩くっていうとき、どうしても自分の友人というのは叩きにくいものですよ。だから谷啓を叩くとか、ワンちゃんを叩くっていうときは手加減しちゃうのね。こいつなら一つや二つひっぱたいても大丈夫、っていう体をしているのは、ハナだけね！　あいつを叩くときは、目一杯叩くからね。すごくいい音がするわけ（笑）。

『クレージー黄金作戦』の撮影について問われて

映画は贅沢してましたからね――。アメリカの映画史上、初めてのことだって！　あのラスベガスの大通りを遮断したのは。

これには面白い話があるんだけどね（笑）。とにかく踊れない人間が踊って、歌えない人間が歌ってるわけだから――。一回テストをやるたびに、道路の両側は立見席で満員という状態で、そこから毎回拍手が来るわけ。ところが、短足揃《ぞろ》いでさ、みっともない、歌は下手、踊りはなってない、というのが踊ってるわけでしょ？　だから、谷啓が言うわけ。「きっと周りの客（見物人）は、『こいつらはスタンドインで、〝本番〟っていうとカッコイイ奴がパッと来て、ビシーッと流石！っていうのをやるんだろう』って思ってるんだろうけど、いつまで経っても本物が来ないんで、『どうなってるんだ？』って、言ってるんじゃないかな？」って（笑）。

『クレージー黄金作戦』伝説のラスベガス大通りシーンの撮影は見物人でいっぱい
©TOHO CO.,LTD.

「いやいや人種が違うんだから。日本人っていうのはだいたい短足が代表なんだから、これでいいんだ」って（谷啓には）言ってやったんですけどね。彼は非常に恥ずかしがってね。谷啓は、とっても恥ずかしがり屋だから。「そのうちカッコイイのが出てくるんだろうって、みんな思ってるんだろうなぁ……」、なんてブツブツ言ってるわけ（笑）。

あと、あそこ（アメリカ）のお巡わりさんはよく協力してくれてね。（ロケ現場には）ネバダ州のお巡りと、ホテル専属のお巡りと、それからUSA、つまり国のお巡りと三種類いるわけね。それで、お巡り同士で揉めたりしたりなんかして（笑）。それは（こっちには）関係ないんだけど——。

ギャングみたいな人間もいたか、との質問に対して

いたいた！　やけに洒落てる服を着た奴からね、「一緒に写真撮れ。ここに写真送れ」なんて言われて、ポーズ取ったりなんかして（笑）。ヤバイなこれは、みたいなムードがあったの。

クレージーキャッツが七人揃って、アメリカへ行って撮影するということがいかに凄いことだったか——、との斎藤発言を受け

しかし、そういう話を聞いているとね、それはボクの好むと好まざるにかかわらず、年々ボクも歳を取っていくわけよね。もうじき、六十はすぐそこに待っているわけよ。それを考えるとね、二月に死んでりゃカッコ良かったと思うわ。「あの人は凄かった！」でお終いだもの、うん。ちっとも凄くないもんね、ここに至っては（笑）。

新しいシングル「毎度毎度のおさそいに」は昔のパワーそのものだと思った、との斎藤誠の感想には

いやいや、お恥ずかしいんだけどもね。あれは裏を明かせば、博報堂さんとか電通さんとか、いろいろ(代理店が)ありますよね？持ちネタっていうのがあるわけですよ、自分のところはこいつを推薦する、っていうのが。それでまぁ、ボクは電通さんから声がかかったんだけども、「電通さんで植木等を――」ってことになったら、「あ～ダメだ。〝本家〟が出てくるんじゃ、これは話にならない」って、みんな即、引っ込んだそうですよ（笑）。

それを聞くとね、「おい、ちょっと待ってくれ、〝本家〟？　誰がそういうこと言うんだ」っていうことになって――。これは責任、感じるね。普段の声はああいう声じゃないからね。だから、あそこまですぐ、パッとボルテージを上げるっていう習性、「一鞭《ひとむち》くれれば、すぐ第4コーナー」（笑）、そういう習性はついてるわけね。

最近でも、「沢田研二ショー」などで時々歌われていますよね、との質問に対して

いやあ、醜態を晒すんでね、どうも――。「浅草東宝」で何本立てかの映画を見てきてね、〝看板〟が出てくるだけで拍手するっていう人が、実際の植木はこんなに年取ってるのかって、ガックリくるんじゃないかと思うと、もうテレビ(には）出たくないっていう気持ちになっちゃうのね。だから、二月三日に死んでりゃ、カッコよかったって言うのよ！（笑）

山下久美子による、「笑いが〝映画のまま〟ですね」との発言を受け

いや、それが最初は、そうはいかなかったの。「おい、あの〝スーダラ節〟歌ってる、あの男。あいつ、ちょっと変わってるから呼

んで来い」って言われて、東宝に呼ばれて挨拶に行ったら、「今度、君を使って映画を撮りたいんだ。監督を紹介するから」って言われて、古澤憲吾という人に会ったの。その前、その他大勢で昭和三十三年くらいから東宝へも行ってたし、松竹だとか大映だとか、いろいろ行ってた。グループでね。だけども、「主役」って言われたのは初めてなわけ。「これはエライことになったなぁ。おい、主役だよ！」なんて――。

　それで、念のため一応タイトルを訊いておいた方がいいなと思って、「なんていう映画ですか？」って訊いたら、『ニッポン無責任時代』（笑）。やめて帰ろうかなっていう気持ちも、ちょっとしたんだけど、いやいや、このチャンスを逃してたまるものかと、「喜んでやらせていただきます」って言ったんだけれども――。

　初日の撮影の時に、（古澤監督は）「おい、スーダラ節！」って言って、植木なんて名前は呼んでくれないの。「おい、スーダラ節！　お前、そこにバーのセットが組んであるから、カウンターに座って向こう向いてろ。それで、『よーい、スタート！』って（言って）、カチンと鳴ったら、こっち振り向いて、笑え」って言うの。それがね、顔が引きつっていて、笑えないのね。「ウフフフフ……」って。「なんだ、それは！　泣いてんのか？」なんて言われてね（笑）。それで、三十分、一時間やっても、なかなか

『ニッポン無責任時代』で植木と団令子に演出を施す古澤憲吾（成城石井食料品店前にて）　©TOHO CO.,LTD.

ＯＫが出ない。それがねぇ、終いにゃこっちも頭に来てね、「何回同じことやらせるんだ、冗談じゃない」と思って―。

それで、「これでもか！」って思って、「よーいスタート」ってなったら、こっちも一杯飲んでたのが、スッと振り返って、「ブワッハッハッハ……」（呵々大笑）ってやったら、「オッケー!!」、そう言うわけ。だからね、何がＯＫなんだと。こんなもんでＯＫになるんだったら、もう世の中滅茶苦茶だな、って思ってね（笑）。

あの人（古澤監督）で忘れられないのはね、「内緒話を大きな声でしろ」って言うの。内緒話っていうのは、人に聞かれちゃまずい話でしょ？　それを大きな声でしろ、って言うの。あなたに内緒話をするときに、ボクはあなたの耳元に寄っていくでしょ？　ところが、（自分は相手から）離れていくの、どんどん（笑）。（監督は）「ここまで来い」って言うの、その内緒話で。あとのカメラの都合があるらしいんだけど、「こんな内緒話、聞いたことない」と思ってね。「もうこれは、この男と付き合ってたらバカになっちゃう」と思ったけどもね――。

だから、ボクの勢いじゃないね、あれは。古澤憲吾さんという人の勢いですよ。だって、出来上がった映画を見て、自分を感じなかったもの。「凄い奴がいるなぁ～」と思ったもの！　見終わってがっくり疲れて、「いやぁ、これは凄い」って思ってね。とてもボクの実物と、映った人間とは別だった。（古澤監督は）全力投球の、物凄いバイタリティーの塊でね、もう疲れたね、あれには――。

だから、何を考えているのか見当のつかない人だったね、古澤さんという人は。とにかく車の上に乗っかってね、「よーい、スタート！」って声をかけるんだけど、その「スタート」で車がグーンって出たら、監督だけ落っこっちゃって、あとはフルスピードで走っていっちゃったわけ。で、監督は元の位置で唸ってるの（笑）。それで（現場が）大蔵病院（筆者注：現在の国立成育医療研究センター）の近所だったから、すぐ担ぎ込まれてね。それで、松葉杖ついて、あっちこっち包帯だらけで、凄い格好で出てきて、「いくぞ～！」って言った時には、「この人は不死身だな」って思ったね。

植木さんのブレイクは古澤憲吾との出会いがあってこそ、との発言を受け

「出逢いがなければ始まらない」っていうのは、人類が生存する限り、地球が終わらない限り、これは不変の真理ですよ。それ以外はすべて、マスターベーション！（大笑の後）何のこと言ってんだ、こりゃ？（笑）。

最後に、「1984年の笑いはどうなるか」との質問に答えて

それはやっぱり、その時代のヒーローが提供するものでしょうね。今、自分は一般大衆に笑いを提供する第一人者、と自覚している人がやらなきゃならないことね。

で、ボクはどちらかというと、死ぬまで続けなきゃならない。だから、二月の三日に死んでりゃ良かったっていうの――（笑）。

1962年発行の『映画芸術』（映画芸術社／10月号）掲載「対談 ニッポン無責任時代」における発言

続いては時代を遡って、1962年。『ニッポン無責任時代』公開直後に雑誌『映画芸術』（62年10月号）に掲載された、映画評論家・佐藤忠男との対談における植木発言である。「今はむしろ、責任過剰な時代」という佐藤発言に対して、植木はこのように答えている。

いや、事実僕は、あの映画の平均〈たいらひとし〉という男がうらやましいと思ったですよ。自分がやった人物であっても、ぜんぜんなんか別の人間でね。（中略）

うらやましい男がいるもんだ、そう思った。

これは、二十一年後、１９８３年のラジオ番組「出逢いがなければ始まらない」（前掲）における発言「映画を見て、自分を感じなかった」とピタリと符合しており、自ら演じた平均という男を、撮影直後から客観視していたことがよく分かる言葉である。

また、「あの映画（ニッポン無責任時代）は、やっぱり植木さんに当てはめて書いたとしか思えないですね」との佐藤の指摘を受け、古澤憲吾の演出について植木がこのように述べていることにも注目である。

はじめの台本から比べると、かなり違っちゃいましたね。監督さんが、僕に合うようにというんで——僕が普段やっているもののなかで使う、僕独特の言葉があるんだそうですよ。「イイ線いってる」とか、「泣けてくる」とかね。まあ。国語審議会にひっかかりそうなものばっかりですがね（笑）。そういう言葉が、台本には少なかったんですよ。それを監督さんが、前の日に明日のコンテを立ててくるわけですよ。そのときに、そういう、要するに今流の日本語に変えてきているんですね。だから、なんとか僕の持ち味を引き出そうというふうに、監督さんはかなり骨折ったらしいんですよ。

この発言からは、古澤の演出意図や熱意を植木が素直に受け入れている様子がうかがえ、監督と役者の良好な関係性（コンビネーション）が感じ取られる。

続く「もともと喜劇役者になるつもりじゃなかったんでしょう?」との質問に、植木は次のような言葉をもって応えている。映画初主演直後の発言であるから、かなり正直な、本音に近いものと思われ、これもかなり貴重な証言と言ってよい。

そういう（俳優になる）気持ちは全然なかったんですけどね。今はもう、正直言って、やりたいなと思っています。だけども子供の頃は、まあ学校のときでも音楽は好きだったスけどね。うちがお寺だったでしょう、お寺の雰囲気は独特ですからね。だからなんとなく、周りに対して気がねなんですね、そういうことをやるっていうのが。（兄の戦死と病死の話に続けて）結局、僕があとを継いで坊主になることになっちゃったんです。それまでは正直言って、坊主になろうとも、学校の先生になろうとも、医者になろうとも、音楽をやろうとも、なんとも思っていなかったんですよ。

ここから植木は、お寺を継ぐために東洋大学に入ったことと、そこで戦中を過ごし、「サッパリ分からないうちに」終戦となり、漫然と父親のあとを継ぐことが「能がないような気」がして、子供のころから持っていた夢を実現したい気持ちが強くなってきたこと、さらには、「音楽で一生飯を食えたら申し分ない」と思ったことなどを、多くの言葉を費やして回顧。続く「植木さんの俳優としてのキャラクターは、日本映画の新しいイメージを創り出すと思う」との佐藤忠男発言に対しては、戸惑いの気持ちを隠さずに、こう述べている。

「スーダラ節」がああいうふうにヒットしちゃったとか、今度の『無責任時代』が面白いっていうようなことを言われると、こりゃえらいことになっちゃったという感じがするんですよ。なにか宿命づけられたように感じるんです。お前はこれをやらなきゃいけないんだ、というように、大変大きな声で言われちゃったような気持ちで、いつごろまでやればいいんだ、と言いたいような気持ですね（笑）。

この時点で植木が、すでに諦めのような気持ちを抱いていたことには驚きだが、フランキー堺や森繁久彌が、最初は植木のような感じで人気が出たものの、徐々に「重荷に耐えかねたような風情になってきて、人情喜劇のようになったり、なにか悲しき仕事をやっているんだ、というような調子が出てきた」ことを非とする佐藤の見解に、植木が次のように答えているのは、なんとも初々しい。

でも彼らは、それをやってもできるからいいじゃないです

か。僕はそれをやらされたって、今は無理ですよ。だって彼らはいちおう、立派なプロですからね。（古澤）監督に言われたですよ。「ああ、素人使うのは骨が折れるな」って（笑）。「だましだまし、おだてたりおどかしたり、ほんとに世話の焼ける男だ」って。

さらに、「いつまでも無責任のチャンピオンでいてほしいですよ」とのリクエストには――

なんか宿命づけられた、大きな荷物しょわされたような……。でも、やっぱりね、こまかく分析してみると、あの「スーダラ節」がヒットしてもね、ちっとも嬉しくないわけですよ。あんな歌がなんでヒットするんだろうな、いやだな、とは思ったけどね。

ペギー葉山からかけられた言葉『ビキニ・スタイルのお嬢さん』は大人向けの歌なのに、三つ四つの子供がどんどん歌ってる。要するに、意味なんか分からなくても口ずさみたくなる、子供までもが歌うという曲は、これは立派に大衆に支持された証拠。だから植木さん、立派だわ」で、ようやく吹っ切れたという植木。次に取り組みたい仕事については、こう述べている。

要するにペーソスのあるものといっても、ただ安手の人情話じゃなくてヒューマニティのあふれたペーソス、まあ立派におとなの評論家の対象になるというふうなものと取っ組んだときは、やっぱりただの無責任では通らないですからね。

「やっぱり、ペーソスのある芝居というのはやりたいですか」との質問に、「やりたいですね。そういうものを見たときに、やっぱりホンモノにあったという感じがしますよ」と答える植木に、司会者が「日本人の通有性」と切って捨てたのに対しては――

ただワッと笑って面白かったというだけなら、そんなにあとまで残らないですよ。ところが、そういう感激というのは、やっぱり、なんていうんですかね、生きがいを感じて仕事をしてるというのをまざまざと見たような感じでね。要するに、感

激しながらできる仕事なんていうのは、これはいいだろうなあと思うスね。

『ニッポン無責任野郎』で「無責任一代男」歌唱シーン（於成城北口商店街）を撮影中の古澤憲吾（左）と植木等。右は〝Bホーム一の色男〟勝部義夫　©TOHO CO.,LTD.

それでも、エノケンなどのペーソスのある芝居を〝悪〟として、植木に無責任路線を通すよう強く求める佐藤に、植木はこう応じる。

今、やりたいというんじゃないですよ。死ぬまでにいっぺんでいいですよ。やった！　おれはもうこれで死んでもいい、と思うようなのを一発やりたいですね。

よほど本格的な芝居に憧れがあったのだろう、植木は最後まで、オーソドックスな芝居やペーソスのある芝居にこだわる姿勢を見せている。しかしながら、東宝時代にこれが叶うことはなく、植木の性格俳優としての船出は、舞台の『王将』（77）や自ら立ち上げた企画『本日ただいま誕生』（79）まで待たねばならなかった。黒澤明監督の『乱』（85）や木下惠介監督の『新・喜びも悲しみも幾歳月』（86）に出演したときの喜び・充足感は、果たしていかばかりであったろうか。

最後に植木は、『無責任時代』で一緒に仕事をした古澤憲吾について、次のように語っている。ここからは、この映画が古澤と植木という、どちらも芯の強い人間が一歩も譲らず、堂々と渡り合って作った、〈真剣勝負の喜劇〉だったことが読み取れ、誠に感慨深いものがある。

今度の仕事は、かなり台本とは違っているわけですよ。前の日に監督がセリフの一言一句まで書いてくるんですから。だからこれ

は今回に限り、監督の功績は大だと僕は思いますね。それで、「俺はもう寝ないで考えてきたのに、お前に簡単にアッサリ変えられて堪るか」というようなことで、喧嘩もしたけどね。でも、「なに、お前、いまなんて言った。もう一回言ってみろ。いや、ここんとこね、こう。うん、それもいいかもしれん」なんて、かなり向こうも、一晩寝ないで考えてきて、さんざん喧嘩した挙句、簡単に僕の方に決まったりなんかしたこともあったんですよ（笑）。

あの監督は、大変なエネルギーの持ち主だっていう感じがしましたよ。よく持った、という感じがしましたね。ろくすっぽ寝てなかったですよ。僕もかなり寝てなかったけどね。テキもへバらないなと思ってね、負けちゃいけないと思ったですからね。「どうだ、本番いっていいか？」。本番いきましょう、みんないいです。「ヨーシ、前進アルノミ！」。こうくるんだから（笑）。

この四年後に発行された『週刊朝日』（朝日新聞社／1966年2月4日号）に、当の古澤憲吾が植木等に関するコメントを残している。非常に興味深い内容であるので、第一章と一部重複するが、ここで併せてご紹介したい。

まずもって「植木等の持っている才能はすばらしい。これからも彼の才能をうんと引出したい」と語る古澤。

「ドタバタに照れている」という植木の悩みを知りつつも、「やはり、見てくれるお客のイメージはこわしたくない」として、今後も植木に「少しばかりオーバーな笑いや身の動き」を要求する意向を示しているのは、植木にとってはただただ〝いい迷惑〟であったろう。

さらに、ブルーリボン大衆賞受賞を「自分のことのようにうれしかった」と喜ぶ古澤は、「植木等を、ほんとうに知っているのは僕だけだと思います」と明言。続けて「植木等というタレントは、つねに若さを保たせるために、見事な節制をしている。若くして大スターになったのと違うから、高ぶったところがない」と、褒め言葉を述べ連ねていることからは、古澤の植木への惚れこみよう（執着ぶり？）が見て取れる。

日本一シリーズの継続について、

「十年といいたいところだが、少なくとも四、五年はつづけられる自信はある」との古澤の意向を聞いた植木本人が、これをどう捉えたのかは、大変気になるところ。実際、植木は1993年に出版された『ジ・オフィシャル・クレージーキャッツ・グラフィティ』（トレヴィル）の記事「植木等の証言――〈無責任男〉かく誕生す」の中で、古澤の強烈な演出ぶりに戸惑った経験を披露したうえで、こう語っている。

あの人（古澤憲吾監督）は一切理屈抜きの人だから、演技の必然性やら主人公の感情やらを考えながら体を動かしていると、全然OKを出してくれないの。（中略）……で、僕も悩んじゃって、この人とずっとやってたら、自分はダメになっちゃうと（思った）。でも、古澤さんには他の監督にない勢いがあるんですよ。
　僕の好みとしては、かなりオーバーな演技でも、そこに流れるドラマがないとどうも腹が決まらない。これが非常に災いしているというか、理屈っぽくなるというか、そこをとばしてとかいうのは引っかかるんですけど、古澤さんのあの不条理なというか有無を言わさぬ演出でないと、無責任男のあのものすごい勢いというのは生まれなかったでしょうね。僕にはだから、古澤さんのような人が向いていたのかもしれないなあ。

　この植木発言には、古澤憲吾と植木等が東宝では黒澤明と三船敏郎と並ぶ――自他ともに認める――名コンビだったという事実がさりげなく示唆されているだけでなく、古澤との〝出逢い〟がなければ、自分の俳優人生はなかった、という植木の強い思い（まさに「出逢いがなければ始まらない」）も込められているように感じる。
　古澤憲吾は1997年1月に死去。必ずしも恵まれた晩年を過ごしたわけではないと聞くが、もしこの植木証言を読んでいたら、さぞ感激されたに違いない。

1981年発行の『朝日ジャーナル』（朝日新聞社／10月1日増刊号）掲載「私の60年代」における談話

「スーダラ節」のヒットによって大きく変わった自らの芸能生活をふりかえり、植木は〝無責任男〟のレッテルを張られたことについて、「何か重い荷物を背負って坂道を登ってゆくような気分」だったと述懐しつつ、このような分析も開陳している。

彼ら（当時のサラリーマン）にとって、「無責任男」はスーパーヒーローだった。自分の会社の社員だったら即刻クビになるような植木等の演ずる男は、言いたい放題、やりたい放題をしながらどんどん出世してゆく。当時のサラリーマンは留飲を下げたんですよ。大人のメルヘンに近かったんでしょうね。今は違います。「無責任男」タイプはザラにいる。

当時（六十年代半ば）のサラリーマンたちから自分がどう見られていたかをふりかえる植木は、今（八十年代）の日本人の生き方について、こう述べる。

昔は寺の息子でも医者の息子でも、親の職業を継ぐのに何の不自然もなかった。今は自分の適性というものを真剣に考えますね。何をやりたいかではなく、自分は何に向いているか、と考える。昔は総理とか兵隊とか運転士とか、なりたいものをめざすのが普通だったけど、今は自分のユニークさがどこにあるのかを探り、自分に適したものをめざそうとする。だから、今の日本人のほうが自分に正直に生きている、人間らしく生きていると思いますね。

一度っきりの人生をフルに生きるというか、エンジョイする時も、働く時も、一生懸命やる。一攫千金などどうせできないのだから、コツコツやろう。そういう若者が多くなったんじゃないでしょうか。

自分からなりたくてなったわけで

はない〃無責任男〃を思い返して、植木はその当時の若者たちには、〈自分のなりたいものになって欲しい〉と切に願ったのではないだろうか。

これは、そんな思いがずしりと伝わってくる発言である。

1984年刊行の自著『夢を食いつづけた男 おやじ徹誠一代記』（朝日新聞社）における植木等の回想

前述のとおり植木等は、66年に「ブルーリボン賞」を受賞。このパーティー後に父親・徹誠氏が放った「おい、等。お前、こんなことをやっていて、いつになったら本物になるんだ」との一言は、植木には相当「こたえた」ようで、これが発奮の元ともなっているが、ここで植木が思い起こしたのは次のようなことであった。

これまで芸能界で過ごしてきて、まざまざと見てきたのは、売れている役者と売れていない役者に対する監督らの差別である。

映画で留置所のボス、いわば牢名主のような役を演じたときだった。私が歌を歌ったり、同房の囚人に肩をもませたりしているところへ、警官役が飛んできて格子の間から顔を出し、「誰だ、いま大きな声で歌を歌ったのは」という場面があった。

このときも、映画監督の主役と端役に対する態度が、おそろしく違っていた。

この作品は、1963年3月公開の『クレージー作戦 先手必勝』（久松静児監督。歌う歌は「スーダラ節」、同房の囚人は安田伸）と推測されるが、植木は、この警官役（演じたのは、若き日の久野征四郎）が「朝九時から待機させられ、十一時半になってようやく呼ばれたかと思ったら、監督が延々とテストを繰り返した挙句、休憩。そして、この警官役だけはさらに待機を食らい、四時半に呼び出されると、またもテストの繰り返し。食うや食わずの月給しかもらえないのに、同じセリフを二日も三日も反復させられていた」姿を見て、こう考えたという。

私は、こんな場面を見るたびに「自分よりも、ずっと長く役者をやっている人が、こうして下積み生活を送っているのだ。俺は、よほど運の良い男に違いない。こういう扱いを受けている人を大事にしないと、俺も長続きしないな」と、考えた。

のちに付き人をした小松政夫が、この俳優・久野征四郎と親しくなったとき、対等に口をきいているのを植木にいさめられたという話はよく知られるが、植木に、仕事を共にした俳優やスタッフを大事にするという精神が生涯残っていたことは、小松政夫さんの発言（スタッフを大事にしたエピソード）や、筆者がお宅に伺った時にうかがった言葉「今日は、さっきまで東宝のスタッフが（家に）遊びに来ていたんだよ」からも明らか。やりたくもない〝無責任男〟を全うしなければならない、との思いは、案外こうした経験から導かれたものだったのかもしれない。

1991年2月8日発行のサブカル・マガジン『合点だい！』創刊号（CBSソニー出版）掲載の長編インタビュー「日本一に聞く『青空』」（聞き手：佐川秀文）における発言

「スーダラ伝説」で完全復活後に行われた本インタビューで、植木はまずこうカミングアウトする。

東洋大学に入った頃から、なんとなく坊主にはなりたくないっていう気持ちになって。まあ、いわゆる色気づいて来た頃ですよ（笑）。

十二歳のときから、本郷の真浄寺で小僧として修行中だった植木。「だんだん普通の人っていうかね。俗人というか……」と本人が語るとおり、行く末を自分なりに模索していた時期だったのであろう、植木は僧侶になる道を厭うようになる。
　そして、「音楽を始めたきっかけ」については、次のような自虐めいた言葉をもって質問に応えている。

　戦争中ですね、僕が音楽と関わり出すのは。今で言う音楽同好会みたいなもんで、楽器の出来る人とか歌のうたえる人とかが、いろいろ集まってね。そして、みんなで軍需工場の慰問に行くわけですよ。これが何とも良かった（笑）。
　もう、女工さん騒ぐしね。〝キャッキャ、キャッキャ〟って。お寺での生活を考えると、もう天と地の差があるんですよ。（中略）そうね、食い物につられて行ったみたいな。情けない始まりですけどね。

　まさに煩悩の赴くまま音楽を始めたという感じだが、ギターを持ち出したきっかけについてはこう述べている。

　昭和22年にデビュー（大学卒業後、11月にNHKラジオ『お昼の軽音楽』で「ビロードの月」を歌唱）して、歌だけじゃそう仕事もないって、それでギターを。ちょうどその時、大倉のよっちゃんという遊び人がいましてね。（中略）八千円で買ったんです。当時は国家公務員の一般職が月給千八百円の時代だから、けっこうなもんです。月千円ずつ八回（の月賦で）。

音楽家として、売れるまでに挫折しそうになったことはあるか、と問われると――

　一応、（昭和）22年がデビューでね。30年にクレージーキャッツが出来て、僕がそれに後で参加して、全国的に名が売れて食えるようになったのは、昭和36年の「スーダラ節」のヒットが原因ですからね。まあ、それまで十四年かかってるわけですよ。
　その間に、女房は〝もうやめて他の職業を探したらどうだ!?〟って言ってましたよ。それは辛かったですね、ええ。

　さらに、「自分からやめようとは思わなかったか」との質問に対しては、次のように断言。この時期を懐かしく回顧する風の植木だが、やはり「スーダラ節」以降は音楽（仕事）が面白くなくなってしまったようだ。

ああ、それは（やめようとは）思わなかったですね。
だけど、今振り返ってみると、その売れなかった頃ってえのが、一番楽しかったわけね。もう売れちゃったら最後、おもしろくないことねぇ（笑）。（中略）もう昭和36年からは、おもしろくもなんともなくなっちゃった——。

これまで何度も書いたように、ここから植木は「スーダラ節」並びに、そこから派生した〝無責任男〟の呪縛に悩まされることになるわけだが、昭和38年に経験した〈殺人的〉な忙しさと病気入院についても付言しているので、ご紹介したい。

ええ、それは昭和38年ですね。

映画12本っていうのは（筆者注：植木はキネマ旬報別冊『テレビの黄金時代』のインタビューでも、「自分の映画を4本撮って、ひとの映画に8本出た」と語っているが、38年から39年正月までの公開作は、実際には7本。内訳は主演作4本、助演作3本となる。これはカメオ出演の『馬鹿まるだし』も含めた数字で、これでも相当に多いと言わざるを得ない。ちなみに、香港ロケでは、この年公開の『香港クレージー作戦』と翌年公開予定の『出たとこ勝負（無責任遊侠伝）』の二本を同時撮影している）。
もうその年の暮れには、だいぶ黄疸症状が出てきちゃうんですよ。39年の2月の3日に入院して、3月に大阪のコマ劇場ってのがあって、その僕の代役は谷啓がやってくれて、それに水原弘とか入れてね。（中略）その千秋楽の日には、東京の病院抜け出して行きました。

映画はもちろん、舞台（それも大阪）にまで病院を抜け出して通っていたとは！　まさにこれは小松政夫さんの証言のとおりで、いかに世間（渡辺プロと東宝？）が植木等を必要としていたかがよく分かるエピソードである。

続いて、「クレージーの無責任男的なもの」を避けていたかについて問われると、植木はこう断言する。

そんなことはないんですよ。やっぱり芝居どころさえあれば、出る意義はありますしね。ただ映るだけのようなものは意味がないですから。

本インタビューは、すでに「無責任男的なもの」への嫌悪感を吹っ切っていた時期のものであり、植木は〝無責任男〟についてこのようにも述べている。

それはやっぱり僕が生きている限りは、やらなきゃいけない使命みたいなものを感じているからね。

それとあとは、歳に合った役っていうやつですね。ケタはずれな人間じゃなく、ごく普通の人間っていうやつをやっていきたいと思ってるんですよ。自然体っていうかね。

あの〝無責任男〟っていうのは、かなり自分のケツひっぱたいて、ボルテージ（を）上げないと出来ない役だから。

去年、今年、そして来年も『エニシングゴーズ』っていう舞台をやってるんですけど、あれは完全に無責任男ですしね。決して〝無責任男〟を忘れているわけじゃないんです。

もうここに、〝無責任男〟の呪縛に苦しむ植木等は、いない――。

あの高度成長の最中に、〝無責任男〟を無我夢中でやって。なんか、寝る時間も3、4時間で何年も働いた。一年中休みもなく、ですよ。自分の周りをじっくり見つめながら、なんていう余裕もなかったというか……。

こう当時をふりかえる植木だが、〝無責任男〟をやり続けることを納得するとともに、逆に呪縛を強めたかもしれない意外な出来事があったことも明かしている。

以前、昭和38、9年だったと思うんですけど、東宝から有吉佐和子さんの『普請の時』（原文ママ）っていうシリアスな作品（筆者注：1967年に日本経済新聞に連載された『不信のとき』の誤記であろう。当小説は翌68年に大映で映画化されている）の話が来たとき、渡辺晋に怒られましたねぇ。「お前、何やってんだ」っ

て。「そんなもんやるために、お前（は）生きてるんじゃないんだぞ」って言われたもんですね。今考えると、やらなくて良かったんだって思うんです。〝無責任男〟が自分の中で完全に腹を決めることが出来て、それを演じ切れた時じゃなかったからなんですよね。

　だから、逆に今だから演れる役があるんです。当時、それを演っていたとしたら、どうでしょう!? 中途半端なものになってたような……。その時は、多少不満もありましたけどね。

　おそらくその当時は、他の役（無責任男以外の役）をやりたくてうずうずしていたはずだから、これは時を経た1991年のこの時期だからこそ、口にすることができた言葉であろう。実際植木は、こうも語っている。

〝無責任男〟を演ずる、「スーダラ節」を歌うってのを、使命感で十年以上続けてきた。はっと気づいたときに、自分自身に何も残ってないんじゃや仕方ない。だから、年相応の役を、そろそろやってかなきゃならんなって気になったんです。それが昭和47、8年ですよ。それで〝無責任男〟以外のものをと思って、そんな気持ちで『王将』の舞台（東京宝塚劇場）を引き受けた時は、五十一だったかな。

　だから、真剣に今の作品を選ぶんです。自分の生きる役というものを……。

　昭和47、8年は、オイルショックの影響もあって映画界の状況がさらに悪化、クレージー映画が作られなくなり、長年続いた「シャボン玉ホリデー」も打ち止め。植木にとっては、心身ともに余裕ができた時期に当たっている。したがって、ようやく〝無責任男〟に縛られない日が到来したことは確かで、ここから植木は念願の性格俳優の道を歩んでいくこととなる。

　最後に植木は、聞き手の佐川秀文氏が発した「（植木さんを見ていると）どういうわけか、元気が出るんですよ」との言葉に応え、こうインタビューを締めくくる。

そう言っていただく方が日本に何人かでもいる限り、僕はますます頑張ります。

僕の自分に対してのイメージは、やっぱり明るいってことですから、いや、そう観ていただくってのは、ありがたいことですよ。

この発言からは、すでに植木が〃無責任男〃を生涯背負っていくことを腹の底から納得し、むしろこれを全うしようとする決意すら感じられる。この境地に達した瞬間は、果たしていつのことであったのか――。

1998年、JR東日本発行の新幹線車内誌『TrainVert（トランヴェール）』10月号掲載のトーク記事「植木等対浜美枝」における発言

時代は下って1998年。「久しぶりの再会」を喜ぶ植木等と浜美枝は、JR東日本が発行する当誌において、古澤憲吾監督の強烈な演出ぶりをこうふりかえっている。

植木　とにかく古澤憲吾監督の無責任シリーズということで、があーッと女優さんをさらうように連れてきて（笑）、わーッと映画を撮ってしまうんですからね。男と女が互いに惹かれていく過程があって、そこに熱い思いが描かれている、というならいいんだけど、ストーリーがこれすべて、突然変異みたいな話ばかりでねえ……（笑）。

浜　あの頃わけもよくわからずに、監督さんの言うままに無我夢中でやっていたんですけど、そういえば、(無責任男は)不思議なキャラクターでしたよね。フィクションなのかノンフィクションなのか、よく分からない、何とも言いがた

い虚実の被膜に誕生したキャラクターだったと、今になって思います。

植木 とにかく変わったやつを登場させよう、という感じで監督はやるわけでしょう。監督がオーケーを出さないことには、撮影が進まないんだからねぇ。

浜 そうでしたね。監督さんがひたすら怒鳴っていらしたような気がします。

植木 ボクが覚えているシーンはね、キャバレーかクラブで、白川由美さんの住所をボーイからそっと聞き出す、というのがあったんですよ。内緒で、小声で聞くわけね。ところが監督は、「もっと離れて立て」と言うんだね。離れていては内緒話なんかできないでしょ。だから僕は「そんなの変です」と言ったら、監督は「それでいいんだッ！」って怒鳴るわけ（笑）。ああ、こんな非人間的な人とつき合っていると（笑）、この人の毒素に感染して、そのうちおれまで変な人間になっちゃうんじゃないかと、心配でしたよ（笑）。（筆者注：これは『日本一の色男』でのエピソードと思われる。実際植木は、白川の住所をホステスの柳川慶子から聞き出しているが、画面を見る限り、それほど離れて話しているわけではないので、植木の意見が多少なりとも監督に通じたのであろう）

浜 あの当時、植木さんでなければこなせないキャラクターだと私、思ったんですよ。植木さんご自身はすごく真面目な性格でいらして、セットでの待ち時間にも、片隅でじっともの静かになさっていましたでしょ。およそ、ご自身と正反対、というより、この世に存在しないような人物を演じていたわけですよね。もし自分の中にちょっとでも共通点のある方だったら、悩んでしまって、中途半端になってしまったんじゃないでしょうか。

植木 まぁ、監督の意向を汲んで、それを演じなくちゃ、と思っていましたからね。それにしても、浜さんは新人女優でしたけど、あのキテレツなストーリーにもめげずに（笑）、伸び伸びやっていましたねぇ。すごい新人だと思いましたよ。

植木はこの対談で、「スーダラ節」レコーディングに纏わる父・徹誠とのお馴染みの逸話や、役者として「いつ本物になるんだ」との催促を受け続けたエピソードなどを、浜に改めて言い聞かせている。ここからも、父親の意見を常にしっかり受け止めていた植木の律儀な性格がうかがえ、これはこれでなかなか微笑ましいものがある。

対談の最後で「日本アカデミー賞助演男優賞」を受けた植木に、浜が役者としての意識を問うと、植木はこのように答えている。

植木 若い頃、必死で走り続けてやっている最中、ふと我に返ったとき、おれが演じているこの男は、いずれは何の評価も得られない人物として時代とともに消えていくんだろう。そういう時期が来たとき、俳優として何か別の分野でも生きていけるようなものを、自分が身につけているかどうか。何もなくて、使い物にならないもぬけの殻になってしまっているのか……。そういう不安が、無責任男を演じていながらも、僕の頭の中にはものすごくありましたね。

（中略）でも、のちに黒澤明監督や木下恵介監督など映画界の巨頭が、この役を植木にやらせたら面白いぞ、と思ってくださったきっかけは、あの無責任男にあったのだと思うと、感無量なところがありますねぇ。その後、古澤監督が亡くなったとき、僕は真っ先にお参りに行きましたよ。「僕が今、生きていられるのは、あなたのおかげです。ありがとうございました」と、手を合わせました。

浜 いいお話ですね。

植木発言をふりかえって

以上、様々な植木発言を並べてみたが、皆さんはどのような思いで読まれただろうか？　それにしても、こうして各時代における発言を並べてみると、その時々で言い回しやテンションは多少違っていても、どのコメントからも植木等がいかに〝無責任男〟と「スーダラ節」の呪縛に悶え苦しみ、本格的な（普通の？）役者・歌手に転じることを望んでいたかがよく伝わってくる。

　これは、映画や歌の作者たちと所属プロダクションの社長らが植木等に課した〝無責任男〟の任務＝イメージが、植木等に一生を通じてこれとの格闘を強いたことにほかならず、ここからは、今さらながらではあるが『ニッポン無責任時代』という映画と「スーダラ節」という歌の功罪が浮かび上がってくる。

　植木の屈折した思いは、それこそ植木等本人にしか分からないことである。しかし、こんな経験をした役者（歌手）は、もしかすると我が国では植木等ただ一人かもしれず、その俳優としての特異な立ち位置が鮮明となる。渥美清が車寅次郎の呪縛に苦しんだこともよく伝えられるところだが、渥美の場合はキャリア半ばでの〝寅さん転身〟であり、出発点からひとつの役柄に縛られてしまった植木の苦しみは、果たしていかばかりであったろうか。

　それでも、浅草東宝などにおけるオールナイト上映で脚光を浴びた時期の発言、１９９０年の「スーダラ伝説」の大ヒットで再び最前線に躍り出た時期の発言、そして、その翌年（１９９１年）にＮＨＫホールで開催された「植木等ザ・コンサート」を終えたときに楽屋で発した「これでもう死んでもいい」との発言等々をふりかえると、やはり植木は１９８３年２月に病気で死にかけたときに、〝無責任男〟の支配から完全に脱却したのだと思えてならない。それ以降の勢い（更なるボルテージ・アップ）と活躍ぶりを見れば、ずっと植木等を応援し続けてきた方にも、この説は必ずやご納得いただけるはずだ。

　最後に、１９９３年に刊行された『ジ・オフィシャル・クレージーキャッツ・グラフィティ』（前掲）のインタビュー記事で、〝無責任〟二部作や『大冒険』などで共演した団令子が植木について語った言葉を紹介して、本項の締めとしたい。

団 植木さんは、映画のようなことをなさる方ではなかったです。でも、『エイ、やっちゃえ』てな調子で演技していましたけどね。現場で素顔とのギャップに悩んでいるようなことはなかったです。音楽の方って、すぐノルでしょ。私たちも一緒にノセられて楽しかったですよ。

これを読んだとき、筆者の心は嬉しい思いでいっぱいになった。実際の植木等が〈当たり前の人間〉であったこともそうだが、決して大きな悩みを抱えたまま、渋々、嫌々と演技をしていたわけではなかったことが分かり、心の底からホッとしたのだ。団の言葉を信じれば、〝無責任男〟の重圧から逃れるのに、あるいは固定化された役柄ばかり演じることへの不満を解消するのに、ミュージシャン特有の軽いノリが、植木には随分と助けになっていたことになる。思えば、東洋大学時代に出かけた慰問演奏こそが、その原点だったのだが……。

団令子と共に（『ニッポン無責任野郎』撮影時）。東宝撮影所前にて　©TOHO CO.,LTD.

小松政夫　大いに語る

最初の付人　運転手弟子

小松政夫さん特別インタビュー

小松政夫　本名、松崎雅臣。福岡県福岡市出身。
1964年1月より三年十ヶ月に亘り、植木等の付き人兼運転手を務める。
2020年12月7日没。

植木等に関する書物を作るにあたり、何がなんでも話を伺わなければならないのが、植木等にとっては〝最初の付き人〟であり、〝運転手〟、さらには〝弟子〟であった小松政夫さんである。これらの立場は、すべて植木等個人が給料を払ってのものであったから、このお二人は、いわば〈プライベートな師弟関係〉にあったことになる。

様々なご著書で植木さんと過ごした日々のエピソードや、その人間性について語っておられる小松さんだが、まだ明かされていないエピソードを引き出せたらこれ幸いと、〝最後の付き人〟となった藤元康史さんを通じてインタビューを申し込んだところ、快くお受けいただいた。

会合は、藤元さん同席のもと、2020年1月18日の夕刻、ご自宅からも程近い馴染みの居酒屋で執り行われた。当日は、まさに中国が春節を迎えようとしていた時期にあたり、当初予定されていた中華料理店は店主の帰国により休店、会場は小松さんのもうひとつの行きつけの店「ちょうちん」に変更と相成った。思えばこの頃、我が国にもかのウイルスが侵入し始めていたのだが……。

折悪しく小松さんは、前年の舞台での無理がたたったとのことで、体調を崩され服薬中。この日のインタビューは、〈お酒抜き〉で行われることとなった。それでも、話題は植木さんのことだけでなく多方面へと及び、二時間半にも亘るロング・インタビューとなっただけでなく、小松さんの口からは、植木等の音楽家としての隠れたエピソードなど、初めて聞く〈トリビア話〉が連発。いかに昭和39〜40年の植木等が多忙で、映画の撮影やテレビ収録、レコーディングなどに必死で臨んでいたかがよく分かった。

この1月で七十八歳になられた小松さん。付き人＝弟子として植木等と過ごした期間はわずか四年弱だったが、師匠に対する尊敬の念の深さがその言葉の端々から伝わってきて、厳寒の中、実に胸熱くなる一夜であった。

2020年1月18日(土)
京王線「芦花公園」駅近くの居酒屋「ちょうちん」にて
撮影：藤元康史

――今日は寒い中、お出ましいただき、ありがとうございます。

小松　（以下、Kと表記）　今、ちょっと調子崩しちゃって、（医者に）お酒飲むなって言われているんです……。

――そんな大変な状況の中、申し訳ありません。堅苦しいインタビューにはしないつもりですので、どうぞよろしくお願いいいたします。

芦花公園駅近辺に住むようになった理由

――（店に貼ってある小松政夫さんのCD「親父の名字で生きてます」のポスターを見て）これは、このお店で撮られたんですね。

K　そう、このカウンターで。ここ（芦花公園駅近く）に住んで四十年ですけど、植木のオヤジに「ここに住め」って言われて。

――その前は小松さん、代々木上原ですよね？

K　そう。そんな豪邸に住むのはもったいない、って言われて。

――タモリさんとか桃井かおりさんとか、よく来られたそうですが。

K　伊集院静さんとか、和田誠さんとかも毎日のように来て。オヤジの印象が悪かったのか……。

——そしたら、植木さんが？

K　もったいないって！（家賃が）当時、四十万円だったかな。物件が出ているから見ろっていうんで、来てみると、知り合いの大工の棟梁（藤崎さん）が待ってるんだもの。これは、うちの近所に来いってことだったんだね。

——砧のお宅の近くに（住め）ということだったんでしょうね。環八を使えばすぐだし。

K　そう、七〜八分だもんね。これ、藤崎さんとオヤジの出来レースだったんですよ。

（筆者注）藤崎さんとは、植木邸のすぐ近くに住んでいた大の仲良しの大工さんのこと。

語りたくない代々木上原時代の話

——小松さんの奥様は山形のお生まれでいらっしゃるとか。私も山形なんです。

K　ああ、そうですか！　うちのは新庄です。

——結婚のご挨拶に行かれたとき、新庄の言

『親父の名字で生きてます』（ワーナーミュージック・ジャパン）CD ジャケット

葉はお分かりになりましたか？

K　まあね。俺が行ったので、遠慮して東京弁使っていたんでしょうから、分からないことはなかったですね。

――上原時代は、もう結婚されておられたんですか？

K　そうです。いろんな話はあるけれど、ボクは上原の辺りが好きだったから。最初はあの辺に住むつもりはなかったんだけど、植木のオヤジに住めって言われたこともあって……、住んでの話は、ちょっと言いにくいなぁ。

――聞きたいですね（笑）

K　それで手狭だっていうんで、もう一回違うところの上原に越して……。なんたってね、ビルにもの凄いスペースがあって、大酒飲むにはちょうど良かったっていうか。人工芝なんか張って、そこでバーベキューをやるという。まあ、二十人くらいは悠々と入るところで、下はスーパーだったところです。代々木上原商店街から表彰されたりなんかして……（笑）、面白かったですね。

植木等さんが自主映画に出演してくださったこと

――私の山形の家は、東宝の映画館の株主をしていたんです。幼稚園の頃から、東宝の映画を祖父、祖母に連れられて毎週のように見に行っていましたので、子供時代から植木等さんと三船敏郎さんをアイドルとして、ヒーローとして見ていたわけです。そこで大学も、東宝の雰囲気が好きだったんでしょうね、撮影所のある成城を選びました。すると植木さんのお嬢さん、眞由美さんとひとみさんが先輩としておられまして、植木さんが近くにお住まいであることを知りました。そんな関係で三船さんの本も書かせていただいたんですが、次は植木さんということで、〝最後の付き人〟である藤元さんと、〝最初の付き人〟の小松さんに話を伺わないわけにはいかない、ということになった次第です。

藤元（以下、**F**と表記）　高田さんは、成城大学で働いていらっしゃったんですよ。

K　そうなんだ！

——眞由美さんも一時、大学で働いていらっしゃったので、同僚みたいなものなんです。

F　そこで若い時、オヤジさん大好きということで、熱が高じて自主映画を作って、オヤジさんに出てもらった、という人なんです。

K　えっ、何だったんですか？　俺知らないよ。

——（自主映画『刑事あいうえ音頭』のポスターを小松さんに見せながら）意を決して頼んでみら、植木さん、出てくださったんですよ。

K　そういうところがオヤジさん、律儀なんだよね。

——結果的に、谷啓さんも出てくださいました。

K　渡辺プロにも断ったんだねぇ（筆者注：植木さんはまったくのプライベート出演だった）。

——とは言え、誰にもギャラはお払いしていないんですが。

K　それは、植木等が「出る」って言ったら、誰も止められないよね。

——今はそんなこと、できないんでしょうね。

K　今なら絶対駄目だよ。アタシがこの間、植木等の本を書いて、それを原作にしてＮＨＫで放送されたでしょ？（筆者注：「植木等とのぼせもん」。２０１７年放送）そしたらね、渡辺プロのタレントの話、当然出るじゃないですか。そしたら名前出しただけで、全部持っていっちゃった。

——本人が出るわけじゃないのに、ですか？

K　ピーナッツの〝模造品〟が出たんですよ。歌も歌った。そしたら、著作権料ということで……。志尊淳君というのが、アタシの役ですからね。それだけは私も立ち会おうと思ったの。まあ、機敏に動けるかどうかは知らないけど、まあいいんじゃないかってことで。

——今、売り出しの人ですよね。

K　すっかりそれで売れちゃったんだよね。それなのにですよ……

（筆者注：ここからはオフレコ話なので未掲載とさせていただくが、小松さんの現在のナベプロへの思いがよく伝わってくる内輪話であった）

最近の小松さんの活動、そしてお酒の話

――小松さん、お酒とか食べるものとか、制限されているんですか？

K　ちょっと糖尿がでてね、暮れに。血糖値が高いので、食べ物にも用心しているんです。去年はね、大小合わせて六本、芝居をしたんです。「大」が大きかったんだけどね。2月にまず博多座というところで。4月に二か月半に亘って、全三十回くらいの全国行脚、はっきり言ったら「日本香堂」という（老舗線香メーカー主催の）ね、二千人単位でお客の来る芝居をしたんです。全国ですよ！　今回は神戸から下、九州一周、四国一周、山口あたりまで全部回るという旅をして。そこからまた博多座、明治座に出て、新橋演舞場。それで最後に、アタシの『小松政夫の大生前葬』というのをやって、ヘトヘトになっちゃったんです。それで糖尿の気があるので自粛しなさい、ってことに……。とにかく旅が一番きつかったんですね。

私の歳には、植木のオヤジはもうヘロヘロだったんです。もう芝居もやってません。動けていたのは七十五のときまでで、名古屋の中日劇場が最後かな、確か。

――「名古屋嫁入り物語」ですね。私、その舞台を拝見しに行ったんです、名古屋まで（筆者注：小松さんも共演した1998年の舞台「続・名古屋嫁入り物語」のほう）。東海テレビの出原弘之さん（筆者注：舞台やテレビのプロデューサー）に是非、見に行ったらいいと言われまして。

——小松さんのご著書にも、植木さんが飲めないので、小松さんに「飲め、飲め」と、さんざん飲ませたエピソードが載っていますが。

K　そう。氷もなにも入れないで、(目の前のグラスを指して)これよりも大きなタンブラーにカポカポカポ……。なになになに？　ちょっと待ってください(笑)。芸能人ってこうやって飲むんだなと思って、これは驚きましたね。

——ご自身がまったく飲まないからでしょうね(笑)。

K　それまでは、ゆっくり飲んだら一本くらい、ウイスキー飲みましたけどね。でも、これはやっぱり具合悪い、氷もないですから。

(亡くなったのは)裕次郎さんも五十歳代ですけど、勝新さんは六十代半ばくらいかなぁ。美空ひばりさんも五十歳代。あの人は車の中にブランデーが置いてあってね、ボク目撃しましたよ。

初めて植木等と会ったときの印象～超多忙の時代

——病院の話ですが、小松さんが初めて植木さんにお会いになったのは、どこの病院だったんでしょうか。

K　逓信病院、五反田じゃないかな……、五反田です。

——新聞広告に募集して、そこに来い、ということだったんですよね。

Ｋ　そうです。

――昭和39年の初めだと思いますが、その時の植木さんの印象はいかがでしたか？

Ｋ　来いとは言われたんですが、すぐには行かれなかったんです。車のセールスがありましたし、後片付けしなきゃなりませんでしたから。お客がローン組んでいる期間もあって……。それが昭和39年の1月です。

――体調がよろしくないのは、肝炎だったみたいですね。

Ｋ　「俺は何を食っても当たらないし、熱も出ない、腹もこわさない。それがどうしても元気がもとに戻らない。医者に行ったら、この始末だ」って言ってましたからね。だから、お酒を一滴も飲まないのに、なんで肝臓だってことで……やっぱり過労ってことでしょうね。

私の場合は散々飲んで食ってきたんで、今頃ツケが回ってくるとは遅いくらいのもんですよ。

――植木さんの昭和37～38年がいかにお忙しかったか、ということなんでしょうね。

Ｋ　だから何度も言うんですけどね、今の奴が忙しいったって、何を言ってやがるんだと思うわけですよ。（植木が）結局、一週間で十時間しか寝られないってことは、月曜日が十二時で終わったとして、その次の日は朝五時出発のロケがある（ってこと）。映画をやりながら、日劇もやるわ、営業もある。それでテレビの「シャボン玉ホリデー」があり、「ヒットパレード」もある。そんなものをやりながら、旅の仕事もある。

――レコーディングもありますよね？

K　こんなことは今、信じられないでしょ？　いくら忙しいって言ったってね。私が言うわけじゃないけど、今「芸人さん」っていうらしいですね。あれが分からないんだ、「芸人」っていうのが。自分に芸があるのか、っていう芸人ばかりで……。今、植木がいたら、どういうふうに言っているかなあ、って思って。

私たちみたいに、師弟関係っていうのが、今まさに何もないでしょ？　学校でお笑いをどうやって学ぶんだ、って思うわけ。だからボクは、「現場を知ってよく見ろ」、「植木等の芸を真似て、だんだんそれに似てきた、じゃダメなんだよ」っていつも言う。

（植木と）一緒に芝居に出させてもらっていたとき、「俺の付き人をやっててもいいから、いつも芝居をよく見ろ。お前が好きな役者さんを袖《そで》で見ていろ。その時は俺に付かなくてもいい。お前がその人を好きだと思ったら、それはその人と感性が合ってるんだ。お前ごときが何やっても、あの人の真似をしてるなんて誰も思わないよ。だから（その人の芝居を）見なさい」って言ってくれましたね。

――そういう有難いことをおっしゃってくださる方だったんですね、植木さんは。

――病院でお会いした時の植木さんの印象は、どんな感じだったんでしょうか？〝素顔の植木さん〟と言ってもいいですが。

K それは、僕らが知ってる、あのパワーというか、「やあ、どうも～! ワッハッハ……」っていうのはまるでないわけですよ。それは疲れていた、というのもあったんだろうけど、そうじゃないんですよ。すごい紳士、ジェントルマンっていうかね。なんていうか、そういう感じでしたね。

——植木さんは小松さんに、「自分のことを父親だと思えばいい」と言われたそうですけど、そういうことを淡々と、落ち着いておっしゃったわけですか?

K 声の出方が違うからね。「これが植木等か!」って思うくらいビックリしましたね。

——歌も低音の効いた「クルーナー・スタイル」っていうんですか、非常に低音部分を上手に歌われる方だったですね。

経堂時代の植木等

——実は私も砧に住みまして、植木さんのお宅に何度かお邪魔したことがあるんです。素敵なお宅でしたね。もうお父様(植木徹誠氏)はいらっしゃらない頃でしたが、離れがまだありました。

K お父さんの部屋ですね。

——今はもう、別のお宅が五件くらい建っていますが。

K ボクは〈餅まき〉しましたね。棟割り式の時に。

――小松さんがお付きになったときは、まだお宅は経堂でしたか？
K　そうです。経堂の小学校の裏でした。まだ畑ばっかりだったですね。
――小松さんは、経堂の商店街のアパートにお住まいになったんですよね。「農大通り」のほうですか？
K　いや、逆のほう、赤堤に向かうほうの「すずらん通り」。ず〜っと行って、経堂小学校の脇を入っていくと近かったですね。
――ご長男（音楽家・比呂公一氏＝植木浩史：本名は廣司）が小学生くらいでしょうか？
K　そうですね。

小松政夫、植木等の付き人となる

――小松さんから見て、植木等という人はどのように見えましたでしょうか？
K　そりゃあ憧れというか……、車のセールスマン時代に、植木等の「シャボン玉ホリデー」を見るために……、アタシ、そのころ景気良かったですからね（笑）。ラーメンが三十円、大学出の初任給が一万三千八百円の時代、私は十万円でしたから。
――「もらう月給は一万なんぼ」の時代に十万円！
K　今でいう百万円以上ですよ。
――付け人兼運転手になられたとき、給料は渡辺プロから出ていたんでしょうか？

K　違うんです。植木等、個人の運転手です。体中悪くてどうにも動けないというんで、会社に頼んで、運転手を入れてくれと（いうことで）。それで、私が弟子になったと思っている人がいるんですけど、運転手ですから！

――プライベートな運転手、私設秘書みたいなものだった、というわけですね。

K　そうです。それで、途中で、「え？　お前はなんだ、タレントになりたいのか？」って（言われて）（笑）。（こちらは）そのつもりで来てるのに。

K　でね、アタシ、もともと俳優座、受けてるんですよ。で、受かったんですが、ところが入学金払えなくて、どうしようっていうことになって。結果的に「故郷《くに》に帰れ」って兄貴に言われたんですが、植木等が大好きで、大好きで。

相模鉄道の星川というところから通って、役者を目指していたんだけど、当てもないし、どうしていいんだか分からなくって。でも、養成所みたいなところに行けば道が拓けるんじゃないかと思ってね。

そのとき、「受験に際しては、トレーニングウェアとタイツを穿いてきなさい」ということで、踊ってみろとか、町を歩いてみろとか、「ここに十円玉が落ちているけど、それを見つけたらあなたはどうしますか？」なんていう課題が出て。そんなことで、植木ンとこへ（面接に）行くとき、試験があると思ってわざわざタイツなんか持って行ったんだけど（笑）、何もなかったね。

植木等への憧れ

Ｋ　博多を「万歳、万歳！」で送られたんで、もう帰れないから、いろいろやって、最終的には車のセールスマンで頑張ろうって思ってたんですけど……。

カラーテレビのあるところはビヤホールしかなかったんですね、家庭で買えるような時代じゃないんで。で、その支配人に一万円渡して、チップですよ！　その代わり一ケ月一万円ですから、五時半から八時半までは、この席は俺のだからってことで、カラーテレビの前には誰も寄せ付けない。で、ビール飲みながら、きゃっきゃ喜んでいるわけ（笑）。

――そこで毎週、「シャボン玉ホリデー」をご覧になっていたわけですね？

Ｋ　そうです。そのときは「てなもんや三度笠」が六時から六時半までで、六時半からは「シャボン玉ホリデー」。

――私はあの頃、「シャボン玉ホリデー」をカラーで見たことがないんですね、昭和三十年代前半はカラーテレビがほとんどない時代でしたから。「シャボン玉」は、かなり早いうちからカラー放送されていたそうですけど？

Ｋ　僕が出た頃のは、残ってないんですよ、日本テレビに。

——ＶＴＲで取っておく、ということがなかったんでしょうね。

Ｋ　そうそう。

Ｆ　「シャボン玉ホリデー」は、最初からＶＴＲですか？　生（放送）はなかったんすか？

Ｋ　生です。生放送もいいとこ。途中でＮＧ出したら、えらいことですよ、一からやり直しだから。ＶＴＲができたときには、三十分番組でも十五分までは編集できるようになったんですが、十三分五十秒でアウトだったら、頭からやり直さなきゃなんない。

——それだと、リハーサルを相当入念にやらないとだめですね。

Ｋ　ピーナッツなんかは、一週間かかったって聞いてます。

——今のテレビの作り方とは、緊張感が違うんじゃないですか？

Ｋ　今は、みな瞬発力がないから、生意気に「稽古なんかやらない」って言うんです。

——勢いだけじゃ駄目ですよね、稽古しなきゃ。

Ｋ　驚いたことに、みな〝プロンプ〟がついてるんですよ。プロンプというのは、〝あんちょこ〟っていうかね。

歌い手として、俳優としての苦労

——植木さんの時代は（あんちょこは）あったんですか？

Ｋ　ないです！　強いて言うならば、これがアタシの、付き人の技術なんですけど、条件として「スーダラ節」とか当たったやつはいいとして、植木が新しい曲を歌わなきゃならないとき、つまり誰かの歌を歌わなきゃならない、心に残る自分が好きな歌を歌わなきゃいけないってときがあったんです。植木はディック・ミネさんが好きでね。

（あんちょこは）「目線がちょろちょろするので嫌《いや》」というんで、植木のオヤジが「お前、口で言え」って言うの。これは難しいですよ！　タイム・ラグがありますからね。

私が台本を見て、イントロが始まったってなると、「はい、イントロです～。八《や》つ《っ》（八小節）あります～」。（続いてアタシが）「はじめ、花束抱えて～」と言うと、植木が「〽花束抱えて」って歌う。それで、アタシが「誰を待つ～」って言うと、「〽誰を待つ」って（植木が歌って）ね。これがボク一番（得意）の〈口伝え〉の技術ですね。

――なるほど、口伝えの技術！（笑）

Ｋ　信じられないでしょ？

――まさに神業《かみわざ》ですね。

Ｋ　（今は）司会にも全部、これ（あんちょこ）をだしてくる。こんなところ（番組）には出たくないって、今、いつも思ってるの。

——映画のときも、植木さんはよくあれだけのセリフを覚えられたというか……。

K　あのときは大変でしたよ。夜中にね、(台詞覚えを)やってるわけです。帰ってきてからね、十二時、一時って時間から。明日八時開始だからって、それからやるんです。経堂の家のソファーに寝っ転がって。アタシが相手したんですけど、もう一人(付き人が)いましてね、池田君っていうのが。

——よく話に出る方ですね。

K　その池田君がね、〈やりたがり〉なんで、二人で台本の奪い合いをするわけ。少しでもいいとこ見てもらおうってことで。するとあの人がね、悪口じゃないけど、いい奴なんですけど(笑)、「ちょっとお前、大学出たの?」っていうような……。

——(笑)

K　面白い話があってね(笑)。台本を奪い合いしてたら、(植木が)「どっちでもいいけど、代わりばんこにやればいいじゃないか」って言って、ボクが「じゃ、お前やれよ」って言ったら、(池田君は)「やあ、植木さん、きょうは」って言うのね。で、「ん? 繋がらないな。ちょっと台本見せてみろ」って(台本を見てみたら)、「それ、こんにちわ」って言うんだろ!」(笑)。

——わざとじゃないですよね?

K　わざとじゃないです。「大学出たんだろ、お前!」って(笑)。時代劇になると「この〝したでにん〟

は……」とか言うんです。「下手人《げしゅにん》じゃないの？」って（笑）

――でも、憎めないですよね？

K そうそう（笑）。

病み上がりの植木等

――小松さんが最初に植木さんに付いたのは、昭和39年の2月とお聞きしましたが、映画は『日本一のホラ吹き男』からですよね。そのときは、すべての撮影について行かれたわけですか？

K 全部、うん。

――（ホラ吹き男の）植木さんはとても病み上がりとは思えないハイ・テンション演技で、相当元気があるように見えるんですが。

K 撮る前、病院にいるときに、『続若い季節』という映画にワンシーン出なくちゃならないから、五反田から東宝に連れてってくれって言われて、行ったことがあるんだけど、帰りがけ、道が分からなくなっちゃって、病院に戻れないの。ワタシ、横浜に住んでた男だから、分かんない（笑）。

――退院されてから、『ホラ吹き男』の撮影となるわけですね？　ちょうどオリンピックが始まる、というときで。

K （当方が持参した『朝日ジャーナル』の記事を見ながら）このヘアー・スタイルはね、僕がドライヤーで固めましたよ。（髪型は）このパラッとくるところまでうるさかったね。いわゆるダンディというか、ダンディズムに凝ってましたから。着る物でも、洋服屋さんにはものすごくうるさかった。

――スーツは全部、注文ですか？

K　スーツを作るのにね、それはそれは（気を配った）……。

K　（髪が真っ白になった晩年の植木さんの写真を見て）時代って難しいですよ。だから、驚いちゃいますよね。俺と伊東（四朗）さんがこういうことをやっているっていうのは、もう二人っきりじゃないかと思うくらい――、もうぼんぼん死んでいくでしょ？　一番驚いたのはね、萩原健一ですよ。彼は死なないと思ってたけど、パタッと死んじゃいましたね。

――小松さんがご著書に書いておられましたけど、ショーケンとは深いお付き合いがあったんですよね。

K　「前略おふくろ様」なんてのは、（ショーケンと）一番しのぎ合ったんですすけど、その前もいっぱいやってるんです。でも、最初の頃は、あの発声法が嫌だと、ものすごくみんなに言われて。〝ぼそぼそ、ぼそぼそ……〟って、散々言われてたんですよ。ディレクターからもしょっちゅう、「きみ、声が小さくて、ダメなんだよねぇ」って。そのうち、倉本（聰）さんとの出会いから変わったんですね。でも、その前はね、渡辺プロというところにいたんですよ、ジュリーたちなんかと。

――ザ・タイガースですね。小松さんも、タイガースの映画に出られましたね（筆者注：『世界はボクらを待っている』、『華やかなる招待』と『ハーイ!ロンドン』の三本)。

K　はい！　出ました。

渡辺晋とのエピソード

K　これは、私が植木のところを卒業してからですけど、なんかの用事で（渡辺プロの）事務所に行ったんです。そしたら、社員が「社長がちょっと寄らないかって言っておられます」って言うから、「何？」って思って、社長室に行ったんですよ。そしたら、ハンカチで（頬を指して）ここを押さえて、「やぁ、そっちは何飲むんだっけ？」って、自分はティオペペをちびちびチビチビ、一日中飲んでるの。

私はね、（それまで）社長と一緒に飲むなんてことはなかったから。でもね、すごく喜んでくれて……。タレントが六百人くらいいたんで、そのうち二十人か三十人くらいが、クレージーキャッツ、ドリフターズ、ピーナッツ、奥村チヨとか、そういう時代ですよ。それにジュリーとか、梓みちよさんとかの写真が社長室に掛けられていて。アタシの写真もあったんで、ビックリしたんだけど（笑）。

それで社長が、まぁ飲む、飲む！　それで、どんどん注ぐから（笑）。

――真昼間から、ですよね？

Ｋ　だから、「社長室であれくらい飲んだくれたのは、小松さんくらいのものだ」って、社員が言ってましたよ。よっぽど来る人がいなかったのかな？

――小松さんだから、気安くお話しできたんじゃないですか？

古澤憲吾という監督

――今日、『大冒険』を見直してきたんです。バイクのスタント・シーンでは、小松さん、よく怪我されなかったですね！　スタントマンの方も、プロとして「これはできない」って言ったようですが。

Ｋ　衣装がビリッて、破れましたけどね。

――植木さんの衣装は、いくつかあったんですか？

Ｋ　ええ、何着かあるんです。〝吹き替え用〟っていうのが必ずありましたね。

――黄土色のスーツですね。でも、本当によく怪我されなかったですね。

Ｋ　必死でした。でも、ボクはイケる、と思ってたんですがね。

――ラストの赤坂プリンスホテル（パーティー・シーン）では、渡辺晋ご夫妻も登場しますね。

Ｋ　赤坂プリンスの入り口のところね。あそこはなかなかいいところだったですね。バーが良かったです。あそこはね、森喜朗さんなんかが事務所に使っていたんです。

――一時、黒澤プロも使っていたと聞きます。

K　『大冒険』は神戸に行く設定なんですけど、小松さんがスタントをされたのは横浜ですよね？　そうです、横浜です。いや、しかし、あの頃はまだ（植木に）勢いがありましたね。そういえば、飛ぶ台は四十センチでいいところを、（監督が）一メートルの急勾配にしたんです。俺たちが乗っているバイクだったらいいんだけど、あれですよ、ホンダのスーパー・カブ号！

——小さなバイクですよね。

K　あんなもので飛べるはずがないんです。でもアタシは、スーパー・カブ号はアルバイトしてるとき、随分足代わりに使っていたんで、イケるかなって思ったんですね。（身振り付きで）こういう（曲線的な）スロープだったら別ですよ。でも、こう（急角度の直線）だもの。ポーンって上がったきりになっちゃって……。だから、みなカメラ構えてるんだけど、スチールマンさんも撮れなかったの。プロが撮っても、あれですもん。まさか、ここまで飛ぶとは思ってなかったんじゃないの？

——今回、植木さんの本を作るに当たって、東宝の写真を扱う部署（筆者注：ＴＯＨＯマーケティング）に見に行ったんですけど、あのショットはなかったですね。

K　絶対撮れてないですよ。

——危険なスタントを植木さんご自身でやるというので、奥様がいろいろおっしゃったというのは、本当だったんでしょうか？

K　保険に入っているかどうかってことは訊いたと思いますよ。会社に掛け合ったかどうかは、ボクは知りませんけど、「これはダメよ、こんな危険なことは」っていうことは（言ってました）ね。それより、アタシが一番驚いたのは、（『ホラ吹き太閤記』で）木下藤吉郎をやったとき、（古澤監督が）一メートル半くらいの山に沿った道というか、断崖絶壁を「馬で走れ！」って言うの。「これはいくら何でも」って、ボクはゾッとしましたね。それでも、植木はちゃんと走りましたよ（筆者注：このショットは、本編では確認できない）。

――乗馬はちゃんと訓練しないと、できませんよね。それで植木さんは、古澤監督に文句を言うようなことはありましたか？

K　ボクのときは言いましたよ。（スタント・シーンで）着地して「やった～！」って思ったら、ズルーッて滑っちゃって。あの監督の凄さは、そこですよ。「もう一回やらしてください」ってお願いしたら、（淀川長治調の言い回しで）「もういい。コワイ、コワイ」って言うの（笑）。

――あれは狙いじゃなくて、本当に転ばれたんですよね。

K　それを上手く繋いだのが凄かった。あれは植木等の真骨頂ですよ！　パーッって飛んでるわけでしょ。それで、倒れたところで「アイタタタ！」って本人に代わって、「大丈夫ですよ～」ってすぐ立て直していくという……、あれが古澤憲吾の凄さですね。あれ、本来なら「もういいや、このカットはなしにしよう」と言ってもいいんですけど。それをああいう風に繋いだというのは、アタシはまだただの付き人でしたので、いろんなこと言えませんが、最高に凄い人でした（筆者注：『大冒険』の編集は黒岩義民。〝日本一（の男）〟シリーズをはじめとするクレージー映画に、若大将シリーズ、文芸もの、青春もの、戦争映画、岡本喜八作品から東宝ニューアクションまで、幅広く東宝作品の編集を担った）。よく言ってましたもん、隣で黒澤監督が『どですかでん』を撮ってるときでも、こっち側で「よーし、シュートするぅ〜！」、「黒澤かなんか知らんけど、俺は古澤だぁ〜！」って（笑）。

――そういう古澤監督に、植木さんが何か文句を言うとか、悪口を言うとか、愚痴をこぼす、なんてことはなかったんでしょうか？

K いや、ありましたよ。最初のほうは「ハイ、ハイ」って言ってましたけど、「植木さん、スピード、スピード！」って言われて、「十分走ってますよ！」って。それでまた、「もっともっと、スピード、スピード」って言われて、「おい、無茶苦茶言う監督だな、この人は！」って（笑）、そういう風になっちゃったの。

――そんなことおっしゃったんですか、植木さん（笑）。

K 「たまんねえなぁ。これ以上、どうするんだよ！　無茶苦茶だよね、この人」って（笑）。

――だいぶ経ってからのことでしょうね。最初の頃は、絶対そんなことはおっしゃらなかったと思います。ハナ肇さんも古澤監督とは合わなかったと聞きますけど……。

さて、クレージー映画の演出は徐々に坪島孝監督へと移っていきます。坪島監督は谷啓さんをお好きだったようですが、これは渡辺プロの意向があったからでしょうか？

K　それはありましたね。やっぱりハナさんにしても、何でも言う人だったけど、珍しくそういうことを言ってましたね。

——ハナさんは、山田洋次さんと馬が合った人ですからね。

K　ハナさんも「洋ちゃん、洋ちゃん」ってね。

でも、（古澤監督は）滅茶苦茶だったよね。「ハナさん、走れ、走れ、走れ」って、しょっちゅう言われてたし、ハナさんはどっちかというと、台詞覚えが悪いからね。

——植木さんは、古澤さんと坪島さんを比較するような発言はされていませんでしたか？

K　そうですね、それはなかったかな。

——植木さんのお宅にお邪魔したとき、「さっきまで東宝のスタッフが遊びに来てたんだよ」とおっしゃっていたことがありましたが、小松さんが付いているとき、そういうことはありましたか？

K　家に？　それはないです。ただ、後年、古澤監督が来ることになって、新しい映画（筆者注：古澤念願の『アジアの嵐』のことであろう）を撮るのに資金がないから……っていう話があったのは知ってます。植木のほうから、監督の自宅まで行って、僕も一緒に行って、表敬訪問したこともありましたね。

植木等の音楽家としての素養と気構え

――今、進めている本では、植木さんが音楽家・歌い手としてどれだけ凄い存在であったかを取り上げたいと思っているんですが、小松さんから見て、植木さんのレコーディングの模様とか、音楽コントなどについてはどのように捉えておられましたでしょうか？

K　これはね、いつもお話するんですけど、「俺はこんな歌を歌うはずじゃなかった」とか、「俺には、ボイス・トレーナーっていうのがいたけど、『何だ、その声の出し方！　違うだろ！』って、鞭でもってパンパン叩かれた」、女の先生だったそうですけどね、それに「俺は、ディック・ミネみたいな歌を歌いたかったんだ」なんて（言ってました）ね。それで、あの歌が一番初めに来たとき……。

――「スーダラ節」ですね？

K　「これは、ちょっと間違いだ（と思った）」って、自分で言ってました。先生の名前が思い出せませんけど……。

F　平山美智子（筆者注：世界的に活躍したオペラ歌手）さんですね。

K　そうそう！　鞭でバチバチやられたって、言ってました。

――それくらい、厳しく指導されたわけですね。

K　だから、あれですよ、譜面さえあれば、もういいんです。アタシが知ってるので凄かったのは、「銭のないやつぁ、俺んとこへ来い」っていう……。

――「だまって俺について来い」ですね。

K　あれはね、確か東宝のスタジオで録ったの。あれ、何の主題歌だったですか？

――『ホラ吹き太閤記』です。

K　それがですね。大オーケストラが入って録音可能なスタジオ、（東宝撮影所の）奥のほうの……。

――ダビングルーム、それとも第8・第9ステージでしょうか？

K　そう！　その前にプールがあった、ゴジラなんか撮るとこ。

――あそこ（第8・第9ステージ）で録音したんですか、あの曲は？

K　あそこで録ったんです。それで、「オヤジさん、今日、録音ですけど」って言ったら、「えっ、録音ってなんだよ？」って(覚えてない)。「譜面もらったか？」って言うから、「いや、お渡ししましたよ！」、「ウソだろ？　どれどれ」ってことで……。それで、私は（譜面を）必ず一枚余計にもらっとくから、それ見せたら「これかぁ！　全然見てなかった」って（笑）。

「オヤジさん、これから撮影所へ行って、大オーケストラでやるんですよ！」（笑）

――ぶっつけ本番じゃないですか！

K　それでね、譜面をこう見て、「〽銭のないやつぁ～」って歌いながら、「譜面見ながらでいいんだよな、今日は？」って訊くから、「もちろん、いいんじゃないですか」って言いましてね。

――植木さんは、譜面があればOKだったんですよね。

K　それで、そのままOK、ですよ。大オーケストラだから、今みたいに録音されたテープじゃないからね。通称〝デクさん〟こと萩原哲晶さんが、「じゃ植木屋さん、一回（オケを）聞いてくれますか」って言うと、「いや、無駄なことせんでいい！」。「一回聞いた方がいいんじゃないですか？」ってデクさんが言っても、「いいから、一回やってみようよ」って……。それで、一回目はちっちゃい声で歌う。で、二回目は「ハイ、いいよ」って譜面を外して、三回目はもう本番ですよ！　みんなに迷惑かけちゃいけないっていう（気持ちで）ね。

——やはり、音楽家としての素養と気構えがあったんですね。

K　それで、そのあとが続くんですけどね。そんな具合だから、歌詞なんか全然覚えていないんですよ。

——えっ、そうなんですか？

K　昔は、〝初日の挨拶〟（筆者注：この映画の公開初日は昭和39年10月31日）って言って、日比谷の映画街でご挨拶があるんです。そんときはね、私が二列目くらいの席にいるんです。植木は、さすがに歌詞は覚えてないけど、メロディは体に染み込んでいるからね。俺はプロンプ持って……。それで植木が、「私は、なにせ三回しか歌ってないんで、歌詞分からないからね、うちの小松っていうのがいるんです。こいつに歌詞持たせますから、そこの席少し空けてください」なんて言うの（笑）。

それで俺が、「すいませんねぇ、申し訳ありませんねぇ〜」なんて言いながらそこへ行って。これは今でも忘れないですねぇ（筆者注：「だまって俺について来い」のレコード発売は、同年11月15日なので、小松さんがおっしゃる東宝撮影所でのレコーディングは、『ホラ吹き太閤記』のプレスコ録音だったのかもしれない）。

——映画でも、すっかり歌い込んでいるような感じですよね。

K　それでね、結局、人の頭で歌詞が見えなかったみたいで、「〽俺もないけど心配すんな。（続いて「だまって俺について来い」の節で）♪コマツ見えないよ〜、見えません。そのうちなんとか、なるだろう〜」って歌うの（爆笑）。ちゃんと歌とリンクしてるんですよ。客は大受け！　でも俺が一番受けましたよ。これは歴史的でしょ？

——（笑）最高ですね！　そういう時は、今でいうカラオケみたいなものはあったんですか？

K　それはありました。幅の広いやつね。

——映画用のテープでしょうか、それを使われたんですね。

歌唱シーンはあらかじめ録音した音源を使って撮影〜古澤監督の撮影模様

——あの当時のミュージカル・シーンの撮影では、東宝のスタジオであらかじめ音を録って、それを現場で流しながら歌われていたのでしょうか？

K　そうです。アフレコじゃなくって……。

——プレスコですか。

K　そう！　それとね、東京スタジアムじゃなくって何だったろ、オリンピックの競技をやったところ。

——国立競技場でしょうか？

K　そこの客席で「〽タンタラッタタタタ」って、振付の長谷部先生じゃなくて……、古澤さんの作品だと必ず来る、そう！　竹部薫っていう振付師が（来てね）。

——そういう場合も、スピーカーで音を流しながら撮るんですよね？

K　そうです、それがいわゆるプレスコですね。そういうときも、口が合わないから、俺が一緒に走りながら、カメラの横で「銭のないやつぁ！」って大声で言って、（植木が）「〽銭のないやつぁ～」って歌うわけです（筆者注：このときの歌は「おもちゃのマーチ」かと思われる）。

——そうやって合わせていたんですか⁉　それは知りませんでした。歌っている声は自分のだけど、歌詞は忘れてるってことですね（笑）。

K　そりゃあ、そうでしょうね。それで、振り付けもしなければならないんですから。

——それは大変だったでしょうねぇ。

K　古澤さんがなぜ、あんなに怒るかってことですよ。それをだんだん植木も分かってきたんですね。なぜかって言うとね、今そんなことする監督はいませんよ。古澤さんは、翌日の予定とカット割りを全部書いてくるんです。カメラの位置とか、ここからここまでレールを引くとか、レンズは何ミリと何ミリとか……、そこまで書いてある。だから、そういうことを考えてみると、怒るのは無理もないですよ。「俺は（それを）徹夜で書いてるんだ、俺の頭はコンピュータだ！　馬鹿たれが〜」ってね。

――それは、スタッフに怒るんですか、それとも植木さんに対して怒るんですか？

K　それはスタッフです。だから植木も、セリフを覚えていかなきゃならん、ってなるわけです。長台詞なんですよ、あれは。それで、富士の裾野の霊園を売るっていう映画は何だったかな？

――『日本一のゴリガン男』です。

K　あのときは、（長台詞なので）「ちょっとやばいな。あれ、ワンカットだぞ」って、一生懸命やってるんですよ。ちゃんと裏付けがありますね。

――ホントですね。逆に、坪島さんはいかがだったんですか？

K　坪島さんはね、アタシの考えでは、谷啓さんを所望だったと思うんですね。谷啓さんが欲しいっていう……。

――坪島監督は、私、一度お話しさせていただきました。相当穏やかな方だったですね。

K　（古澤さんは）クレージーでもね、ハナさんとかはまったく合わないんだから！　植木以外はクソミソですから、「ハナちゃん、ギャラなし！」なんて言われてたからねぇ（笑）。「言ったとおりにすりゃいいんだよ！」とか、平気で言っちゃうんですよ。ハナさんもプライドあるからね……。谷啓さんなんかは笑ってるけど、それはヒドイもんでした。

——いくら監督の個性と言ったって、それじゃあ嫌になっちゃいますよね。

K だからね、(坪島さんは)決して「はい、行こう〜」とか、「準備OKだぁ〜」とか言わないの。「よーい、スタ!ト」も助監督が言ったりするわけです。それでカメラの横で、役者が台詞喋っていると、一緒にセリフ言ってるんですよ。

坪島孝監督のこと等々

——小松さんが植木さんに付いた〈最後の作品〉は何だったでしょうか?

K あの、牢名主みたいなやつ……。

——『殴り込み清水港』ですか?

K 『清水港』かな。布施明さんが出てましたかね?

——布施さんと内藤洋子さんが出られてましたね(筆者注:こちら『殴り込み清水港』は、昭和45年1月の公開作なので、小松さんは付き人を外れている)。

K あれね、ボク随分、扱いが良かったんですよ。扱いというかランクというか、クレジットでもね。牢番ですね、あれは自由にやらしてくれたなぁ。あの映画は古澤さんでしたか?

——『清水港』は二作とも坪島監督ですね。

K　坪島さんかぁ～。あのときは安田伸さんがエライ苦労したんです、長台詞があって。「やぁやあ、親の仇を……」って、オレまだ覚えてる！

――安田さんと石橋エータローさんのコンビで田崎潤に仇討ちするのを、植木さんが助太刀するときでしょうか（筆者注：安田伸らが仇射ちを果たすのは昭和41年1月公開の『無責任清水港』）。

K　そうそう。だけど当時のことを思うと、ペーペーの助監督も、昔はチーフ、セカンド、サード、フォースまでいましたけど、四人ですよ、助監督が！　今はせいぜい一人か二人ですよね。それは昔から言われているように、助監督は監督になり、今に役者より偉くなるんだと……。だからみんなは、下っ端の助監督を〈屑扱い〉でしたけど、彼らは監督にのし上がるわけですよね、いつかは。だから、そういう奴を可愛がったの、植木は。

一本終わると、多摩川に料亭があったんだけど――セコイ料亭ですけどね（笑）――、そこへ必ず小道具さんだとか助監督だとか、トップじゃないですよ、一番下っ端の現場で走り回っている奴、そういう人たちを集めて宴会をやってたんです。監督なんか絶対に呼ばないの（笑）。

――そうやってスタッフを、陰で慰労されていたんですね。

これまで語っていない植木等との〈マル秘〉エピソード

――三重県総合博物館での展示「植木等と昭和の時代」のときに、（控室で）小松さんから植木さんとの様々なエピソードを聞かせていただきました。これまで小松さんは、本当にたくさんの思い出話を書かれていますが、まだ披露されていないものはありますでしょうか？

K　不思議なのはね、ロケに行くと、植木等は主役ですから、例えば宿も個室とかそういうところで、一人で寝るでしょ？　アタシたち（のような付き人）はホテルとか旅館でも、ちょっと格が落ちる、どこか離れたところに泊まるわけです、普通は。でも、どういうわけか（植木と）いつも同じ部屋、同じ布団で寝たんです！

——同じ待遇だったんですか？

K　アタシ、入りたてだったんだから！（笑）『ホラ吹き太閤記』のときなんか、御殿場で一週間。そのときは（撮影が）完全にコケちゃったんですよ。（古澤監督が）いくら「さあ行くぞ、さあ行くぞ！」って言ったって、台風に当たっちゃって……。みんな「わ～、今日は休みだ」って、麻雀したり、飲みに行ったり……。でも、植木はそういうことやらない人ですから。で、部屋が一緒なんですよ、いつも！　寝るときなんかもね、俺、どうやって寝ていいか分からないんです（笑）。まだ入った年ですから……。昭和39年ですよ、多分。部屋で一緒に寝ると、「さあ、寝ようか」ってなるんですけど、（植木は）まったく飲まないし。無趣味だし（笑）。俺、九時頃に寝たことなんてないし。それで、一メートルも離れてないところで、オヤジさんと枕を並べて寝るわけですよ。すると、「昔、面白い女がいてな、オナラをするんだよ」なんて言うんです。「そのとき、そいつがね、緊張しているかどうか知らんけど、俺と二人、セットの陰で出番を待ってたとき、ブルルルル〜ッて、オナラしちゃったんだよ」って言うの（笑）。『聞こえましたか？』って訊くから、『何が？』って言ったんだけど、それがさぁ、聞こえたんだよ！」って（笑）。で、「どんな音ですか？」って訊いたら、「ブルルルル〜ッ」って（爆笑）。俺、「スイマセン、もう一度お願いします」って言っちゃって（大爆笑）。

——お名前はおっしゃいませんでしたか？

K　（きっぱりと）全然言わない（笑）。

——そういう気遣いもおありなんですね。

K　そんな話をされて、「さあ寝ようか？」って言われても、寝られやしないよ（笑）。（身振り付きで）膠着したまま、このまんまでしょ？　寝返りも全然打ってない。それで、朝起きたら「お前は寝相がいいなあ〜」って（爆笑）。寝相がいいも何も、緊張して寝られなかったんだから。

——その頃は、「お前は飲んでいいぞ」っていう感じではなかったんですか？

K　いやいや、飲ましてくれましたよ。だって、最初は2月ですからね。自分の誕生日の時に、初めて付いたわけでしょ。その時に、例の「カポカポカポ……」となったわけですよ。でも、「飲め」って言われたって、飲めないでしょ？

――ちょっと、飲める感じではないですね。

K　「どっか行ってこい」って言われたのなら、「ちょっと行ってきます」ってなりますけど……。でも、帰ってきて、寝ているところにそ～っと入ってくる、ってわけにもいかないしね。それで、そのうち「将棋やろうか？」ってなったんだけど、「金《きん》はどういう風に動けばいいんですか？」って訊いたの。「えっ、将棋も知らないのか？」って言われて。

――そのとき、小松さんは将棋を知らなかったんですか？

K　そう。で、「じゃ、〝山崩し〟やろう！」ってなって……、音がしないようにするやつ。勝った方が金をゴロゴロ転がして、それで、一、二、三、四と進む〝山崩し〟！　すると、「〝山崩し〟飽きたな～」って（笑）。なにせ、五日くらい何も仕事しないわけだから。

――とにかく御殿場は、雨が降る、台風が来る、というところでしたからね。黒澤組でも、宿でず～っと（天気が回復するのを）待っていたという話は、よく聞きます。

K　それからね、「じゃあ〝五目並べ〟やろうか？」って……（笑）。だいたいね、向こうが七個くらい並べたら、（こちらから）「ああ～、参りましたぁ！」ってことじゃ、面白くもなんともない（笑）。「じゃあ、トランプやろうか」ってことになって、それで、卓球台があったの！　温泉には必ずあるでしょ？　卓球は妙に真剣になっちゃうんです。卓球を一日中やったことがあって、勝っちゃいけないって思ったんだけど、すると（植木が）やたらバシーッて打ってきて、「な？　卓球はこうやるんだよ」とか（得意そうに）言うの（笑）。俺、悪いけど、卓球は下手じゃなかったんですよ。昔アルバイトしているときは、昼休みっていうと、卓球しかなかったんで！（植木のは）卓球というより、ピンポンでしたけどね（笑）。五日並べはすぐ負ける、トランプはたまにしか勝てないっていうんで、「お前、教えてやるから、ポーカーやろう！」ってことになったんです、最後に。

——ポーカーは、クレージーキャッツの皆さんはお手の物ですよね？

K　そうそう！「俺もバンドマンだからな、ポーカーは本気でやったことはないけど、付き合いでしょっちゅうやってたんだ。簡単だから、ファイブ・セレクションっていうのが一番いい」っていうことで、教えてもらったの。それで、けっこうすぐ分かったんです。

俺が、その前、十万円の給料を取っているときは、〈酒飲み派〉と〈ギャンブル派〉に分かれていたんだけど、俺は酒飲み派だったから、「麻雀とか、あんな不潔なことできるか！徹夜なんかして、馬鹿野郎」って言ってたんで、そっちのほうはまったく駄目だったんだけど、でも「教えてやる」っていうからね。

で、「ペアが揃えばいい」とか、「一、二、三、四、五が一番いい」とか、「トゥエンティワン」とか、いわゆる「ドボン」ですよね、（これは）植木から教わったようなもんです。

「それじゃ、帳面でいくから」ってことになって、「すみません、三円でお願いします」（笑）。「三円かぁ〜。じゃあ俺、十円だ」、「ダウン」……、「じゃあ、お前三円だな？　俺の勝ち！」。そんなこと、やっていたわけです。

これを二日間くらいやって、「一応、清算しとこうか？」（笑）ってことになったとき、「帳面だからどうでもなるだろ。お前の負けな、今、五千五百円くらいになってるぞ」って（植木が）言うんで、「そりゃあ、頑張んなくちゃいけないなぁ」って、またやったんですよ（笑）。「よし、今度は五万でお願いします」、「おっ！　良い手が来たな？　じゃ、俺十万。ダウン」ってことで……。それで、「明日から撮影が始まるから、帳面だけは片づけような」ってことになって、冗談かと思ってたら、「お前の負けな、十三億八千万！」（爆笑）。

「あ〜、負けた、負けた〜」。そしたらね、顔がここまで来るんです（身振り手振り付きで）。「これでお前は、一生俺んところでタダ働きだ！」って……（大爆笑）。「えっ、ホントの話？　帳面だからウソ（冗談）だと思ったんだけどなあ〜」（さらに大爆笑）。

――植木さん、そういうお茶目な面もあるんですね。なんか可愛いですねぇ（笑）

植木等からの手紙

K　ある日、植木から私のところに手紙が来たんです。「今までのことを総括して書くけど、君は僕のところに来てから三十五年になる。それから、いろんなことがあったなぁ……」って。

——お手紙で？

K　「ウイスキーをカポカポ注いだこともあった。『さあ飲め』は、さぞや驚いただろうな？　ポーカーも凄かったなぁ。お前に十三億八千万も……」

——そのお手紙は、いつ頃のことでしたでしょうか？

K　（しばし沈黙ののち）アタシが一緒に出た、明治座の頃ですか……（筆者注：筆者も観劇した、1996年夏の明治座公演「大江戸気まぐれ稼業」の頃のことであろう）。いちゃもんが付いたことがあったんです。台本が決まらなくて「やりたくない」って言ったことが……。もう三十年くらい前のことになりますけどね。

——そんなことがあったんですか。

K　あったんですよ。

——そのお手紙は、大事にとっておられるんですよね？

K　巻紙でね……。最近本を出したんです。『植木等とのぼせもん』という本を。『ひょうげもん』っていうのが一番新しいんだけど、その前の『昭和と師匠愛』に（手紙の）写真を載せたと思います（筆者注：感動的な内容のこの手紙は、同書202頁に掲載されている）。

植木等は、小松政夫にとってどういう存在であったか

――小松さんの話を伺っていますと、小松さんの植木さんに対する思いがいっぱい詰まっていると感じるんですが、小松さんは今、植木等とはどういう存在であったかと思われますか？

K　（しばしの沈黙の後）いやいや、なにせですね、あの激動の時代を共に過ごして……。今、アタシも同じ歳になって、（植木は）こういうことを考えていたんだな、と思うくらい、イージーな芸能界っていう感じを（持っています）ね……。

あの頃は、真剣に取り組むっていう姿勢があったし、ものすごく真剣に取り組んでいたと思うんですね、師弟関係もしっかりしていたし。そういう風に思うから、なんで俺をこうやって引き上げてくれたんだ？　というのが、私の率直な感想ですね。今は、弟子入りしようなんて感じは全然ないですから……。

私は最近、「うるさく言ってもいいか」って思ってるんです。俺らみたいなのはいなくなっちゃってきてるし……。伊東（四朗）さんもいるんだけど、ジャンルとすれば、このジャンルが一番難しいんですよ。今みたいに、すぐにコメンテーターとか、モーニングショーの司会なんて、あり得ないですよ！　あんなものに出ると、アホになっちゃいますから。植木等がコメンテーターなんか、やりますか？　やりませんよ！　頭がいい人はやりません。そんなことを考えると、（植木は）言いたいことはいっぱいあったんだろうけど、それを耐えて生きてきたと……。

――植木さんは、お父様のことを書いた本は出されましたけど、ご自身のことを語った本はないですね。

K　ないです。

――そういうことをされる人ではなかったんでしょうか？

K　まあ、変な話ですけどね、テリー伊藤っていう人は、ディレクターのときから知ってるんだけど、週刊誌で連載をやっていて、二度も三度も呼ばれて、「また俺が、どうして行かなきゃいけないの」って（思ってね）……。

K　（そこで）あの人が言ったのは、「小松政夫には〝植木等の語り部〟になってもらいたい」ってこと。そうか、俺みたいに「植木、植木……」って言っている人間もいないんだろうな、うまいこと言うな、って俺は今、思ってます。前は遠慮しーしー話していたんだけど、かつてこういう人がいたんだよと……。これは俺たちの使命ですよ。

――……（うなずく）。

K　俺たちだっていつか忘れ去られる年齢層（だけど）、まだ三十とか二十五歳ってのが、もう大スターぶっちゃって……。スポーツ新聞を見たって、「何これ、何する人？」って思うし、向こうだって「この人何？」って（思っているんだろうけれど）……。例えば、呼ばれていくと、監督やら女優さんからは「わ～、今日は申し訳ございません！」なんて言われるけど、主役クラスは「あの人、そんなエライ人なの？」って感じですよ。

――ホントですか？

K　だからね、それはプロデューサーとか、ディレクターとか、例えばマネージャーとかがね、「これから来る人はな、昔凄い人気者でな、実際そういう年齢に達しているから、割合ギャラははずんじゃってるし、こういう人なんだよ」って、あらかじめ説明しておけばいいのに、そこらへんもやらないわけですよ。プロデューサーとかディレクターが、「スイマセン、私が無理言ってお願いしました」とか言っても、出演者はキョトンとしてるんですから……。そういうのはダメですね。だから俺も、老い先短いけど、「俺には師匠がいて、この人は偉大な人だった」と言わなきゃいけないわけ！　情けないけど、そういう時代になっちゃったと思うわね。だから、俺はかまわないけど、「（かつて）植木等がいた」ってことを言わなきゃいけないことが情けないじゃない⁉　「うわぁー、植木等さんだ！」っていう人ばっかりだったんだから、昔は。だって、もう平成生まれが三十歳になっちゃうんだからね。

――ホントですね。時代が変わっちゃったんですね。

K　三十歳っていったら相当いい歳なんだけどさ、たった三十年だから。俺はもうすぐ八十歳になろうとしてるんだけど（笑）。

――小松さん、この誕生日でおいくつになられましたか？

K　まだ七十八歳です（笑）。だけどね、俺の歳には、オヤジさん、もうグッタリしてたんだから。最後は一緒にいたんですよ。（舞台を共にした）名古屋の名鉄ホールで……。ただね、一番、最終的に苦労したのは（最後の付き人である藤元さんを指して）彼ですよ！ ワタシのときは、わずか三年十か月ですから。

——藤元さんはもっと長いですよね。

F ボクは十二年いました。

K いつも（植木が）言っていたのは、私と彼を「同じように育てているつもりだけど、いつの間にか差がついてしまった」って（いうこと）。いつも植木が言ってた言葉は、「好きこそものの上手なれ（ということ）、はないよ。それでどんどんいければ、誰でもやれるようになる。この世界は、それプラス、努力だよ」ってことでした。

もう一人の付き人兼運転手～付き人を持つということ

K これは戸井十月さんが書いた本（『植木等伝』小学館）で、はっきりと名指ししちゃっているんだけど、アタシと一緒に入った、もう一人の池田っていう付き人がいて、それが馬鹿な奴でね……。（植木が）病気で入院しているのに、池田は「看護師でいいのがいますけど、何人か都合しましょうか？」とか言ってたらしいの。「馬鹿か、お前！ 俺は病気で入院しているんだぞ。だいいち、俺がそんなことできると思うのか？」って植木が言っても、「誰それが（オヤジさんのこと）好きだって言ってます」なんて……。「そこへいくと、小松はキチッとしていた」って書かれていてね（笑）。あと、日劇公演の時、夏だからアロハシャツと短パンにゴム草履履いて車に乗って、「小松が運転してくれるから、それでいいや」って思ってたら、アタシに「オヤジさん、その恰好は良くないです。植木等なんだから、もう少しきちんとしてください」っていう風なことを言われて、「こりゃあ参った」と思った、なんてことも、その本には書いてある。

もうひとつ、彼は野球部のピッチャーだったのね。「プロになりたかったんだけど、肩を壊したから、コメディアンにでもなろうって思った」なんて言うわけ。私は腹が立ってね、「コメディアンでも」っていうのは何だと。俺は、「コメディアンになりたくて」東京に出てきたんだ。全然考え方が違うじゃないかと思って……、あんまり好きじゃなかったですね。それも（戸井の本に）はっきり書いてありました。

彼は（身長が）百八十五センチくらいだったですね、僕は百六十五センチくらいで。元ピッチャーだから体がいいわけですよ。それが、植木等が語るには「ある日、二人が喧嘩になったとき、小松のパンチが面白いようにパチパチ当った」って……。今、俺が思うのは、それを（植木が）何故やらせたか、っていうこと。「おい、やめろ、やめろ」なんて言わないで、ただ眺めていたっていうのは、何故だったんだろうと思いますね。

――そのときのお気持ちは、どんなものだったんでしょうね。

K　そいつは、僕が辞めても十三年いたんです。それで、どうなったかというと、（植木は）「辞めさせた」っていうんです。「どう言ったんですか」って訊いたら、「お前の大事な青春時代を、俺のところで潰させるわけにはいかない。お前はほかで仕事をやった方がいい」って……。

――そういう言い方をされたんですか。

K　「大事な青春時代をいつまでもぐずぐずと引きずるわけにはいかない」。ああ、いい言葉だなって思ってね。俺もそういう言葉を使って、辞めてもらった人が随分いますよ。

アタシみたいな者でも、まだ駆け出しのときに、「弟子にしてくれ」ってのが来るわけですよ。この間まで付き人をやっていた俺が、（その人間を）引きずり回すわけにはいかんでしょ？

それでも、三か月、四か月経ってもまだ通ってくるから、これ一生懸命やるから、オヤジさんところで引き取ってもらおうと思って、「オヤジさん、うちの弟子にもすごく真面目で一生懸命な奴がいるんですけど、良かったら置いてやってくれませんか」って言ったことがあるんですね。そしたら、池田君だって殴ったことはないんだけど、植木がその男を殴っているのを見ちゃったんです。

それだけ、私たちがやってきたこととの差が大きかったんじゃないかと思ってね……。

一番感動したのはね、私が一丁前に車を持って、運転手がつくような状況になったときですよ。植木の自宅に寄って、（運転手に）「お前、玄関のそばに停めるなよ。向こうのほうに停めとけ」って言って、「オヤジさん～」って（家に）入っていったの。そしたら、「おう、よく来たな。酒飲むか？

どうしようか？」って（迎えてくれるの）ね。「今日は車で来てますから」って言うと、「ウソつけ！運転手、向こうにいるじゃないか」って、自分でコーヒーとかお菓子をお盆で持っていって、「小松が世話になるなぁ。まぁ、これでも飲んでくれ」って……。そんなこと、できる人いますか⁉

――本当ですねぇ。

K　俺がなんでそういうことしてもらえるのか、これまでの（師弟の）繋がりなのか……、こんなことあり得ないでしょ？　今でもなんでなのか、分からない。それが、有名な話で言えば、「お呼びでない」は小松がタイミングを間違えたからこうなったんだ、ってよく言うでしょ？

――その話はよくされてますね（笑）。

K　あの記憶鮮明な植木等が、間違うはずはないと思うわけですよ。

――あのギャグは、小松さんが付かれる前からあったんじゃないですか？

K　もちろんあったんです。アタシ、見てたんですから！　テレビで。でも、あれだけ言われると、「俺かなぁ？」って（笑）。でもね。それ（出るタイミング）を間違えたら、付き人としては失格ですからね、そんなことはあり得ないと思ってますけど。でも、あそこまで言われると、（自分が）勘違いしているのかな、って……。

――ＶＴＲが残っていませんから「お呼びでない」の一番最初がなんだったかは、もう調べようがないですね。青島さんだったかが、年末の忠臣蔵の回のときに、植木さんが出番を間違えて、そこから「お呼びギャグ」が始まったということをおっしゃっていたようにも記憶しますが……。

K　でも、本人が言い出しちゃったんですからね。

——完全に小松さんのせい、になっちゃいましたね（笑）。

今だからこそ、植木等にかける言葉

——本日は長時間、本当にありがとうございました。小松さん、今、植木さんにかけるとしたら、どんな言葉をおかけになりますか？

K「きつかったでしょうねぇ」かな……。まあ、やりたくない仕事を、やっと毅然として言えるようになったのは、六十歳近くになってから、ですから。

——かなり晩年になってからですね。

K　よく言っていたのは、「俺も七十になったら、もう恐いものはない」ってことですけど、オレ（小松さん）ももう七十八になっちゃった（笑）。

——小松さんも、もう恐いものはないので（笑）、これからはどんどんおっしゃってください。

K　だけど、確かにうるさくなりましたね。舞台で〈行儀が悪い〉のは、もう駄目です。

——それはおっしゃった方がいいですね。

K　ハイ。挨拶もできないようなのがいてね。舞台は特別ですよ！〈偉いから挨拶する〉、んじゃなくて……。

調子は、相手と一緒だから見られるんです。舞台（の仕事）に入って、楽屋は違って、〈顔を合わせるのは舞台で初めて〉っていうのは、あっちゃいけないことなんですね。我々が「今日はよろしくお願いします」って言って、「おう、今日はよろしくね」、「おい、どうした、今日は飲み過ぎてない？　声がおかしいよ」、「えっ、わかりましたぁ？」、「わかるよ～。あまり飛ばすよな」とか、そういうコミュニケーションがなきゃ……。上手《かみて》と下手《しもて》でいきなり会う、なんてことはあり得ないじゃない？　これはもう～、ダメ！

「なんで、どうして？」って言うと、「ゴマすりに行ってるみたいで嫌だ」って、そう言うの。これはもう、大勘違いですよ。

——そんなことを言う役者さんがいるんですか。

K　「お話を聞かせてください」なんて来ると、「おお、可愛いなあ」って思って、三、四人連れていって、「一杯飲め」ってことはあるんですよ。そういうときは「植木等はこうだった」とか、「植木等のときはどうした」とか、いろんなことを話すの。むこうは「ああ～」とか聞いて、俺なんかは自分で話していて、涙出そうになって……、心地いい涙ですよ。そしたら、向こうは「しかし、煩わしかったでしょうねえ～」って、（俺に）同情してるの。「何を聞いてたんだ、お前は！」って。

――そういう人とは話ができないですね。

私も微力ながら、植木さんのことを書き続けていこうと思っていますが、小松さんにはこれからも「植木等というもの凄い人がいたんだ。そういう時代があったんだ」ということを、ずっと語り継いでいっていただきたいと願っています。

K　何でもおっしゃっていただければ！　彼（藤元さん）には本当にご苦労さんとしか言いようがないけど、彼を通じて言っていただければ。今度は、もう少し飲める体になっているので……。

でも、やっぱり植木等は〈特別〉ですね！

最後の最後で小松さんの口から飛び出したのは、この一言……。お酒抜きでも、愉快な雰囲気の中で行われたインタビューだったが、小松さんの植木等への思い・師匠愛はますます強くなっているように感じられた。

身近で植木等の生きざまを見続けた小松政夫さんにとっても、ファンとして、そして少しだけ身近でお付き合いさせていただいた筆者にとっても、植木等は同じように〈特別〉な存在である。本書の読者の皆さんも、同じ思いをお持ちに違いない。それにしても、そもそも植木等は何ゆえに時代を超えた〈スペシャル・ワン〉になり得たのか？

皆さんご承知のとおり、植木等には、とにかく出てきただけで場の雰囲気を根こそぎひっくり返してしまう、不思議な力が備わっていた。思い起こせば、映画だろうと、舞台だろうと、テレビ・バラエティ（〝お呼びギャグ〟がその最たるもの）だろうと、歌（好例は「ハイそれまでョ」）だろうと、植木のパフォーマンスからは異様なパワーとオーラが放出、大袈裟に言えば、これにて我々の魂は〈解放〉されたのである。

　そして、この〝底抜けの解放感《カタルシス》〟とでも呼ぶべきものは、他の喜劇役者――エノケンだろうと、金語楼だろうと、森繁久彌だろうと、渥美清だろうと――からは決して感じ取ることのできない、植木等に特有なものであり、まさに、あの問答無用の高笑いと明朗快活な歌声が、植木を〈唯一無比の存在〉にまで高めさせたことは間違いない。

　これは、前述のとおりシリアス路線に走らなかった（走らせてもらえなかった）ことも大きく、結果として植木等は、終生、植木等であり続けることができたのだ。

　そして、こんな今だからこそ筆者は聞きたい！　悩みも疲れも吹き飛ばす、植木の「〽そのうちなんとか、なるだろう～」の歌声を……。

【インタビュー後記】

ご存知のとおり、小松政夫さんは２０２０年12月7日、肝細胞がんにて死去された。七十八歳の生涯であった。

植木等の付き人を〝卒業〟されてからの活躍は、今さらここに記すまでもなく、小松さんはテレビや映画、舞台に輝かしい芸歴を重ねられてきた。品があって毒もある、その独特な芸風は、まさに〝小松ワールド〟。クスリと笑わせたかと思えば、大爆笑を誘うギャグの数々、そして、汗をかくのも厭わないその熱演ぶり、これぞ真のコメディアンと言うべき存在であった。もちろん、その人間性の素晴らしさも特筆すべきものがあり、筆者のような一見《いちげん》の者にも、小松さんは丁寧かつ誠意をもって接してくださった。ここにその業績を称えるとともに、感謝と哀悼の意を表させていただきたい。

「今度は行きつけの中華料理店で……」との約束は果たされることなく、小松さんは、まるで急ぐように師匠である植木等のもとへと旅立たれてしまった。思えば、このインタビューを行ったときには、すでにご病気をお分かりになっていたはずだが、筆者らには糖尿病と称し、気丈にふるまっておられた。体調のすぐれぬ中、通院の合間を縫って時間を作ってくださった小松さん、そしてその機会を作ってくださった藤元康史さんには、改めて感謝申し上げる次第だ。

ここで語られたエピソードの数々は、まさに初めて聞くものばかり。植木等とは直接関係のない話も多いが、あまりに面白く、貴重な内容であることから、あえてほぼ全文を掲載させていただいた。奇しくも小松さん自身、〝植木等の語り部〟になると宣言しておられただけに、聞き手の筆者としては小松さんが語られたこの〈最後の言葉〉が、これからも長く語り継がれていくことを願ってやまない。

小松政夫さんのコメディアン人生は、まさに植木等に付いていたからこそのもの。今頃はきっと、天国で親父さんにウイスキーを「カポカポカポ……」と注いでもらっているのではなかろうか。

映画『刑事あいうえ音頭』ポスター

「対談」の前に——植木等がお忍びで出演した『刑事あいうえ音頭』という映画

現在、サザンオールスターズや桑田佳祐のステージには欠かせない存在となっているのが、音楽家でギタリストの斎藤誠である。桑田佳祐とは、青山学院大学の音楽サークル「ベターデイズ」で先輩・後輩の間柄にある。その斎藤誠とは、共通の知人・今野多久郎（元スペクトラム、のちにKUWATA BAND）を通じて、彼がレコード・デビューをする少し前に知り合った。

次項には、その斎藤誠と筆者（高田梅三郎名義）が〝クレージー＝植木等愛〟を炸裂させて作った自主映画『刑事あいうえ音頭』についてふりかえる「対談」を掲載している。〝何ゆえに、植木本〟である本書にこのような素人映画を取り上げているかと言えば、１９８３年から84年にかけて作られた本８ミリ映画には、植木等その人がこっそりと（！）ゲスト出演しているからである。

また、当対談では、植木等の音楽家としての特質・神髄についても言及。実際に植木等のバック・ミュージシャンを務め、人間・植木等に直《じか》に触れた斎藤誠による証言は、誠に貴重なものがある。

斎藤誠との出会い

斎藤誠こと誠ちゃん（ここから先は、長年の付き合いからこう呼ばせていただく）と初めて顔を合わせたのは、１９８２年11月27日、日比谷の千代田劇場で開催された「東宝半世紀フェア」において『ニッポン無責任時代』が上映された日のことであった。[注1] この植木等主演映画を久々に見て興奮しきりの二人は、自らの〝クレージー愛〟を自慢し合いながらも、すっかり意気投合。月に一度、浅草東宝で行われていたオールナイト上映に、共に知人を引き連れて通う仲となる。[注2]

そして我々は、筆者がかねてから企画中の自主映画——これがどうしたわけか、『ダーティーハリー』か「太陽にほえろ！」風の刑事ものだった——を、植木等&クレージーキャッツにオマージュを捧げる〈ミュージカル〝大冒険〟喜劇〉へとシフト・チェンジ。この夢のような企画の実現に向けて、二人の熱情は勢いを増すばかりであった。

かくして、映画用の主題歌・挿入歌を自ら作り上げるだけでなく、劇伴もすべて誠ちゃんが作編曲することを決めた我々は、監督に筆者のバンドでベーシストを務めていた小中千昭(現在では、〝Jホラー〟の分野でその名を世界に轟かせる特殊脚本家=シナリオライター)を指名し、すぐに脚本執筆に着手。助監督と撮影、照明スタッフに成城大学映画研究部の面々がボランティア参加してくれることとなったのは、筆者の人徳か、はたまたC調さによるものかはともかく、ようやくこれで本格的な映画づくりの体制が整う。

脚本づくりと音楽づくり

何はなくても、脚本がなければ映画は作れない。成城の喫茶店や渋谷の居酒屋、果ては代々木公園のベンチなどで行った脚本&ギャグ創作に、いったい幾日を費やしたことだろう。当初の設定は生かし、主人公——これは製作費を捻出する筆者しかいない！——を〝無責任〟刑事に変更。〈国際的陰謀団〉が引き起こす大事件に巻き込まれ、これを見事解決する内容としたのは、まさに『大冒険』からのいただきであった。出演者を知人のミュージシャンたちに依頼すると決めたことで、愉しみがさらに増したのは言うまでもない。

同時に主題歌の制作も開始。〝現代のクレージー＝無責任ソング〟を創り出すべく、詞は青島幸男に成り代わって筆者が担当、デビュー・アルバムのレコーディングを間近に控えてはいたものの、誠ちゃんがスイスイと作曲を進めて、アッという間に五曲が完成。録音は、道玄坂の「ヤマハ渋谷店」のレコーディング・スタジオで執り行うこととなった。

主題歌・劇伴を含む、いわゆる〈サントラ〉は、当時いまだ駆け出しのエンジニアであった天童淳君が担当。バック・ミュージシャンには筆者のバンド「高田ヨットスクール」のホーン・セクション、スーダラ・ホーンズに、出演者でもある松永俊弥（Ds：のちにパール兄弟）、持田明光（B）、今野多久郎（Per：のちにKUWATA BAND）、河内淳一（ストリングス・アレンジ：のちにKUWATA BAND）、そして音楽監督の斎藤誠（G）、主演を務める高田梅三郎（Kbd）に双子の姉妹デュオ、ザ・リリーズ（Cho）を配置。これに成城大学のオーケストラ「レストロ・アルモニコ管弦楽団」のストリングスを加えたことにより、本格的な無責任ソングと劇伴が完成。これほど音楽面が充実した自主映画、それも8ミリ映画は、世界中探しても他にないだろう。誠ちゃんは、直後に『アイコ十六歳』（今関あきよし監督：1983）の音楽監督を務めることが決まっていたので、本作はそのための良きリハーサルとなったに違いない。

愉しかったキャスティング作業

出演者については、筆者の世代のミュージシャンは皆クレージーに強い思い入れがあるようで、多くの方が自ら名乗りを上げてくれた。さらに、「友だちの友だちはみな友だちだ」とばかりにその〝輪〟が拡大、キャスティングは着々と進んでいく。自薦他薦の中、後掲のとおり多くのミュージシャンが出演してくれることとなったが、石田長生、ペッカー、中川勝彦（中川翔子の父君）、山下久美子や木之内みどり（のちに竹中直人夫人となる）の各氏は、話は進んでいたものの、残念ながら出演が叶わなかった人たちである

そんな中、なんとか脚本を完成させると、我々の胸の内にはむくむくと、ある〈野望〉が沸き起こる。それは、誠ちゃんが所属する「ザ・ナンバーワン・バンド」のリーダー・小林克也氏と植木等の全国ツアー（共演映画『逆噴射家族』のキャンペーンの一環）に、当の誠ちゃんの参加が決まったことに端を発する。そう、恐れを知らぬ我々は、事もあろうに植木等その人に、このちっぽけな8ミリ映画に出演してもらおうと企てたのである。

植木等本人への出演交渉

映画は1983年10月、東宝撮影所裏門前ロケにてクランクイン。当然ながら無許可撮影であったが、よもや撮影が一年の長きに及ぶとは、このときはまだ予想もしていないことであった。

その後、渡辺香津美、山岸潤史、向井滋春、ジョニー吉長（ジョニー、ルイス&チャー）、サンプラザ中野（爆風スランプ）、桑田佳祐、原由子（声のみ）など錚々たるミュージシャン諸氏の参加を得て、撮影は少しずつではあったが進行。みな二度と呼べない〝大物〟だったことから、撮影はすべて同時録音にて行われ、きちんとセリフを覚えての本格的演技が展開された。そんな中でも、桑

田氏やサンプラザ氏などは、〝駅前〟シリーズばりの暴走（アドリブ）演技を披露。ミュージシャンならではのリズム感、ノリの良さは、本家のクレージーキャッツもかくや、と思わせるものがあった。

そんな中、渋谷道玄坂上の音楽スタジオでリハーサル中の植木さんを訪ねたのは、忘れもしないゴールデン・ウィークの真っ只中、1984年5月1日のことであった。

すると、誠ちゃんの前振りによるものか、はたまた筆者の情熱が通じたものか、植木さんはいともあっさりと出演を承諾。シナリオにざっと目を通すや、「撮影はうちの庭でやればいい。これから黒澤明の『乱』に出演するから、その前にやってしまおう」と、思いもかけぬ提案までしてくださった。相手は、天下の植木等であり、子供の頃からスクリーンやブラウン管、あるいはレコード盤を通じて、憧れ以上の感情を持ってきた人である。よもや、そんな嬉しい展開になるとは思ってもいなかっただけに、そのときの天にも昇る気持ちは今でも忘れることができない。

渡辺香津美氏（上）、山岸潤史氏（下）出演場面。渋谷「中華喜楽」、「ヤマハ渋谷店」前にて

植木邸での撮影

植木さんの出演場面は、多摩川の河川敷の設定となっていたが、ご提案のとおり撮影は砧のご自宅の庭にて実施。[注3] その広々とした芝生はきちんと手入れがなされていて、紅白幕を張れば、すでに撮影した多摩川でのショットと無理なく繋がるように思えた。

これが多摩川河川敷での撮影ショット

植木等さんに演じていただいたのは、主人公の刑事を顕彰する「警視総監」、その名も平均（たいらひとし）。なんとも無礼な役名ながら、文句もおっしゃらずにシナリオを再読、きちんと台詞合わせをしてくださった植木さんは、台詞に独自の解釈を加えただけでなく、「今回の国際的大事件を解決した……」の台詞を発するにあたっては、わざわざハナ肇の〈肥《こえ》溜《だ》め〉落下シーン[注4]を引き合いに出し、「これがホントの肥臭《こえくさ》い的大事件……」とギャグをかまして、

植木邸前での記念写真。長女・眞由美さんと共に

植木等、警視総監・平均役で出演

左手の住居は植木徹誠氏が住んだ離れ

緊張しきりの我々を和ませてもくださった。

ちなみに、警視総監の衣装の帽子と長靴は、『乱』出演に合わせて乗馬特訓中の植木さんの私物である。ここからも一流の役者の姿勢――人には見せない練習でも、きちんとした姿勢で臨む――が見て取られ、「植木等のファンで良かった」と、誇らしい気持ちがしたものだ。

谷啓さんも出演

十一か月に及んだ撮影も、いよいよクランクアップの日を迎える。当時流行の〝友だちの輪〟よろしく、最後はとうとう谷啓さんの出番と相成った。これは、やはり伝《つて》で出演してくださったピアニストの世良譲さん（夜の街をパトロールする巡査役）が、直接谷さんのお宅まで電話を入れ、「今、オレ、映画に出てるんだ。お前も出ろよ！」と谷さんに命令（？）してのことであった。

谷さんの撮影は、待ち合わせ場所（今はなき「渋谷ビデオスタジオ」）の関係から、代々木公園の一角でのロケーションとなる。そして、初めてお会いした谷啓さんは――年下だろうが、素人であろうが――、人によって態度や接し方を変えることなど絶対に考えられない、噂どおりのニュートラルかつ温厚な方であった。

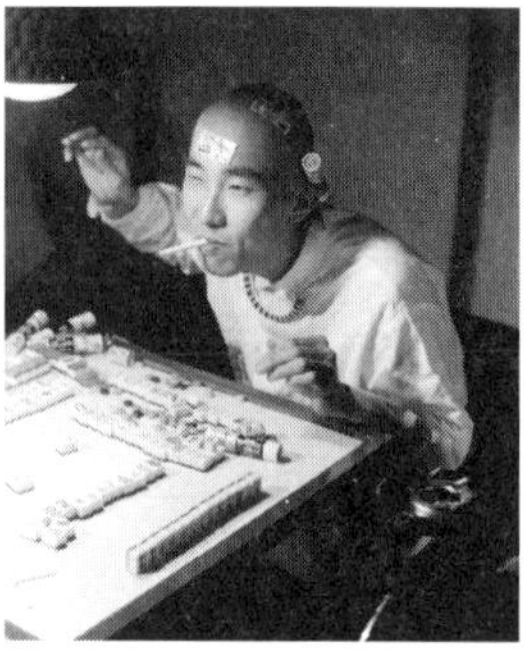

（左）世良譲氏を演出中の小中監督　（右）レコード・デビュー前のこの方は雀士役

そんな谷さんに、監督の小中千昭は、こともあろうに「ガチョン」のパフォーマンスに演出、というか〈注文を付ける〉という、トンデモナイ行為に出る（具体的には、「ガ」と「チョン」の間に一拍、間を置くよう要求したものなのだが……）。

あれほど完成された定番ギャグに口を挟む監督も監督だが、これに谷さんは、「ボクは長年ガチョンをやっていますが、注文をつけられたのはあなたが初めてです」と返しつつも、余裕で監督の要求どおりの〝変則ガチョン〟を披露。谷さんの人間としての奥深さに感服するとともに、撮影後にお茶とケーキ（谷さんはアルコールなど嗜まない）で交わした音楽談義からは、谷さんが根っからのミュージシャンであることを改めて認識させられたものだった。

世界でただひとつのガチョン

ついに完成した、自主映画史上、最も豪華な出演陣&音楽を誇る8ミリ作品

クランクアップ後には、編集とダビング作業がつきもの。さらには、足らないBGMの録音も必要となる。こうなるとほとんど商業映画と同じだが、今思えばなんと豪勢な8ミリ映画であったことか(映画は最終的に「にっかつロマンポルノ」よりやや短い、1時間強に編集された)。

そもそもこの映画、製作費はプロデューサーも兼ねる筆者が全額(当時の金額でほぼ七十万円)を捻出。ついでに言えば、スタッフ・出演者の誰一人にも、ギャラはおろか交通費すら払っておらず、その出費のほとんどはフィルム代(ほかにはわずかな衣装代、特殊メイク代)であった。フィルムは1マガジン、三分半程しか撮れないものだったが、これがかなりの高額で、筆者の懐を圧迫し続けた。

なにせ本作、ネガの存在しない8ミリ映画であるから、プリントは一本。上映機会は少なく、当時ご覧になった方も決して多いとは言えない。その後、ビデオ化はなされたものの、出演者の権利問題もあってスタッフや関係者に配付するのが関の山。その画質も誠にお粗末なものであった。

こうしてみると、何ともったいないことをしたかと思われるかもしれないが、筆者にとって植木等と谷啓を筆頭とする豪華なミュージシャンに囲まれた二年間は、心底幸福な時間であった。人生で最も充実していた日々と言っても過言ではない。これも、無償で付き合ってくれたスタッフたちのお陰であり、改めてここに謝意を表したい。

完成後には、クレージーマニアの先達・大瀧詠

一氏と小林信彦氏に手紙で断りを入れて、〝仁義〟を切った。大瀧氏からは、のちに植木さんのソロ・コンサート[注5]の楽屋でお会いした折に、「ああいうこと（大それたことの意であろう）をしてはいけません」と苦言を呈されたが、こうして大瀧さんとお話しできたのも、この自主映画があったからこそ。終演後の楽屋には小林信彦氏も顔を見せられたが、残念ながら話をすることはできなかった。

斎藤誠という音楽家

こうして三十六～七年も前のことを思い出しながら、植木等という偉大な俳優＝音楽家が――ナベプロに断りも入れずに――ご自分の意思で出演してくれた自主映画をふりかえっていると、このプロジェクトが、音楽を共に作ってくれただけでなく、脚本を作り、出演もし、さらにはライブも共にしてくれた、斎藤誠という音楽家の存在なくしては決して実現できなかったことに、改めて思い至る。

お馴染みの駒沢公園でも撮影（向井滋春氏出演場面）ザ・リリーズはエンディングに登場

その後、斎藤誠が歩んだミュージシャン人生や築き上げた実績は、今さら筆者が語るまでもないことだが、ソロ活動やギタリストとしての活躍はもちろん、サザンオールスターズや桑田佳祐への力強いサポートぶりは、音楽ファンならよくご存知のことであろう。この映画に携わった経験が、彼にどんな影響や力を与えたかは分からないが、今もあのときのスタンスを崩さず、音楽活動を続けている斎藤誠は、まこと〈ぶれない男〉と言ってよい。

続く項では、その斎藤誠と二人で、この史上最大（？）の自主映画も併せて、植木等の音楽家としての素晴らしさや特質を、とことん語り尽くしたいと思う。

筆者のライブ・ショーにゲスト出演時の斎藤誠（本項、すべて撮影は葉狩哲哉）

注1　この日のプログラムは、本作のほか『駅前旅館』、『社長道中記』と、東宝喜劇シリーズの代表作が組まれた。

注2　実際、筆者らは1983年1月から84年5月まで十一度に亘って浅草に通い詰め、クレージー映画とその周辺の作品を見まくった。83年9月のクレージー関連プログラムを、筆者がリクエストしたとおり（ピーナッツ主演映画やスパーク三人娘映画）に組むという、粋な計らいを見せてくれたこともある。ちなみに、当館「浅草東宝」は1952年開場の「浅草宝塚劇場」を前身とし、2006年1月に閉館するまで、オールナイト興行をやり続けたという〈マニア好み〉の映画館であった。

注3　今では懐かしの植木邸も取り壊され、その敷地には五軒もの小住宅が建ち並んでいる。

注4　ハナ肇が肥溜めに落ちるシーンがあるのは、坪島孝監督作の『だまされて貰います』（昭46）。クレージー映画末期の作品にしては、ハワイ、NY、ラスベガスにロケするなど、『黄金作戦』並みの大作感が――ありそうで、なさそうなスケールのGW公開映画であった。

注5　1991年6月10日、NHKホールにて行われた「植木等ザ・コンサート〝いろいろあるよ、いろいろね〟」のこと。筆者は、植木等と同じくファンハウスからアルバムをリリースしていた河内淳一氏と観に行った。この楽屋で、植木さんが「これでもう死んでもいい」と奥様に呟かれたことはよく知られる。

『刑事あいうえ音頭』という映画

物語

日本一の〝無責任〟刑事・拝郷九郎（さん付けで呼べば「ハイゴクロウサン」）は、今日も持ち前のC調さで、仕事をサボって賭け麻雀中。

街の公園で、修学旅行の女子高校生たちを巻き込んでひとしきり歌い踊った後、我慢しきれず入った公衆トイレで変なガイジンと隣り合った拝郷は、胸ポケットのハンケチを調子よく失敬。これを自分の胸に差して歩き出すと、謎の紳士からいきなり、暗号めいた言葉「あなたと呼べば？」を投げかけられる。つい、「♪あなたと答える」と歌い出す拝郷。すると紳士は、何故か拝郷に往年の名女優のブロマイドを手渡し、満足そうに去っていく――。

訝しみつつも「得した」とばかりに、これをしまい込むや、突然現れたデブとマッチョのギャングに拉致されてしまう拝郷。連れ込まれた先は、〝香港系シンジケート〟ヤン夫人一味のアジトであった。

「デビッド細田さん……」。夫人の手下から、聞き知らぬ名で呼ばれた拝郷は、シリコンバレーで盗まれた極秘回路を渡すよう強要されるが、どさくさに紛れて逃走。

「乗って！」。拝郷を助け、スポーツカーに乗せた謎の美女は、ブロマイドの女優と瓜二つだった――。

キャスト

拝郷九郎：　高田梅三郎
源　節子：　沢田美香
ヤン夫人：　和田千恵子
ハチ（手下）：　今野多久郎
ロク（同）：　中村清明
執事：　小宮山正
ツル刑事：　持田明光
カメ刑事：　松永俊弥
刑事：　東郷輝久、井手啓人
ラーメン評論家：　渡辺香津美
易者：　山岸潤史
謎の紳士：　向井滋春
情報屋：　ジョニー吉長
雀士：　サンプラザ中野、
パッパラー河合、
タンゴ・ヨーロッパ
幼稚園の先生：　斉藤美和子
華僑とその情婦：　永井充男、石黒ケイ
湘南のドラ息子・クーさん：　桑田佳祐
アパートの管理人の声：　原 由子
司会者：　ブッチャー小林
双子の歌手：　ザ・リリーズ
警邏中の巡査：　世良 譲
代々木公園の男：　谷 啓
警視総監・平均：　植木 等

映画『刑事あいうえ音頭』フライヤー

スタッフ

トルコプロ・B．C．A・成城大学映画研究部 作品（スーパー８　24コマ／秒）
製作：　高田梅三郎（直接制作費：710,940円）
監督：　小中千昭（B．C．A.）
脚本：　小中千昭・鴻園児・斎藤 誠・高田梅三郎
助監督：　三浦太郎
撮影：　大工原正樹
照明：　宮田哲男
録音：　川村弘幸
助監督・車両：　高橋尚人
スチール：　葉狩哲哉
音楽監督：　斎藤 誠

主題歌・挿入歌（全曲 作詞：高田梅三郎　作編曲：斎藤誠　歌：高田梅三郎）
主題歌「ミュージカルだよ！大作戦」
挿入歌「刑事あいうえ音頭」
「ヒョーキラキン節」
「君のひとみ」（デュエット：清野由美）
「恋してタモレ」

斎藤誠 & 高田梅三郎

音楽家としての植木等を語る

自主映画『刑事あいうえ音頭』をふりかえって

特殊脚本家。
本作では
監督を務める

小中千昭

オブザーバー

ギタリストであり、
歌手、作曲家。
本作の音楽監督

犬塚さん、けっこう出ていて、お巡わりさんとかタクシー運転手だとか。やっぱりいいんですよ。最近の役者じゃ絶対出ない、あのとぼけた感じが。

T　出てきただけで安心感があるよね。

S　山田洋次はクレージー（映画）を受け継いで、寅さんをつくった感じがするなぁ。

T　桜井センリなんかもよく出すんだよ、山田監督は。それだけでも、クレージーのことをすごく好きだったことが分かる（筆者注：犬塚弘は六作。桜井センリは十作ほど出演）。関係ない話だけど、若いとき、山田監督は祖師谷団地に住んでいたので、松竹（大船撮影所）の仲間から「だったら、東宝に入ればよかったのに」と、からかわれたって言ってたね（笑）。

撮影：岡本和泉

すぅ〜いら、すーだららった　で
この対談コーナーは、なんと横組！
スタートはこっちからだと
きたもんだ

対談

『刑事あいうえ音頭』
製作者

高田（以下、T）　今日は、久々に『刑事あいうえ音頭』の関係者に集まっていただきました。斎藤誠君には植木等さんとステージを共にしたときの印象を中心に、音楽家としての植木等について語ってもらいたいと思います。もちろん映画の植木等、テレビの植木等、レコードの植木等についてもブワーッと語り合いたいので、よろしくお願いします。

さて、いきなり脱線しますが、「スーダラ節」の演奏を務めたニューハードのリーダー・宮間利之さん（2016年逝去）にはお嬢さんがいらっしゃるんだけど、これが2019年にwowowで放送された大林宣彦監督夫妻のドキュメンタリー「成城物語」（当番組の撮影は成城学園でも行われ、筆者も協力させていただいた）のディレクター・高橋栄樹《えいき》さんの奥様だったんですよ。

斎藤誠（以下、S）　ジャケットにニューハードって書いてありますね。意外だった。

T　「スーダラ節」録音時のことについていろいろ伺いたかったんですが、残念ながら宮間さんは2016年にお亡くなりになり、現メンバーにも録音に参加した人はいらっしゃらないとのことでした。こうなると、植木さんの音楽家としての一面は、ステージで共演した斎藤誠ちゃんに語ってもらうしかありません。

S　ところで、今、クレージーで健在なのは？

T　犬塚弘さんだけになっちゃったね。

S　そうかぁ。

T　熱海のシニア向けマンションにいらっしゃる、と聞いてます。

S　最近、BSで寅さんを見てるんだけど、

そう言っていたからね。きっと自分が助かったことで吹っ切れて、「俺は、これからも無責任男をやり続ける」と、ここで高らかに宣言したような気がするんだよね。だから、この経験がなかったら、その後の「スーダラ伝説」なんかもなかったんじゃないか、なんて思ってしまうわけ。

S　ちょうど凄いときだったんだ、植木さん。『シカゴ』をやったときですよね、シアターアプルで。

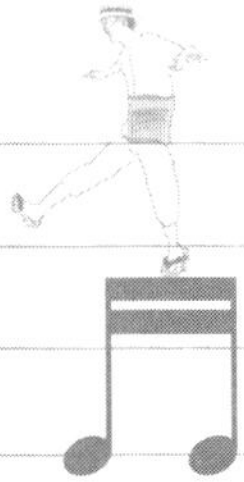

T　では、改めて、我々がいかに植木等に心酔したか——、そのあたりからいきましょう。

S　まず、今このコロナ禍で一番必要な存在だと思うんです、植木等が。でっかい笑顔で「だまって俺について来い」と言ってほしい。カラッとC調に「〽そのうちなんとかなるだろう〜」って。まあ、なんとかはならないかもしれないけれど、そのくらい明るい気持ちでいたいじゃないですか。そもそも僕は「だまって俺について来い」からかもしれません。もっと前の「スーダラ節」とか「ハイそれまでョ」の頃は、まだ子ども過ぎましたから。

T　「スーダラ節」はちょっと大人っぽいというか、子どもには分かりにくいところがあったけど、「だまって——」と「ゴマスリ行進曲」はねぇ！　あれから弾けたんだよね。

S　そうそう、完全に解き放たれたって感じで。

T　それで、子どもにも伝わったのかもしれないね。

S　サビの「〽見ぃろよ、青い空〜」のところだけ、いきなりエコーがかかってドーンと広がって。それでまたエコーが切れて、今度は無責任に「そ〜のうちなんとか〜」でしょ。なんだろう、あのやさぐれた歌い方（笑）。あの弾けぶりはやっぱり凄いですよ。あの明るさが今こそ欲しい！　そういう意味でも、この状況下で僕がお話しできることがあれば、たくさんお話したいです。

T　いやぁ、まさにこの本のタイトルも、最初は『植木等、この7本』にしようと思っていたんだけれど、考え直して『今だから！　植木等』にしたのね。とにかく、今ここに植木等がいてくれたら、いや、いなければならない、という願いを込めたタイトルにしたくて。

S　今日、たまたまネット検索していたら、能年玲奈（現・のん）がコスプレしていましたよ、植木等の！　ギター持って、髪をオールバックにして。あの子は流石だなと思いました。

東京オリンピックとラジオ番組「出逢いがなければ始まらない」

斎藤誠の母君が撮った
オリンピック開会式と植木等の写真　（提供：斎藤誠）

こっちから だよ

S　僕が小学校一年のとき、東京オリンピックがあったんだけど、テレビのオリンピック中継をうちの母親がよくカメラで撮ってたんです。白黒の画面をね。開会式の入場行進とか体操のチャフラフスカとか。で、古いアルバムに貼ってあった二枚を、今日持ってきました。オリンピックの写真の中に、なぜか植木さんがいるの。64年だから、歌っているのは「だまって俺について来い」かな？　息子の大好きな植木等も撮って、アルバムに貼ってくれていたんですね。なかなかの母だな、と。

T　ところで最近、誠ちゃんのラジオ番組「出逢いがなければ始まらない」の録音テープが出てきたんだけど、植木さんが自分の心情をすごくストレートに語っているのね、この番組で。

S　その時のディレクターは小林克也＆ザ・ナンバーワン・バンドのリーダー・佐藤輝夫さんで、ラジオ界ではとても有名な人です。その人が（僕を）小林克也さんとか、植木さんとかと繋げてくれたんですよ。

T　今回の本では、我々が子どもだった63～64年頃、いかに植木さんが我々に大きな影響を与え、日本中を明るく照らしたかということと、意外にも植木さんが、その後長らく“無責任男”の呪縛に悩み、いつそれをふっ切ったのか――、という流れにもっていこうと考えていたんだけど、実はこの番組で植木さん、それを語っているんだよね。

S　そうそう、大事なところを語っていらっしゃいましたね。

T　この年（1983年）、三波伸介が亡くなり、植木さんも病気で倒れて。「そのとき、自分は女房と娘がいたので助かったけど、三波伸介は可哀そうに家族がそばにいなかった……」って、植木さん、

く為五郎～」って叫んだりしてね（笑）。

T いやぁ、「ゲバゲバ」（の影響力）はホント凄かったね。僕は中学生だったけど、次の日学校へ行くと、そこら中の教室から「アッと驚く為五郎～」って聞こえてきて（笑）。

S 70年代に入って、自分でも音楽をやるようになって――。でも、クレージーキャッツも植木等もしばらく聴いていなかったんです。それが80年代に入って変わるわけ。ここにいらっしゃる高田さんに会っちゃう！　この出会いは大きかった。忘れていたクレージーキャッツへの想いが一気に爆発して、この熱い想いを絶やしちゃだめだぞ、と胸に誓った！　あれは日比谷の千代田劇場でしたっけ？

T そう、あそこで初めて会ったね、誠ちゃんと。東宝が創立50周年を迎えたっていうんで、旧作を特集上映したとき（82年）。

S それから、浅草東宝のオールナイト五本立てを一緒に観ましたね。近くの席になんかミュージシャンっぽい人がいてさ、それが山岸潤史さんだった（笑）。それからしばらくして僕もデビューするんだけど、同じレーベル（コロムビア）に大ヒット中の山下久美子ちゃんがいたんです。その先輩とふたりで「DENON MUSIC CLUB～出逢いがなければ始まらない～」というラジオ番組をやって――。呼ぶゲストは、だいたいはコロムビアのアーティスト――中村雅俊さんとか渡辺香津美さんとか――だったんだけど、無理を承知で「植木等さんをお呼びできないですか」って佐藤輝夫ディレクターに頼んだんです。そしたら、なんと来てくれることになった！　もうコレ、夢のようなことですよ。そのときはまだ、一緒にツアーすることになるなんて、思ってもいなかったですけど。

T 植木さんがもう、渋い路線に転じていた頃だよね。

S そうですね、坂田三吉の『王将』をやった頃かな？

T 『シカゴ』（83年）の頃だね。

S そうか、それで植木さん、髭、生やしていたんだ！　で、憧れの人に会ったということで、ギター・ケースにサインして貰って。もう、それが嬉しくてね。でも、そのときは「判っちゃいるけどやめられない」って書いてもらえなかったんです。

T その頃は、必ずそのフレーズを（サインに）添えてたんだけどね、植木さん。

子どものアイドルとしての植木等、そして斎藤誠がクレージーから離れた日

T　「だまって俺について来い」は、64年だったね。

S　曲として最初に触れたんです、これに。やはり、テレビが最初だったんですけど、「シャボン玉ホリデー」もそうだし、「おとなの漫画」もちょっと見たような気がするのね。それでもう、最初から勝手に自分のアイドルだったの。初アイドルは、ポール・マッカートニーと植木等！　うん、これはもうしょうがない。両方ともテレビの画面でこっちに笑ってくれる。ジョンは笑ってくれないけど、ポールは子どもに優しいんです（笑）。そのポールより、植木等の方が実は早かった。で、うちの父に「植木等の映画、見に行こうよぉ～」って、ねだるようになったんです。
ところで、最後に、なんか月に行っちゃうやつがあったでしょ？

T　『クレージーの大爆発』だね。「〽も～しも～三千億円あったならぁ～、キンキラキンの椅子とテーブルで……」（筆者注：歌のタイトルは「キンキラキン」）って、月で歌うやつ。

S　よく、そうやってすぐに出ますね（笑）。そう、あの映画を見て、これはさすがに子どもっぽ過ぎるなと感じて、だんだん（クレージーから）離れていった気がします。

T　あのあたりが転換期だったかもね。

S　もう70年くらいですか、これは？

T　これは1969年（の作品）。中学三年の修学旅行から帰った、その日に見たけど、僕もこれはダメだった。

S　僕もそのときは小学校高学年だから、もうそろそろコント55号とかが（出始めていて）ね。

T　ドリフターズとかはどうだったの？
（筆者注：『大爆発』の併映作は、ドリフの『全員突撃！』であった）

S　ドリフはね、そんなに行かなかったんです。ドリフ（人気）がもの凄くなっても、ウーンと言って我慢して（笑）。植木さんの次はもうコント55号なんですよ、ボクは。サディスティックな欽ちゃんと、何されてもヘラヘラ笑っている二郎さんがたまらなく好きだった。それに、ボクが転校生だったことも、クレージーから離れていった理由のひとつです。60年代末に静岡に引っ越したんだけど、当時、静岡は民放が二局しかなくて、そのうちのひとつがUHF。何と、あの「ゲバゲバ90分」をやっていなかった（涙）。ハナ肇の「アッと驚く為五郎」を知らないくせに、東京にいる高校生の兄貴のところに遊びに行って、「ゲバゲバ」をむさぼるように見るんです。それを静岡に持って帰って、自慢するわけ。教室で「アッと驚

ばらくして植木さんが登場。すると、入って来た途端、一番近くにいたキーボードの深町さんに、耳もとでなにか囁いているわけ。で、あとで深町さんに「植木さん、なんて言ってたんですか？」って訊いたら、「いつも、こんな大きな音で（リハ）やってるの？」と言ってたんだって（笑）。

T　植木さん、まだ病み上がりだったし、元々ジャズの人だからロックとは違うんだよね、音量が。

S　それを聞いて、メンバー一斉に音量を下げたっていう（笑）。
でも、こんな話もあるんです。メンバーに女声コーラスが二人いたんですけど、その子たちを笑わせるために植木さん、両方の靴を脱いで、スタジオでこうやって（身ぶりを交えて）踊ったっていうんです。女の子たちを盛り上げるため、例のスキップをやって、それで大爆笑をとっていたって、ドラムスの成田さんから聞きました。

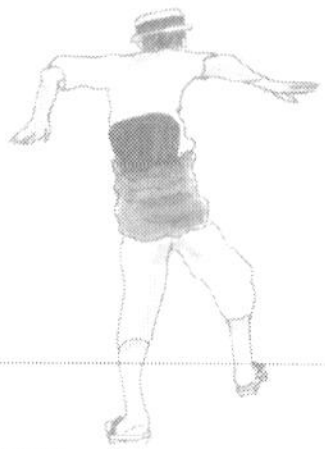

T　それはやっぱり、気を使ってくださったんだろうね。

S　あと、これは音楽的な話だけど、そのコーラスの二人にメロディを確認するのに、歌詞で歌って伝えるのではなく、音符、ドレミで教えていたっていうんです、全部！　ちゃんと音楽理論を勉強した人だから、全部、音符＝ドレミで言える。そういうタイプのミュージシャンだったっていうことですね。

夢の共演で見えた、植木等の音楽家としての神髄

S　その話ですけどね、今回、僕だけの思い出話だけでは足らないと思って、当時のツアー・メンバーに話を聞いてきたんです。そしたら、キーボードの深町栄さん、ドラムスの成田昭彦さん、それにベースの琢磨仁（当時は小室邦雄）さん、みんなそれぞれ違う思い出を持っていて——。
琢磨さんが言うには、その頃サインには「判っちゃいるけど〜」って書かないで、「人生に責任を持て」と書いていたっていうのね（笑）。“無責任男”やってるのに！　これすごく面白いでしょ？　そんなことあるのかなと思って、昨日「人生に責任＆植木等」でネット検索してみたんです。そしたら色紙が一枚出てきて、それが、立川談志が植木等に貰った色紙！　最近、発掘されたんだって。

T　“無責任男”のレッテルに悩んでいる頃、そう書いていたのかな？

S　ジョークと自分の本心の両方入っているのがいいなって思って。でも、談志に言うところが凄いよね。

T　談志にこそ、言いたかったんじゃないの（笑）（筆者注：1991 から 1 年半に亘り TBS 系で放送された対談番組「植木等デラックス」で、植木自身が「談志の注文で、色紙に“立川談志様 人生に責任を持て”と書かされたんだよね」と、その真相を明らかにしている）。

S　で、番組の収録が終わって、ああもう一生会えないんだなと思っていたら、何とそうじゃなかった。小林克也さんが石井聰亙監督の映画『逆噴射家族』で植木さんと共演して、それがキャンペーン・ライヴツアー「ひとし＆カツヤ」ツアーになって。そのツアー・メンバーに僕が呼ばれたんです。だから次に会ったのは、ツアーのリハーサル・スタジオ（当時、渋谷にあったマック・スタジオ。現在は千駄ヶ谷に移転）でした。僕らが先に入って練習していたら、し

ら、「でも誠くん、本番では弾かないよ」って、すっごく照れくさそうな顔をしてました（笑）。
植木さん、僕が弾いているのを覗き込んで、「誠くんが今弾いているコードはサーティンスだね」なんて言うんです。やっぱりかっこいいですよ、植木さん！

T　歌は平山美智子さんに習ったけれど、ギターは独学なんだってね。譜面も自分で勉強して。それって凄いことだよね。

S　キレイな音出すんですよ、植木さん。単音でね、メロディとか。

T　それでも、音楽家＝ギタリストとしての片鱗は見えたでしょ？

S　ありました、ありました！　もう、それはいろんなところに感じました。
僕はあまり分からなかったんだけど、ナンバーワン・バンドのメンバーでボクより十歳も上だった深町さんが、「〽あなただけを〜」（ハイそれまでョ）のクルーナー唱法がすごい気になったんですって、誰の影響なのか。それで、植木さんに訊いたらしいんだけど、みんなが想像していたのはジョニー・ハートマンっていう黒人のクルーナー歌手。実際、そっくりなのがあるので、「植木さん、元はジョニー・ハートマンですか？」って訊いてみたら、植木さん、「いやぁ、ボクはシナトラだね」って！　え〜、そんなに分かり易いの？　全然違うよね（笑）。でも、やっぱり憧れとしてあるんでしょうね。

T　若いときはディック・ミネが好きで、戦時慰問の時に声真似していたって話はよく聞くけどね。

S　以上、植木さんの口から出た「シナトラ」という意外な答えに、年長のメンバーたちがざわついた、というお話でした。

「ひとし&カツヤ」ツアーの演奏楽曲〜植木等が影響を受けた歌い手

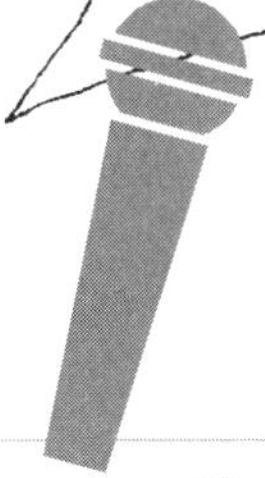

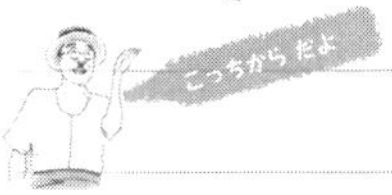

T　ツアーではクレージーの曲、何をやったんだっけ？

S　これがねぇ〜、覚えてない（笑）。でも、「スーダラ節」は絶対やりました（筆者注：本ツアーでは、他にも「ハイそれまでョ」、「だまって俺について来い」、「これが男の生きる道」を歌ったことが、植木等本人のメモにより判明している）。
あと、当時の大ヒット曲もやろうという話になって。克也さんの提案がまたぶっ飛んでいるんだけど、カルチャー・クラブの「カーマは気まぐれ」、「〽カマカマカマカマカマカミリア〜」を歌うことになったんです。で、植木さんが練習するわけですよ。例の声で「カマカマカマ〜」って（笑）。そもそも直立不動で歌う人じゃないから、ここにあの“平泳ぎスタイル”の振りを入れたらどうかな、なんて言ってきたりして。もちろん植木さんは、この最新洋楽ヒットは知らなかったでしょうけど、当時ホントに大ヒットしてましたからね。それをあの植木等が歌うっていうんだから、僕らは大盛り上がり。だってもう、歌が始まった途端に〈植木等〉なわけですよ。ホントこれは強烈でした。

T　あの洋楽が植木さんの歌い方で歌われる、っていう面白さだよね（笑）。

S　「〽わかっちゃいるけど〜」の感じで、「カマカマカマカマカマカマカミリア〜」（笑）。

T　その時の録音はあるの？

S　いやぁ、あれば嬉しいんですけどねぇ。このツアー、全国を回って、千秋楽が渋公（渋谷公会堂：現 LINE CUBE SHIBUYA。1984年5月17日）だったんです。ツアー中、本人に「植木さん、ギター弾いてくださいよ」って、ずぅ〜っと頼んでいたの。「いやぁ、ボクはもうギター弾かないからなぁ」って断られていたんだけど、最終日、渋公の昼のサウンド・チェックのとき、ハッと気がついたら、僕の後ろでギター弾いてるんですよ、植木さん！　愛機、ギブソン ES-175 でチャッチャッってバッキングしてる！　僕が大喜びした

と歩いてくるんだから（笑）。

T　そういう話は、小松政夫さんも言っていたね。木下藤吉郎の『ホラ吹き太閤記』のとき、雨が続いて、御殿場の宿でずっと待機だったんだって。当然、植木さんはお酒なんか飲みに行く人じゃなかったから、〈お遊び〉で時間を潰すのがすごく大変だったって。

S　今、小松さんの話が出たけれど、福岡の楽屋に小松さんが来たの！

「誠くん、今日、小松のヤツが来るんだよ」。「小松のヤツって誰ですか？」。「小松政夫って知らない？」。えぇ〜っ、あの小松政夫さんが来るぅ〜!?

同じ福岡で仕事があったのかな、1時間もしないうちに小松さんが見えたんだけど、もうね、あれ以上の“気をつけ”（直立不動の姿勢）を僕は見たことがない。小松さんの前には、こういう感じ（深く腰かけた姿勢）で〈オヤジさん〉がいて——。

SHIRAKEDORI~

T　そのときはもう、小松さん、全盛期だよね？

S　「〽しらけど〜り……」（しらけ鳥音頭）って、それはちょっと前か。でも、超売れっ子の凄い勢いの頃です。ロマンス・グレーのカッコいい小松さんが、植木さんを前にして、完全なる“気をつけ”の姿勢！

T　決して天狗にはならず、「師匠は師匠」ってことを貫いた人だからね、小松さんは。

S　あとね、どこかの空港で立川談志にも会ったんです、偶然バッタリ。そのときは、さすがに“気をつけ”ではかったけれど、それでも植木さんを前にして、談志師匠もちょっと緊張気味でした。

T　あの談志でも一目置くという？

S　だから、「人生に責任を持て」ってなっちゃうよね〜（笑）。

でね、僕が植木さんのこういう話をすると、ミュージシャンに嫉妬されるという現実もあります。かつて渡辺香津美さんのスタッフが、「渡辺さん、今度植木さんがツアーやるそうですけど、そこに入った斎藤誠って若造は、譜面見なくてもクレージー・ソング、ちゃんと弾くそうですよ」って言ったんだって。そうしたら香津美さん、「そりゃぁ当たり前だろ」って（笑）。香津美さんも、植木さんの大ファンですからね。

T　僕は香津美さんに、クレージーのソノシートあげちゃったなぁ（筆者注：自主映画出演のお礼に差し上げたもの）。

斎藤誠が感じた植木等の人間性

S　これは琢磨さんから聞いた話なんだけど、植木さん、家で深夜にトイレに行く時の〈呼吸〉っていうのがあるんだって！　それは何かって言うと、夜中にトイレに立つ時、隣で寝ている奥さんを起こさないように、自分の呼吸と布団の音を、奥さんの寝息に合わせて出ていくっていう――（笑）。

あと、僕が聞いたのは、米軍の立川基地で仕事をして、1時間後に銀座か日比谷のクラブで弾かなきゃならないってことがあって。そのとき立川が大雨で、車に機材を積み込んでいると、ズボンの折り目が雨で全部なくなっちゃって、それが恥ずかしくて恥ずかしくて仕方なくて、次のステージがちゃんとできなかったと（笑）。お洒落で繊細な人だったんですねぇ。

T　僕にはこう言ってたね。「ズボンが雨で濡れて、“煙突”みたいになっちゃうのが嫌でねぇ～」って。

S　ギターの話に戻ると、植木さんって世界でただ一人、脇でリズム取る人なんです。（脇を上下させる身振りを交えて）こうやるでしょ？　初めはビブラートかけてるのかなって思ったんだけど、そうじゃない。（同じ身振りで）こうやって、カッティングしてる（笑）。

T　それって、植木さん独自のスタイルだね、脇でリズムをとるギタリスト。こんな人、見たことない！

S　あとね、ツアーはほとんど新幹線移動だったんだけど、札幌へはやっぱり飛行機です。で、このとき植木さん、「飛行機に乗ったら死ぬ」と思ってたんだって（笑）。やっぱり病み上がりで、すごく身体のこと気にしていたのかな。ここは正念場と思って頑張って飛行機に乗り込み、千歳に降りてみたら、生きていた！　生きてるならこりゃ良かったっていうんで、その日のステージから例の水泳（“平泳ぎスタイル”の振り）が始まったんです（笑）。

T　確か、渋公でもやってたね（笑）。

S　あとね、新幹線はもちろん克也さんと植木等さんはグリーン車。だけど植木さん、時々こっち（普通の指定席）に来ちゃうんですよ！　「よぉ～」とか言って（笑）。もう、周りの人たちはビックリ。しかも席が空いてたりすると、す～っと座っちゃうの。で、そこで〈お絵かきしりとり〉っていうのをやるんです。要するに、「リンゴ」の絵を描いたら、「ゴリラ」の絵を描いていく――、そういう遊びをやるわけ。でも、想像できます？　普通車の植木等って。号車の扉が開いて、真ん中の通路をあの“平均《たいらひとし》”が颯爽

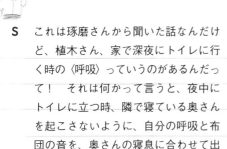

砧の植木邸での撮影。
1984年7月26日

T　その打上げの前に、頼みに行ったんだよね「自分らが作っている映画に出て欲しいって」。ほら、渋谷のスタジオ（前述のマックスタジオ）に僕を連れてってくれて。まずは最初、電話で話させてもらって、その後、挨拶に行ったんだよ（筆者注：1984年5月1日のこと）。

S　ということは、ツアー前ですね。

T　そこで、初めてお会いして。手帳にちゃんと書いてあるもの、「我が人生の師と初めて会う」って。

S　映画に出てもらったの、夏でしょ？　この「ひとし＆カツヤ」ツアーは84年だったような。

T　植木さんの撮影も84年だね。

S　撮影は83年からやってましたよ。

T　うん、でも植木さんに出てもらったのは84年夏だね。誠ちゃんが電話してくれて、僕が代わって「今、こんな映画撮っているんです。良かったら出ていただけないでしょうか」って言ったら、「あぁいいですよ」って！　え〜っ、ホントにいいの？　みたいな。
だから撮影までは少し間があって、植木さんはホント最後の方だった（筆者注：クランクアップは谷啓さんの撮影）。

8ミリフィルムに写る植木等

自主映画への出演交渉

植木等邸で行われたツアー打ち上げパーティー♫

植木等とのツーショット　（提供：斎藤誠）

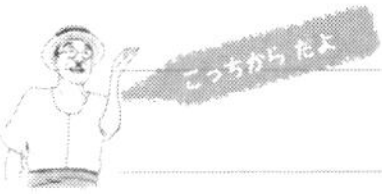

S　ツアーが無事終わって植木邸で行われた打ち上げの話ですけど、リビングに銀座かどこかの天ぷら屋さんが来てたんです！　その場で揚げてくれるんで、もうビックリ。そして、隣にはお寿司屋さん。今で言うケータリングで、優雅でゴージャスな雰囲気でした。それで、リビングにでっかいテレビがあって、その下にずらっとビデオが並んでる。それが、VHSじゃなくてでっかいヤツ！　シブサン（筆者注：3/4インチの業務用ビデオ・テープを指す）って言うの？　植木さんの主演映画見ながら、お酒飲んだりして。

T　そこにはLPなんかも置いてあったね。僕は、持っていなかった「女の世界」のLPを借りちゃった（笑）。

S　それで、打ち上げも佳境に差しかかった頃、「ちょっと二階見てみる？」って（言われて）、皆で上がったんです。「この部屋、なぁ〜んだ？」って、植木さんがドアを開けたら、その部屋ぜぇ〜んぶ箪笥！　いわゆる衣装部屋ですね。いろんな時代のスーツが綺麗に掛けられていて、すべて「植木」のネーム入りのオーダーメイド。「どれでも好きなもの、ひとつずつ持っていって」って言われて、僕がいただいたのがこれ（下掲写真参照）です！　メンバーそれぞれ着てみたけど、とにかく細い（笑）。植木さん、本当にスリムな方でした。

斎藤誠が植木等からいただいたスーツには、確かにネームが！
（撮影：岡本和泉）

T　植木さんの笑いがなかったら悲惨なことになったね、あの映画。全く善い人いないし、笑いもないし、植木さんの存在ですべてが救われている（筆者注：NHK-BS1「黒澤明の映画はこう作られた」を見ると、脚本の井手雅人も自分のノートに、『乱』について「強い印象は、暗く絶望的であることだ」と記していたという）。

S　植木さんの魅力を分かってくれて、「黒澤さん、ありがとう！」と言いたい。

T　『あいうえ音頭』撮影の頃、植木さんはちょうど『乱』のために乗馬の練習をしていて、出てもらった時の帽子とか長靴とか、全部それ用のものを使ってくれたんだよね。

S　馬事公苑かなんかで、練習してたのかな？

T　東京衣装（代々木上原にあるレンタル衣装会社）で警視総監の帽子を借りるのを、スタッフがすっかり忘れていて。「これでいいんじゃない？」って、植木さんが（帽子や長靴を）出してきてくれたんだよ。

まだまだある植木さんとの思い出

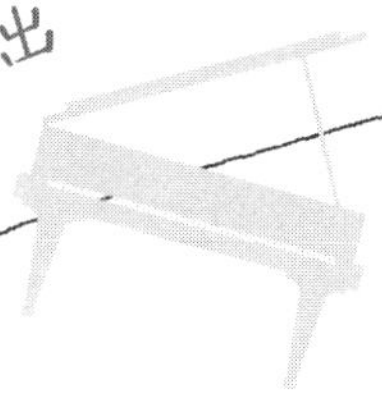

S　あと、植木さんで印象的だったことは、病気で倒れた僕の父をすごく心配してくれたこと。「ひとし＆カツヤ」ツアーで大阪にいたときに知らせが入って、終演後、スタッフの車で夜走りして、東京の病院に駆けつけたということがあったんです。次のツアー地で植木さんが、「大変だったね。おとうさん、どんな調子？　大丈夫？」って、すっごく心配してくれてね。うちの父は植木さんと同い歳。植木さん、病気した自分と重ねていたのかなあ。あのときは植木さんのあったかさが胸に沁みました。

T　いやぁ、それはいい想い出だね。

S　で、植木さんはこのツアーの後、どんどん元気になっていきます。

T　その後、「スーダラ伝説」で、またまたブレイクしたものね。
それまで我々は、「俺はクレージーファンだ」とか、「こんなレコード持ってる」とか、あんまり言わなかったよね？　それこそ誠ちゃんなんか、ロックやっていたから、「実はクレージーが好きで……」なんて言えなかったでしょ？

S　いやいや。でも、デビュー当時のプロフィールには、そう書いていたと思います。取材とかでも「クレージーの大ファンで、植木等とポール・マッカートニーが二大アイドル」なんて言ってたし（笑）。

T　あぁ、そう言ってたね。すごく潔い！

S　当時は、あまり「植木等だ！　クレージーだ！」なんて騒いでるヤツはいなかったから、そのフレーズは割とウケました（笑）。80年代のその頃って、コメディアンとしての植木等はだいぶ忘れられた存在だったし、歌もあんまり歌わなかったでしょ？　それより“俳優”植木等、でしたよね。あの黒澤明の『乱』（昭60）でね、「儂は慌て者かのう〜？」って、カッカッカって笑うところがあるじゃないですか？　あのシーンは本当に素晴らしい。重たいストーリーの中での、あの朗らかな空気！

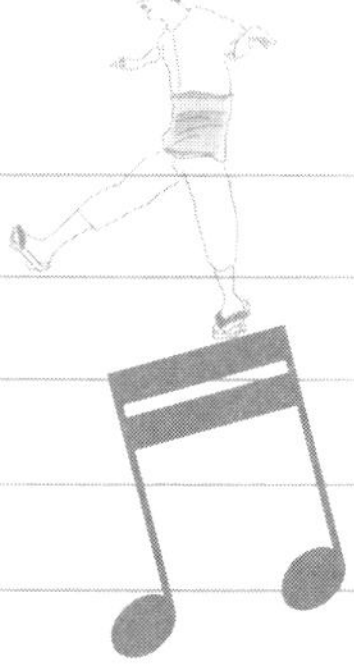

T　最後に、植木等が果たした役割ってなんだと思う？　誠ちゃんにとってでもいいし、日本にとってでもいいので。

S　60年代って、僕たちは何でもかんでも海外のものの方がカッコいいって思っていたんです。ビートルズも007も､「奥さまは魔女」もアポロ計画も。だから、日本のものはあまり興味が無いふりをした。ところが、そうはいかないほど面白いものってのがあって、それが植木等とクレージーキャッツでした。

他のお笑いと違って、なにか粋な感じがして。それはきっと、クレージーがバンドだったせいです。一流の演奏をするカッコ良さと、それを自らぶっ壊す笑い。そう考えると、ちょっとフランク・ザッパにも通じるものがあると——。子どもの僕らに「粋な笑い」をすごく分かりやすく見せてくれた日本代表が、植木さんでした。音楽は海外だけれど、笑いはやっぱ日本だなっていう思いがあるんですよ。僕には。

のちに、モンティ・パイソンやサタデー・ナイト・ライブなんかを見ても、あまりピンとこなかった。やっぱり､クレージーとかコント55号のほうが面白いって——。海外のものより楽しくて、子どもも大人もハッピーにしてしまった植木等。圧倒的な存在感だったと思います。

で、実際お会いしたら全然“無責任男”なんかではなくて、驚くほど誠実で真面目な人でした。子どもの頃に抱いていたイメージとは違ったけれど、そのギャップにむしろ感動したんです。こういう立派な人格だったからこそ、あ

の時代の日本をブワァーッと明るくできたんだなあと——。

面白いのは、普段は穏やかで落ち着きあるジェントルマンが、笑うときだけは“植木等スイッチ”が入って、急に、例の「カッカッカッ〜」ってなる。これがサイコーでした。もう染み付いて取れなくなっちゃっていたのかな（笑）。

T　小中はどう？

K　初めは凄く昔の堅物芸人だってイメージがあったんですけど、高田さんから、植木さんて全然そんな人じゃないよって話を聞いて、へぇ〜と思いました。

T　前から、祖師ヶ谷大蔵駅前の帽子店（植木さんや黒澤明の帽子を作っていた「ヒツジヤ」）のご主人から、「植木さんはすごく気難しいところがある」って聞いていたので、僕なんかは、なんだ、こんなに素人の我々にも気さくに接してくれるんだって、かえって感激したね。

T　誠ちゃん、今だから、植木等に声をかけたい、言いたいことは？

S　あなたのせいです！　私がこうなっちゃったのは（笑）。ありがとうございます！　幸せです。

今、植木等にかける言葉

『刑事あいうえ音頭』撮影秘話

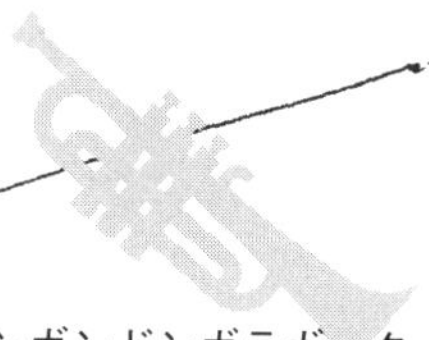

S　撮影の話に戻りますけど、よく頑張りましたね。

T　脚本を、代々木公園とかいろいろなところで書いてね（笑）。

S　レコーディングも、渋谷のYAMAHAでやりましたね（筆者注：エンジニアは、斎藤誠とはのちに岩崎宏美の仕事を一緒にする天童淳氏）。

T　レコーディングとシナリオ作りを同時進行でやって。

S　あらすじを高田さんと小中君が作って。あとは、細かいギャグをみんなで考えましたね。

T　とにかく、ギャグしか考えなかった（笑）。

小中（以下：K）　本筋じゃなくって、そういうのばっかり考えてたんですよ（笑）。

S　だって、面白かったんだもん。

T　でもね、（映画の）ベースは、やっぱり『大冒険』。巻き込まれ型で……。

S　主題歌も『大冒険』的ですよね？

T　そうそう。「〽ドンガンドンガラガッタ～」みたいな（笑）。
『大冒険』に出てくるアパート、渋谷駅前の桜丘町にあった、我々が“大冒険アパート”と呼んでいたところでも撮影できたし。

S　映画に出てくる幼稚園のバス。あれ、うちの実家の近くで、時々走るのを見るんですよ（筆者注：バスは、あざみ野のS幼稚園から借用した）。

T　バスを乗っ取るのは、『ダーティーハリー』のパロディでね（笑）。

S　そうだそうだ！　今あんな撮影の仕方したら、怒られるよ（笑）。あれ、どうやって撮ったの？　何往復もしたでしょ。

K　いやぁ、自分たちで運転したからグルグル回れたんですけど、道路使用許可取ってなくて、こんなスラローム走行で――。

T　撮影車が、バスと並走して撮ったよね。

S　対向車線だったよねぇ、危ないなって思いながらも（笑）。

T　ところで、この映画はすべて同時録音だったね。出演者は二度と来られない人ばかりで、とにかくアフレコができないから。

決死の（?）幼稚園バス撮影風景

奏と、ビートルズ「抱きしめたい」との合体曲であることに着目。ピッチが微妙な——つまりはキーが異様に低い——この歌を、当たり前のように歌いこなす植木の歌手としての実力について、「僕なんかが歌っても、あの面白さは全然出ないんです。ロックじゃダメなの、あれは。植木さんじゃなきゃダメなのよ、ホントに」との言葉で称賛している。

第2位の「ショボクレ人生」は、歌詞に悪漢《ピカロ》性や攻撃性が感じられる点を挙げ、青島幸男の天才性に言及。第1位に選んだ「だまって俺について来い」については、「『〽銭のないヤツは俺んとこへ来い！』、この『来い！』の部分は、メロディが無いでしょ？　こういうアイディアは萩原哲晶じゃなくって、自分（植木等本人）から出たんじゃないのかな？」と推測のうえ、植木の歌唱スタイルの独自性・革新性に鋭く踏み込んでいる。

以上、斎藤誠が選んだ三曲とも、歌いこなすのが難しい楽曲であることからは、ミュージシャン＝歌い手ならではの視点が見て取れ、誠に興味いものがある。

小中千昭は『無責任時代』を一位に挙げ、その映画としての完成度を高く評価する。古澤憲吾の演出についても、「ワンカットのスペシフィックな尺が、もうこれしかないっていう適正なレベルに達している」として、その的確さを激賛。長年に亘りシナリオに携わってきたプロとしての評価ポイントはもちろん、犬塚弘の芝居の巧さ、すなわちミュージシャンならではのタイミングの良さに触れている点にも、大いに納得させられる。

確かに故・大林宣彦監督も、「音楽をやる人（ミュージシャン）とそうでない俳優（代表格は仲代達矢だそうだ）は、明らかに演技の質が違う」と言っておられた。大林監督が犬塚さんを『転校生 さよならあなた』以降、『この空の花 長岡花火物語』、『海辺の映画館―キネマの玉手箱』まで起用し続けたのは、案外そういう理由からだったのかもしれない。

小中千昭の「この三曲」は、ベタな選曲ではあるものの、演奏する愉しさを重視したものばかり。長年に亘りクレージー・ソングを演奏してきた仲間ならではのチョイスには、深い共感を覚えざるを得ない。

BONUS TRACK

斎藤誠と小中千昭の
「クレージー映画＆クレージー・ソング ベスト３」

斎藤誠のベスト３

映画：①『クレージー黄金作戦』
②『大冒険』
③『日本一のゴマすり男』
歌：①「だまって俺について来い」
②「ショボクレ人生」
③「遺憾に存じます」

小中千昭のベスト３

映画：①『ニッポン無責任時代』
②『日本一の色男』
③『大冒険』
歌：①「無責任一代男」
②「ゴマスリ行進曲」
③「ハイそれまでョ」

【高田梅三郎による解説】

筆者のリクエストに応え、斎藤誠は――当時はまだ小学生だったことで、『黄金作戦』の美しき女優さんたちに興味が湧かなかった事実を悔やみつつも――、以上の三作を選出。これは、植木等の“子供人気”が『ゴマすり男』から急上昇し、『黄金作戦』でピークに達したことを如実に示す証拠と言えよう。

歌の方では、自ら第3位に挙げた「遺憾に存じます」に関して、斎藤誠は寺内タケシとブルージーンズによる「イカした」演

第4章

〈最後の付き人〉から見た人間・植木等

藤元康史

1 出会い

私が「植木等」と出会ったのは阪神淡路大震災が起きた1995年の7月、偶然見た求人情報誌による運転手の一般公募がきっかけでした。私はそれまで兵庫県西宮市のヨットハーバーで俳優を目指しながら働いていたのですが、1月の震災で会社に甚大な被害が出たことが区切りとなって上京したのでした。

上京したものの、当てにしていた芸能界へのコネが潰えて、これからの生活への著しい焦燥感を抱いていた自分にとって、この偶然見つけた芸能界への緒は、これが自分の進む道との確信を得て、職業運転手ではなく、弟子運転手を希望する文を添えて渡辺プロへ履歴書を送り、面接を経て、付き人として植木さんから給料を貰うかたちで採用となったのでした。

植木さんと初めて会ったときのことは、今でも鮮明に覚えています。私を採用してくれたマネジャー（植木さんは英語調にこう言う）に連れられ、世田谷区砧の植木邸のリビングに通され緊張して座っていると、奥の書斎からの扉を開けて、あの「スーダラ節」の植木等が私の前に登場したのです。その時

2000年、砧の植木邸前にて　提供：比呂公一・藤元康史

をふりかえってみると、これをオーラというのでしょう、一般人とは明らかに違う人種、キャラクターというか、洗練された人間で、いわゆる王道をゆく人物像であったなと思い起こします。それはピンとした姿勢や、重厚な声と落ち着いた口調、それに庭一面の手入れされた芝生を望むリビングに佇む姿からも感じられ、芸能人として、それも大スターとして歩んできた人生を体現する人間が眼前にいるのでした。このとき植木等六十八歳、藤原研二（私の本名）二十五歳で、まさかこれから十二年後に植木さんが亡くなるまで傍《そば》にいることになろうとは、想像もしていませんでした。

2  厳しさ

実は私、植木等が大スターであったことは応募当時、まったく知りませんでした。私は昭和45年生まれのドリフターズ世代で、植木さん全盛期の「シャボン玉ホリデー」や主演映画をリアルタイムで見ていなかったのです。そこでまず驚いたのは、付き人としての仕事が始まってすぐに明治座公演の稽古に入ったのですが、稽古場での植木さんへの周りの扱いが異様に丁重だったことです。俳優や関係者がごった返す稽古場通路では、まさに人が割れて通り道ができる様子で、その後、大部屋俳優から「どういうコネで植木さんに付いているのか」と訊かれ、「コネも何も、求人情報誌に載ってたよ」と答えると、「なんてラッキーなやつなんだ」と言われ、そうか植木さんは大スターだったのかと改めて認識した次第です。芸能人にランクがあるように、付き人もその付く人によって受ける扱いが変動するのは間違いなく、私は植木等の付き人となったことで、大きな傘に守られていくことになったのでした。

対外的には植木家の人間という恩恵を受けた一方で、内側では植木等という人は仕事に一切妥協がなく、ことさら芸能界における躾には厳しさを極めるなかで修行していくことになりました。植木さんは細かく仕事を教えることはなく、必要な指示が発せられるだけで、ぼんやりしていようものなら、共演者や関係者の前でも鋭い叱責が飛んできたものです。楽屋では来客への対応で、座布団、お茶の出し方に、履物を揃えることや暖簾が顔にかからないように分け上げることなど、都度ダメ出しをされて仕込まれていきました。厳しかったですが、今にして思えば本当にありがたかったですね。

植木さんは衣装とその服に対する意識も大切にする人でした。撮影現場で衣装に着替える際は、脱い

だ私服をハンガーに掛けるのですが、脱衣と着衣の補助を遅れなく手伝おうとして上着を気配りなく掛けたところ、植木さんはおもむろに立ち上がり、それを手に取って「きちっとかけろ」と上着のズレを正したのでした。このハンガーに掛かる上着のズレまでも意識する指摘からは、その後も続いていく着付けから自らの身だしなみまで、「衣服はすべて自らを引き立ててくれる大切な衣装なのだ」と気づかせてもらうことになりました。

常に背筋が立ちくずれない姿勢や、楽屋での所作、衣装に対する意識など、これらは植木さんが幼青年期に寺の小僧として修行した中で培われたことなのだと、時間とともに植木さんの素地を知っていくことにもなりました。

3 素地

植木等が芸能界で大成した基に、その出自と父親から受けた影響が多大に関係した、もっといえば、この父なくして大スター植木等は出現しなかったことは間違いありません。「植木等」（本名同じ）は大正15年12月名古屋市出生。三重県度会郡《わたらい》（現伊勢市）出身で、母いさほの実家が浄土真宗の寺であった関係から、父徹之助は昭和4年、得度して徹誠となり、翌昭和5年に三重県多気郡《たき》宮川村常念寺の住職となって、一家を構えました。

徹誠は、僧侶となる前、御木本幸吉が母方の親戚だった縁で東京の御木本真珠店に職人として入職。ここでは働きながら義太夫語りを目指し、キリスト教の洗礼を受け、労働運動、社会運動に傾注したという経歴の持ち主で、植木さんが「支離滅裂」と評した人物でした。

徹誠は得度後、寺に住職として赴くことになり、「裕福な寺と檀家が少なく散っている貧乏な寺のどちらに入るか」と問われ、迷うことなく後者の常念寺を選んだといいます。そして、檀家に寄り添うよき相談相手となりたいと声をかけ、山寺で弔いや供養といった布教活動をする中、部落問題に直面し、全国水平社の活動に関わっていきます。そして、この部落問題の重要地区になっていた、同じ度会郡四郷村朝熊区にある三宝寺へ転居しての活動を請われ、ここでも何の生活の保証もない中、自らの信念に従い即応したのです。昭和10年、一家は三宝寺に移り、徹誠は全国水平社の歴史に残る「朝熊《あさま》闘争」に加わっていきました。

この朝熊闘争の渦中、国は盧溝橋事件に端を発した日中戦争に突入しました。檀家の人々が出征の挨拶に来た際には、「戦争というものは集団殺人だ。人から卑怯と言われようが絶対に生きて帰ってこい。また、なるべく相手も殺すな」と諭したといいます。

このような中、徹誠は人民戦線事件の一環として昭和13年、警察に検挙され、治安維持法に問われることになります。なぜ徹誠が人民戦線事件に関係して検挙されなければならなかったかについては、三重県下人民戦線事件検挙者総数八十三人のうち、半数ほどが朝熊区北部の住民であったこと、そのうち治安維持法に問われたものは徹誠を含む朝熊闘争の中心的指導者数人であったことから、この検挙は朝熊闘争弾圧だったとする考えがあり、徹誠がのちに語った嫌疑はデッチ上げだったとする証言（植木等『夢を食いつづけた男』）からすると、この考えの信憑性は極めて高いのではないかと考えられます。徹誠は県内の警察をタライ回しにされた後、名古屋の刑務所に服役し、既決、未決を通じて約四年、囚われの身となりました。

こうした経緯で徹誠が勾留され続けたことにより、母いさほは息子・等にまっとうな教育を受けさせることが困難であると考え、伝をたよって東京本郷の真浄寺に小僧として預けることにしたのでした。

弱者の側に立ち、艱難辛苦にも節を曲げず自分の信念を貫き通す人物を父に持ったこと、また、この父親を持ったことによって東京の真浄寺に小僧に出されたこと、この二つが植木等の人物形成に大きく影響していくことになりました。

4  実像

一流芸能人の生活というものを皆さんはどのように想像しておられるでしょうか。大きな家に住み、高級外車に乗り、高級ブランド品が好きで、贅沢な食事をしているようなことでしょうか。私は植木等が大スターであったことを知らずに弟子入りしたので、あまりここに挙げたスター像のような先入観は持っていませんでしたが、実際の植木さんはどうだったのかというと、例に挙げたものは当然備えられていましたが、シンプル、モダンで華美ではなく、決して贅沢な生活様式ではありませんでした。

私が弟子入りした時の住いは、植木さんが40代半ばで建てたもので、庭には一面の芝生と緑豊かな木々が植えられ、森繁久彌さんから贈られた立派な灯籠も鎮座した日本家屋でした。確かに立派な邸宅でしたが、私には分相応の住まいと感じられました。贅沢をしない植木等がこの家を40代半ばで建てたのですから、当時の勢いがいかほどであったかと想像してみたものです。植木さんは何処よりもこの自宅を愛し、家族を愛し、外食を好まず、仕事で夕食時に帰宅できない時以外は、家族での食事を何よりの楽しみにしている人でした。

植木さんの部屋もとてもシンプルでした。訪ねてきた所ジョージさんが書斎を見て「植木さんにしては意外に小さなお部屋で」と言われたほどで、リビングなど共有スペースは体裁よく調度品が整えられていましたが、植木さん個人の部屋は簡素で必要な物以外はなく、まったく物に執着のある人ではありませんでした。

植木さんの書斎の隣には仏間があり、仏壇は金箔が施されたような煌びやかなものとは逆の、いたっ

て地味なものです。これは浄土真宗大谷派という宗派も関係していたことをあとで知りましたが、それにしても渋いものでした。仏壇の中には御本尊と植木家過去帳が置かれ、過去帳には縁者と命日が記されていて、植木さんは朝起きると水を替え、過去帳をめくり、線香をあげるとともに読経して一日が始まる、という具合でした。

普段は余計なものは持たず贅沢をしない植木さんですが、服に関してはこだわりがあり、うるさいところがありました。岩田さんという仕立屋さんが出入りしていたのですが、今私が保管する植木さんの上着と、私がオーダーで作った自分の上着とは全く別の次元のものです。値段が違うのですから当たり前かもしれませんが、同じオーダー誂えでも一流の職人が仕立てる服とはこういうものなのだと、私に一流品を教えてくれるものでした。それに、ネームを上着襟の裏に入れたりして、植木さんらしい遊びも取り入れてありました。生前自宅で着替えを手伝っている時に、「おい、これ見てみろ」と、その隠しネームの存在を教えられた時の植木さんのニヤリ顔が頭に浮かびます。これを私は、単なる遊び心あるこだわりと認識していましたが、もしかしたら過去に上着が無くなったことに対する真剣なこだわりだったのかもしれません。このような冗談か本気か区別がつかないことがままあり、洞察力が鍛えられたように思います。

植木さんの傍にいて感心したのは、正月と盆に欠かさず修行した真浄寺に伺い、寺田康順住職への挨拶を毎年続けていたこと、恩を忘れず継続するということです。住職と植木さんは歳も近く、真浄寺の小僧時代、生活を共にした間柄ですが、住職の子息と小僧の間には相当な格差があったといいます。昭和19年、東洋大学合格時には、先代の寺田慧眼住職から大学年間授業料が二百四十円当時で千五百円もの入学祝いをいただいたそうで、この多額のお祝いへの恩義も当然あったでしょうが、自らの芸能界での成功の素地が真浄寺にあったことに深く感謝していたのではないかと私は思います。

小松政夫さんからも付き人当時、この挨拶慣習は行っていたと聞きましたから、おそらく芸能界に入る前から亡くなるまで欠かさず続けていたことになります。その恩義を忘れず、かつ挨拶に出向く行為を死ぬまで欠かさなかったことに、植木さんの人間性が如実に現れていると思うのです。

では、少年時代に寺で小僧として修行した植木さんが、真面目一辺倒だったかというと、そうではありません。仮にユーモアもなく、音楽で食べていくことを志さない少年であったなら、「スーダラ節」に巡り合うことはなかったでしょう。生真面目さと酔狂さともいうべき幅の広さを合わせ持ったこと、これが芸能界で大成できた要因であったのは間違いありません。

5 植木等の歩み

昭和の戦後復興から高度成長期において、植木等が日本を明るくした、との評価を目にするとき、弟子としてとても誇らしく思っていました。植木さんの何がすごかったかというと、音楽、テレビ、映画、舞台とマルチに活躍し、そのいずれでも一世を風靡し、昭和の時代において日本全体に広く前向きな影響を与えたところにあります。

植木さんは大学で軽音楽部に入り音楽と出会いますが、在学中に自分の実力を確かめるためにテイチクレコードの新人オーディションを受け、千五百人中の四人に選ばれ合格しました。しかし、大学卒業までは地方回りができないことを理由にこれを辞退するのですが、このことは自分の資質に自信を持ち、その後の進路を決めるきっかけとなりました。大学卒業後にはバンドボーイとなり、その時にのちにクレージーキャッツのリーダー・ハナ肇となる野々山定夫と出会い、ジャズメンとしての道を歩み始めます。その後、所属したバンドで谷啓、桜井センリ、石橋エータロー、萩原哲晶らと出会い、音楽関係の繋がりが出来上がっていくことになりますが、冗談音楽を演奏するコミックバンド、フランキー堺とシティ・スリッカーズに参加したことでコメディアンとしての素質も開花させていくことになりました。そのシティ・スリッカーズにおける植木の特異なパフォーマンスを、いつも最前列で見て大笑いしていたという渡辺プロダクション創業者・渡辺晋から、所属するハナ肇が組んだコミックバンド、クレージーキャッツに誘われ、1957年に加入することとなったのです。

植木が加入した当初のクレージーキャッツは、進駐軍のクラブ回りが主な仕事でしたが、そこで見せる高い音楽性とコメディ性を併せ持つ面白さが、当時フジテレビ・ディレクターだったすぎやまこういち（本名：椙山浩一）の目に留まり、1959年、フジテレビの開局とともに始まった「おとなの漫画」（59〜64年、10分間・週6日放送）のレギュラーに抜擢されます。ここでは、すぎやまこういちと中学の同級生だった仲で作家をしていた青島幸男との出会いもありました。

「おとなの漫画」は時事ネタをコントで風刺するバラエティ番組で、スタート時はなんと生放送でした。電化製品の三種の神器といわれ、高度成長を象徴するテレビへの出演によってクレージーキャッツの認知度と人気は格段に向上することとなり、これがバラエティ番組の金字塔といわれる「シャボン玉ホリデー」（61〜72年放送）へと繋がっていきます。

「シャボン玉ホリデー」はザ・ピーナッツとクレージーキャッツをメインキャストにして、渡辺プロによって制作。音楽、ダンス、コントを取り入れた音楽バラエティショーとして数々のヒット曲やギャグを生んだ大人気番組となりました。「シャボン玉ホリデー」でクレージーキャッツがブレイクを果たし、これに伴って企画された曲が「スーダラ節」です。

「スーダラ節」制作に纏わるエピソードは、植木さんがインタビューでしょっちゅう訊かれる話で、私も直によく聞かせてもらいました。企画当初、植木さんがこの唄を歌うことに抵抗を感じていたところ、父徹誠から「わかっちゃいるけどやめられないという歌詞は、親鸞聖人の教えに通じる人間の真理をついたすばらしい歌詞だ。青島幸男という男は天才だ。自信を持って歌ってこい」と背中を押された話は有名です。植木さんは元来、ビング・クロスビーに影響を受けて正統派の歌手になろうとしたのですから、自分の理想とかけ離れていく方向性に抵抗があったところ、父徹誠から「お前のためにレコードを出そうとしてくれるとはなんと有り難いことだ。感謝しろ」と諭されたとも聞きました。植木さんを知る周りの人が、「仕事のキャラクターとはまったく正反対の真面目な人」と評する一方で、昔のバンド仲間からは「素のまま」と評されることもあり、いったいどちらなのか判然としないことになりますが、私は両方を併せ持つ人だったと思っています。

「スーダラ節」以前に、すでにコミックバンドに加入して冗談音楽をプレイし、「おとなの漫画」ではC調で無責任なキャラクターを演っていたわけで、これは食っていくためだとしても、あそこまでハマってやり続けられるものではなく、やはりこのキャラクターの素地が植木さんに備わっていたのだと思います。一方で楽曲の気恥ずかしさや、その真面目さから「歌いたくない」という抵抗がありながらも、30代半ばにして自分の歌うレコードが出る有り難さとの折り合いをつけて、一生背負う〝無責任男〟というレッテルに向かって足を踏み入れたのでした。

「スーダラ節」は〝飲む、打つ、女〟の三大欲を謳った流行歌です。植木等を「おとなの漫画」や「シャボン玉ホリデー」によって形成された、二枚目でも三枚目でもない二・五枚目のキャラクターに乗せて売り出すもので、それまでの芸能界には存在しないオリジナルなキャラクターを決定づけることになりました。松任谷正隆さんは、みえむ２０１７企画展「植木等と昭和の時代」のインタビューで「同世代のミュージシャンでクレージーキャッツに影響を受けている人はとても多い。そして植木等があれだけ売れた要因は、それまで日本のどこにも存在しなかったオリジナリティーだ」と証言しました。「スーダラ節」は大ヒットとなり、植木等は一躍脚光を浴びます。さらには、うなぎのぼりの人気と話題性に映画会社が飛びつき、主演映画『ニッポン無責任時代』の大ヒットへと繋がって、時代の寵児へと駆け上がっていったのです。

その後の活躍は周知のとおりですが、これまでふりかえった植木等の出自から、唄「スーダラ節」、映画『ニッポン無責任時代』へ到達した一連の繋がりと関係した人々の縁をみると、どの人たちが欠けても「植木等」は成立しなかったことが分かります。晩年、植木さんがインタビューで語った「歩くべき道を歩いてきたね」とのことばが、私の心に残っています。

6 幻の国民栄誉賞

植木等は２００７年３月27日に満八十歳で亡くなりましたが、翌日の訃報を伝える新聞には「国民栄誉賞授与へ」との見出しを掲げるものもありました。植木等が昭和の時代の象徴として、戦後日本に与えた影響を踏まえての評価は、弟子としてとても誇らしく受け止めていました。

その後、４月27日に青山葬儀場で「植木等さん 夢をありがとう さよならの会」が開かれ、私は会場で献花の中に「安倍晋三」と記された立て札を見つけました。他の著名人の立て札にはその送り主の氏名とともに所属先や肩書が添えられているものがほとんどだったことから、氏名だけの立て札が意味ありげに感じました。そして、そのあと植木さんに国民栄誉賞が贈られることはありませんでした。

その後、亡くなって八年が経過した２０１５年、植木さんの故郷三重県から「植木等没後10年・生誕90年」にあたる２０１７年に、県立博物館で植木等企画展を開催したいと、私にプロデュースを依頼する連絡が入りました。私は見ていてくれた人の存在と、私にやらせてやろうという情けに感激し、弟子としての集大成として取り組んでいくことにしました。企画展の制作は展示構成の立案から展示物の準備まで相当な手間と時間がかかり、二年かけて準備に取り掛かっていくことになりました。

そして、開催まで一年を切った頃、植木さんの母校東洋大学に企画展への協力を依頼することにし、生前、相撲部後援会長や「箱根駅伝で優勝させる会」会長を植木さんに依頼し、付き合いの深かった東洋大学・田淵順一常務理事に会いに行くことにしました。このとき、植木さんの晩年、プライベートでは私が秘書役の立場で、田淵さんへの連絡を担っていたことが役立ち、携帯電話へ直接連絡したのですが、「つい先日、ゴルフ中に吐血して入院している」と聞かされ、驚きました。それでも大学ではなく病院で会うことを許され、病室に伺って企画展開催の概要を話し、大学からの協力を依頼したのでした。その時、田淵さんは自らが癌であることを私に告げられ、植木さんへの恩を顧みながら、もし無事に出られたら必ず協力するとの話をされました。そして続けて、植木さんが国民栄誉賞を授与されなかった理由を話しておきたいと、私に切り出されたのです。

植木さんが亡くなった当時の東洋大学は、塩川正十郎元衆議院議員が総長に就かれていて、田淵さんは「植木さんに国民栄誉賞が贈られなかったのは、お父さんが反戦思想により投獄された前歴の持ち主だったからだ、と塩川先生から聞きました」と私に話されたのです。

それからまもなくして田淵さんは亡くなり、企画展を観ていただくことも叶いませんでした。

日本は敗戦後、大戦の反省を旨として戦争放棄を憲法で定めます。現在では普遍的正論となった「平和と平等」を、当時自らの信念のもと憚らず主張したことに対し、国が科として投獄しておきながら、政府はその過ちを回復もせず、詫びるどころか、その子息の功績を引くという事実に、国家賞典の在り方、また人間が人間を評するばかばかしさを覚えずにはいられません。私は植木等を師匠として、植木徹誠を、植木等を育てた人物として尊敬しています。やはり植木徹誠あっての植木等であったと、強く再認識したできごとでした。

7 師匠へ贈る言葉

私が弟子入りしたのが二十五歳、そしていま五十歳になり、人生の半分を植木等と過ごしたことになります。師匠植木等からは「縁」と「感謝」という言葉を、徹誠老師からは「平等」という言葉を深く私に刻んでいただきました。常識的には起こり得ない確率による繋がり＝縁によって弟子となったことは、これまで歩んできた人生を天命と覚えさせるものです。十二年の修行を通じて得た訓をもってこの先どう生きていくべきなのか、歩むべき道が照らされている気がしてなりません。教わった六方拝という東西南北天地を向いて、今ここに在る感謝を忘れず、私に与えられた道で平等とは何かを考え、何ができるのかを追求して、これからの二十五年を生きていきたいと思います。

最後はやはり、私に生きる指標が与えられたことに感謝のことばしかありません。

ありがとうございました。

明治座の楽屋でくつろぐ師匠・植木等と共に　提供：比呂公一・藤元康史

●昭和37（1962）年 10本出演

10. **『スーダラ節 わかっちゃいるけどやめられねぇ』** 製作：大映東京　配給：大映　色彩：カラー　公開日：3月25日　上映時間：1時間9分　監督：弓削太郎　脚本：髙橋二三　原作：青島幸男　植木の役名：スーダラ社員（クレージーキャッツのひとり）共演者：川口浩、ハナ肇　キネマ旬報紹介：4月下旬号（No.309）併映作品：『江梨子』（木村恵吾監督）

11. **『女難コースを突破せよ』** 製作・配給：東宝　色彩：カラー　公開日：4月1日　上映時間：1時間23分　監督：筧正典　脚本：長瀬喜伴　植木の役名：原田　共演者：小林桂樹、宝田明、水野久美　キネマ旬報紹介：5月上旬号（No.310）併映作品：『娘と私』（堀川弘通監督）

12. **『如何なる星の下に』** 製作：東京映画　配給：東宝　色彩：カラー　公開日：4月15日　上映時間：1時間57分　監督：豊田四郎　脚本：八住利雄　原作：高見順　植木の役名：大屋五郎　共演者：山本富士子、池内淳子、大空真弓、森繁久彌、池部良　キネマ旬報紹介：3月上旬号（No.306）併映作品：『雲の上団五郎一座』（青柳信雄監督）

13. **『クレージーの花嫁と七人の仲間』** 製作：松竹大船　配給：松竹　色彩：カラー　公開日：4月15日　上映時間：1時間26分　監督：番匠義彰　脚本：富田義朗・芦沢俊郎・菅野昭彦　原作：青島幸男・赤坂四郎　植木の役名：植村三郎（クレージーキャッツのひとり）共演者：倍賞千恵子、高千穂ひづる、伴淳三郎　キネマ旬報紹介：5月上旬号（No.310）

14. **『サラリーマンどんと節 気楽な稼業と来たもんだ』** 製作：大映東京　配給：大映　色彩：カラー　公開日：5月12日　上映時間：1時間25分　監督：枝川弘　脚本：髙橋二三　原作：青島幸男　植木の役名：スーダラ社員・植木（クレージーキャッツのひとり）共演者：川崎敬三、万里昌代、目黒幸子　キネマ旬報紹介：5月下旬号（No.312）併映作品：『仲よし音頭 日本一だよ』（井上芳夫監督）

15. **『ニッポン無責任時代』** 製作・配給：東宝　色彩：カラー　公開日：7月29日　上映時間：1時間26分　監督：古澤憲吾　脚本：田波靖男・松木ひろし　植木の役名：平均（たいらひとし）共演者：ハナ肇、谷啓、団令子、重山規子　キネマ旬報紹介：8月上旬号（No.318）併映作品：『喜劇 駅前温泉』（久松静児監督）

16. **『私と私』** 製作・配給：東宝　色彩：カラー　公開日：8月11日　上映時間：1時間30分　監督：杉江敏男　脚本：笠原良三　原作：中野実　植木の役名：上田マネージャー　共演者：ザ・ピーナッツ、宝田明、淡路恵子　キネマ旬報紹介：9月下旬号（No.322）併映作品：『キングコング対ゴジラ』（本多猪四郎監督）

17. **『夢で逢いましょ』** 製作：東京映画　配給：東宝　色彩：カラー　公開日：9月15日　上映時間：1時間29分　監督：佐伯幸三　脚本：森功二　植木の役名：植村　共演者：ザ・ピーナッツ、宝田明、山茶花究　キネマ旬報紹介：8月上旬号（No.318）併映作品：『箱根山』（川島雄三監督）

18. **『若い季節』** 製作・配給：東宝　色彩：カラー　公開日：10月20日　上映時間：1時間27分　監督：古澤憲吾　脚本：小野田勇・田波靖男　原作：小野田勇　植木の役名：植木宣伝部長　共演者：坂本九、団令子、ジェリー藤尾　キネマ旬報紹介：11月下旬号（No.327）併映作品：『やま猫作戦』（谷口千吉監督）

19. **『ニッポン無責任野郎』** 製作・配給：東宝　色彩：カラー　公開日：12月23日　上映時間：1時間26分　監督：古澤憲吾　脚本：田波靖男・松木ひろし　植木の役名：源等（みなもとひとし）共演者：クレージーキャッツ、藤山陽子、ジェリー伊藤　キネマ旬報紹介：昭和38年正月特別号（No.331）併映作品：『喜劇 駅前飯店』（久松静児監督）

●昭和38（1963）年 6本出演

20. **『女に強くなる工夫の数々』** 製作・配給：東宝　色彩：カラー　公開日：1月15日　上映時間：1時間34分　監督：千葉泰樹　脚本：池田一朗・笠原良三　植木の役名：野口等　共演者：高島忠夫、宝田明、司葉子、白川由美、団令子　キネマ旬報紹介：2月下旬号（No.333）併映作品：『憂愁平野』（豊田四郎監督）

21. **『ハイハイ3人娘』** 製作：宝塚映画　配給：東宝　色彩：カラー　公開日：1月29日　上映時間：1時間27分　監督：佐伯幸三　脚本：井手俊郎　植木の役名：間宮甲太郎　共演者：中尾ミエ、園まり、伊東ゆかり　キネマ旬報紹介：2月下旬号（No.333）併映作品：『六本木の夜 愛して愛して』（岩内克己監督）

22. **『クレージー作戦 先手必勝』** 製作・配給：東宝　色彩：カラー　公開日：3月24日　上映時間：1時間36分　監督：久松静児　脚本：池田一朗　植木の役名：上田ヒトシ　共演者：クレージーキャッツ、中尾ミエ、池内淳子　キネマ旬報紹介：4月下旬号（No.337）併映作品：『戦国野郎』（岡本喜八監督）

23. **『日本一の色男』** 製作・配給：東宝　色彩：カラー　公開日：7月13日　上映時間：1時間33分　監督：古澤憲吾　脚本：笠原良三　植木の役名：光等（ひかるひとし）共演者：ハナ肇、白川由美、団令子、浜美枝　キネマ旬報紹介：8月上旬号（No.345）併映作品：『喜劇 駅前茶釜』（久松静児監督）

24. **『クレージー作戦 くたばれ！無責任』** 製作・配給：東宝　色彩：カラー　公開日：10月26日　上映時間：1時間32分　監督：坪島孝　脚本：田波靖男　植木の役名：田中太郎　共演者：クレージーキャッツ、浜美枝、淡路恵子、藤山陽子　キネマ旬報紹介：11月上旬号（No.352）併映作品：『大盗賊』（谷口千吉監督）

25. **『香港クレージー作戦』** 製作・配給：東宝　色彩：カラー　公開日：12月22日　上映時間：1時間33分　監督：杉江敏男　脚本：笠原良三　植木の役名：植田等　共演者：クレージーキャッツ、浜美枝、中尾ミエ、有島一郎　キネマ旬報紹介：5月下旬号（No.318）併映作品：『海底軍艦』（本多猪四郎監督）

1963

植木等出演劇映画一覧（作成：寺島正芳）

■ はじめに——植木等が出演した劇映画について

以下は、クレージーキャッツの一員として活躍した植木等（1926～2007）が、その生涯に出演した劇映画全78本（内1本はナレーションのみ）のリストである。植木等が出演した劇映画に関して、"クレージー作戦"、"日本一"シリーズなどの主演作品はもちろんのこと、助演、本人役やノンクレジット等で出た特別出演作品も含めて、時系列（公開日順）に網羅してある。内容構成は凡例に則した。

■ 凡例

- 年代の表記は原則として、元号、西暦の順とした。
- 各作品のデータは、原則として製作・配給会社名、色彩、公開日、上映時間、監督、脚本、原作（あれば）、植木の役名、主な共演者、キネマ旬報紹介号、併映作品、備考の順とした。データ記録は、キネマ旬報等各種映画文献の記載に拠る。
- 植木の役名や役柄は、原則としてキネマ旬報の作品紹介に拠ったが、紹介されていない場合は不明とした。なお、バンド名を「クレイジー・キャッツ」とクレジットする作品もあるが、本項では「クレージーキャッツ」で統一した。
- 上映時間は、参考にした文献によって若干の相違があった場合、最長時間を採った。
- 芸名表記は当該作品出演時点のものとしたが、その俳優が芸名を変えた場合は（現・○○）と区分表記している。
- 併映作品とは、邦画の封切り二本立て（ブロック・ブッキング）の際の同時上映作品のことで、明確でない場合は未記載とした。大手映画会社が、20世紀末の90年代にフリー・ブッキング（一本立て、入れ替え制を原則とする）及びシネコンに上映形態を移行させたため、二本立て上映は、現在ではほとんど行われていない。

■ 植木等出演全劇映画リスト

●昭和33（1958）年 1本出演

1. **『裸の大将』** 製作・配給：東宝　色彩：カラー　公開日：10月28日　上映時間：1時間34分　監督：堀川弘通　脚本：水木洋子　植木の役名：新聞記者（ハナ肇とクレージーキャッツのひとり）共演者：小林桂樹、団令子、三益愛子　キネマ旬報紹介：秋の特別号（No.215）併映作品：『大江戸千両祭』（青柳信雄監督）

●昭和34（1959）年 1本出演

2. **『どんと行こうぜ』** 製作：松竹大船　配給：松竹　色彩：モノクロ　公開日：6月9日　上映時間：1時間29分　監督：野村芳太郎　脚本：野村芳太郎・大島渚　植木の役名：ハナ肇とクレージーキャッツのひとり（バンド演奏場面に登場）共演者：津川雅彦、牧紀子、川津祐介　キネマ旬報紹介：6月下旬号（No.235）併映作品：『風の中の瞳』（川頭義郎監督）

●昭和35（1960）年 3本出演

3. **『足にさわった女』** 製作：大映東京　配給：大映　色彩：カラー　公開日：8月24日　上映時間：1時間25分　監督：増村保造　脚本：市川崑・和田夏十　植木の役名：からむ乗客（クレージーキャッツのひとり）共演者：京マチ子、船越英二　キネマ旬報紹介：9月上旬号（No.266）併映作品：『競艶八剣伝』（西山正輝監督）
4. **『竜巻小僧』** 製作・配給：日活　色彩：カラー　公開日：11月1日　上映時間：1時間26分　監督：西河克己　脚本：松浦健郎・中西隆三　植木の役名：ハナ肇とクレージーキャッツのひとり　共演者：和田浩治、清水まゆみ、ジェリー藤尾　キネマ旬報紹介：11月上旬号（No.270）
5. **『ああ女難』** 製作・配給：東宝　色彩：モノクロ　公開日：12月6日　上映時間：1時間27分　監督：杉江敏男　脚本：齋藤良輔　植木の役名：巡査　共演者：フランキー堺、草笛光子、ハナ肇　キネマ旬報紹介：12月下旬号（No.274）

●昭和36（1961）年 4本出演

6. **『腰抜け女兵騒動』** 製作：東京映画　配給：東宝　色彩：モノクロ　公開日：1月26日　上映時間：1時間21分　監督：佐伯幸三　脚本：目黒専吉・梶孝三　植木の役名：植村伍長　共演者：ハナ肇、渥美清、ザ・ピーナッツ　キネマ旬報紹介：2月下旬号（No.278）併映作品：『出世コースに進路をとれ』（筧正典監督）
7. **『銭形平次捕物控 夜のえんま帳』** 製作：大映京都　配給：大映　色彩：カラー　公開日：3月15日　上映時間：1時間27分　監督：渡辺邦男　脚本：渡辺邦男・辻久一　植木の役名：熊吉　共演者：長谷川一夫、中村玉緒　キネマ旬報紹介：4月特別号（No.282）併映作品：『天下あやつり組』（池広一夫監督）
8. **『黒い十人の女』** 製作：大映東京　配給：大映　色彩：モノクロ　公開日：5月3日　上映時間：1時間43分　監督：市川崑　脚本：和田夏十　植木の役名：テレビ番組出演者（ハナ肇とクレージーキャッツのひとり）共演者：船越英二、岸恵子、山本富士子、岸田今日子　キネマ旬報紹介：5月上旬号（No.284）
9. **『大当り三代記』** 製作：松竹京都　配給：松竹　色彩：カラー　公開日：12月24日　上映時間：1時間19分　監督：的井邦雄　脚本：花登筐　植木の役名：不明　共演者：藤山寛美、大村崑、三上真一郎　キネマ旬報紹介：12月下旬号（No.301）併映作品：『のれんと花嫁』（番匠義彰監督）

41. **『クレージーの怪盗ジバコ』** 製作：東宝・渡辺プロ　配給：東宝　色彩：カラー　公開日：10月28日　上映時間：1時間50分　監督：坪島孝　脚本：田波靖男・市川喜一　原作：北杜夫　植木の役名：怪盗ジバコ　共演者：クレージーキャッツ、浜美枝、青島幸男、東野英治郎　キネマ旬報紹介：10月下旬号（No.451）併映作品：『ドリフターズですよ！ 前進前進また前進』（和田嘉訓監督）

42. **『日本一の男の中の男』** 製作：東宝・渡辺プロ　配給：東宝　色彩：カラー　公開日：12月31日　上映時間：1時間34分　監督：古澤憲吾　脚本：笠原良三　植木の役名：小野子等（おのこひとし）共演者：浅丘ルリ子、水谷良重（現・水谷八重子）、木の実ナナ、岡田真澄　キネマ旬報紹介：昭和43年正月特別号（No.459）併映作品：『ゴー！ゴー！ 若大将』（岩内克己監督）

●昭和43（1968）年 2本出演

43. **『クレージー メキシコ大作戦』** 製作：東宝・渡辺プロ　配給：東宝　色彩：カラー　公開日：4月27日　上映時間：2時間42分　監督：坪島孝　脚本：田波靖男　植木の役名：酒森進　共演者：クレージーキャッツ、浜美枝、大空真弓、園まり、中丸忠雄　キネマ旬報紹介：5月上旬号（No.466）併映作品：『サラブレッド』（野崎健輔監督）

44. **『日本一の裏切り男』** 製作：東宝・渡辺プロ　配給：東宝　色彩：カラー　公開日：11月2日　上映時間：1時間35分　監督：須川栄三　脚本：早坂暁・佐々木守　植木の役名：日の本太郎（ひのもとたろう）共演者：浜美枝、小沢昭一、渡辺篤　キネマ旬報紹介：11月下旬号（No.482）併映作品：『コント55号 世紀の大弱点』（和田嘉訓監督）

●昭和44（1969）年 3本出演

45. **『クレージーの ぶちゃむくれ大発見』** 製作：東宝・渡辺プロ　配給：東宝　色彩：カラー　公開日：1月1日　上映時間：1時間24分　監督：古澤憲吾　脚本：田波靖男　植木の役名：植村浩　共演者：クレージーキャッツ、中山麻里、青島幸男、春川ますみ、東野英治郎　キネマ旬報紹介：正月特別号（No.487）併映作品：『フレッシュマン若大将』（福田純監督）

46. **『クレージーの大爆発』** 製作：東宝・渡辺プロ　配給：東宝　色彩：カラー　公開日：4月27日　上映時間：1時間23分　監督：古澤憲吾　特技監督：中野昭慶　脚本：田波靖男　植木の役名：大木健太郎　共演者：クレージーキャッツ、松岡きっこ、いしだあゆみ、平田昭彦　キネマ旬報紹介：5月下旬号（No.496）併映作品：『ドリフターズですよ！ 全員突撃』（和田嘉訓監督）

47. **『日本一の断絶男』** 製作：東宝・渡辺プロ　配給：東宝　色彩：カラー　公開日：11月1日　上映時間：1時間34分　監督：須川栄三　脚本：田波靖男・佐々木守　植木の役名：日本一郎　共演者：緑魔子、なべおさみ、千秋実、奥村チヨ　キネマ旬報紹介：11月下旬号（No.509）併映作品：『水戸黄門漫遊記』（千葉泰樹監督）

●昭和45（1970）年 4本出演（1本はナレーションのみ）

48. **『クレージーの殴り込み清水港』** 製作：東宝・渡辺プロ　配給：東宝　色彩：カラー　公開日：1月15日　上映時間：1時間35分　監督：坪島孝　脚本：田波靖男　植木の役名：追分の三五郎　共演者：クレージーキャッツ、布施明、内藤洋子、星由里子、平田昭彦　キネマ旬報紹介：昭和44年決算特別号（No.515）併映作品：『社長学ABC』（松林宗恵監督）

49. **『日本一のヤクザ男』** 製作：東宝・渡辺プロ　配給：東宝　色彩：カラー　公開日：6月13日　上映時間：1時間31分　監督：古澤憲吾　脚本：田波靖男　植木の役名：日本一郎　共演者：司葉子、ハナ肇、藤田まこと、野川由美子、沢田研二　キネマ旬報紹介：7月上旬号（No.527）併映作品：『喜劇 負けてたまるか！』（坪島孝監督）備考：古澤憲吾監督との十五本目にして最終作

50. **『喜劇 負けてたまるか！』** 製作：東宝・渡辺プロ　配給：東宝　色彩：カラー　公開日：6月13日　上映時間：1時間34分　監督：坪島孝　脚本：田波靖男　原作：野坂昭如　植木の役名：（ナレーター）共演者：谷啓、浜美枝、砂塚秀夫　キネマ旬報紹介：5月下旬号（No.523）併映作品：『日本一のヤクザ男』（古澤憲吾監督）

51. **『日本一のワルノリ男』** 製作：東宝・渡辺プロ　配給：東宝　色彩：カラー　公開日：12月31日　上映時間：1時間27分　監督：坪島孝　脚本：田波靖男　植木の役名：日本兵介　共演者：谷啓、加藤茶、浜美枝、内藤洋子、小山ルミ　キネマ旬報紹介：昭和45年決算特別号（No.542）併映作品：『喜劇 右向けェ左！』（前田陽一監督）

●昭和46（1971）年 2本出演

52. **『だまされて貰います』** 製作：渡辺プロ　配給：東宝　色彩：カラー　公開日：4月29日　上映時間：1時間37分　監督：坪島孝　脚本：田波靖男　植木の役名：伊賀良太郎　共演者：加藤茶、ハナ肇、谷啓、野川由美子、園まり　キネマ旬報紹介：5月下旬号（No.551）併映作品：『喜劇 昨日の敵は今日も敵』（前田陽一監督）

53. **『日本一のショック男』** 製作：渡辺プロ　配給：東宝　色彩：カラー　公開日：12月31日　上映時間：1時間33分　監督：坪島孝　脚本：田波靖男　植木の役名：日本一作　共演者：酒井和歌子、加藤茶、小柳ルミ子、谷啓、田中邦衛　キネマ旬報紹介：昭和47年正月特別号（No.570）併映作品：『起きて転んでまた起きて』（前田陽一監督）

●昭和47（1972）年 1本出演

54. **『喜劇 泥棒大家族 天下を盗る』** 製作：渡辺プロ　配給：東宝　色彩：カラー　公開日：10月28日　上映時間：1時間36分　監督：坪島孝　脚本：田波靖男・中西隆三　原作：加藤延之　植木の役名：猪狩時之助　共演者：谷啓、三木のり平、伴淳三郎、ミヤコ蝶々　キネマ旬報紹介：11月下旬号（No.591）併映作品：『にっぽん三銃士 おさらば東京の巻』（岡本喜八監督）

1972

●昭和39（1964）年 7本出演

26. **『馬鹿まるだし』** 製作：松竹大船　配給：松竹　色彩：カラー　公開日：1月15日　上映時間：1時間27分　監督：山田洋次　脚本：山田洋次・加藤泰　原作：藤原審爾　植木の役名：スクーターに乗る住職＝清十郎（ノンクレジット、ナレーションも）共演者：ハナ肇、桑野みゆき　キネマ旬報紹介：2月決算特別号（No.359）併映作品：『道場破り』（内川清一郎監督）　備考：植木が跡を継ぐ寺の名は、父・徹誠が住職を務めた寺と同じ「常念寺」
27. **『続若い季節』** 製作・配給：東宝　色彩：カラー　公開日：3月20日　上映時間1時間22分　監督：古澤憲吾　脚本：長瀬喜伴　原作：小野田勇　植木の役名：理髪店の客　共演者：中尾ミエ、園まり、三橋達也、淡路恵子　キネマ旬報紹介：春の特別号（No.362）併映作品：『こんにちは赤ちゃん』（松林宗恵監督）
28. **『君も出世ができる』** 製作・配給：東宝　色彩：カラー　公開日：5月30日　上映時間：1時間40分　監督：須川栄三　脚本：笠原良三・井手俊郎　作詞：谷川俊太郎　植木の役名：酔ったサラリーマン（ノンクレジット）共演者：フランキー堺、高島忠夫、浜美枝、雪村いづみ、中尾ミエ　キネマ旬報紹介：6月下旬号（No.368）併映作品：『ただいま診察中』（青柳信雄監督）
29. **『日本一のホラ吹き男』** 製作・配給：東宝　色彩：カラー　公開日：6月11日　上映時間：1時間33分　監督：古澤憲吾　脚本：笠原良三　植木の役名：初等（はじめひとし）共演者：谷啓、浜美枝、草笛光子、曽我廼家明蝶　キネマ旬報紹介：6月上旬号（No.367）併映作品：『喜劇 駅前怪談』（佐伯幸三監督）
30. **『無責任遊侠伝』** 製作・配給：東宝　色彩：カラー　公開日：7月11日　上映時間：1時間26分　監督：杉江敏男　脚本：池田一朗　植木の役名：植田ヒトシ　共演者：クレージーキャッツ、浜美枝、有島一郎、左卜全　キネマ旬報紹介：8月上旬号（No.371）併映作品：『悪の紋章』（堀川弘通監督）
31. **『ホラ吹き太閤記』** 製作・配給：東宝　色彩：カラー　公開日：10月31日　上映時間：1時間38分　監督：古澤憲吾　脚本:笠原良三　植木の役名:木下藤吉郎（のちの豊臣秀吉）共演者:ハナ肇、谷啓、浜美枝、藤山陽子、東野英治郎、藤田進　キネマ旬報紹介：11月上旬号（No.378）併映作品：『喜劇 駅前天神』（佐伯幸三監督）
32. **『花のお江戸の無責任』** 製作・配給：東宝　色彩：カラー　公開日：12月20日　上映時間：1時間29分　監督：山本嘉次郎　脚本：田波靖男・山本嘉次郎　原案：戸板康二　植木の役名：古屋助六　共演者：クレージーキャッツ、団令子、池内淳子、進藤英太郎　キネマ旬報紹介：昭和40年新年特別号（No.382）No.併映作品：『三大怪獣 地球最大の決戦』（本多猪四郎監督）

●昭和40（1965）年 2本出演

33. **『日本一のゴマすり男』** 製作・配給：東宝　色彩：カラー　公開日：5月29日　上映時間：1時間35分　監督：古澤憲吾　脚本：笠原良三　植木の役名：中等（なかひとし）共演者：浜美枝、藤田まこと、有島一郎、進藤英太郎　キネマ旬報紹介：6月上旬号（No.392）併映作品：『姿三四郎』（内川清一郎監督）
34. **『大冒険』** 製作：東宝・渡辺プロ　配給：東宝　色彩：カラー　公開日：10月31日　上映時間：1時間46分　監督：古澤憲吾　特技監督：円谷英二　脚本：笠原良三・田波靖男　植木の役名：植松唯人　共演者：クレージーキャッツ、団令子、越路吹雪、柳永二郎、森繁久彌　キネマ旬報紹介：11月上旬号（No.402）併映作品：『喜劇 駅前大学』（佐伯幸三監督）

●昭和41（1966）年 4本出演

35. **『無責任清水港』** 製作：東宝・渡辺プロ　配給：東宝　色彩：カラー　公開日：1月3日　上映時間：1時間34分　監督：坪島孝　脚本：小国英雄　植木の役名：追分の三五郎　共演者：クレージーキャッツ、浜美枝、団令子、土屋嘉男、平田昭彦　キネマ旬報紹介：新年特別号（No.406）併映作品：『社長行状記』（松林宗恵監督）
36. **『日本一のゴリガン男』** 製作：東宝・渡辺プロ　配給：東宝　色彩：カラー　公開日：3月16日　上映時間：1時間33分　監督：古澤憲吾　脚本：笠原良三　植木の役名：日本等（ひのもとひとし）共演者：浜美枝、野川由美子、田中邦衛、進藤英太郎　キネマ旬報紹介：春の特別号（No.412）併映作品：『何処へ』（佐伯幸三監督）
37. **『クレージーだよ 奇想天外』** 製作：東宝・渡辺プロ　配給：東宝　色彩：カラー　公開日：5月28日　上映時間：1時間43分　監督：坪島孝　脚本：田波靖男　植木の役名：長官、正木（二役）共演者：クレージーキャッツ（但し、本作は谷啓主演）、星由里子、野川由美子、藤田まこと　キネマ旬報紹介：6月上旬号（No.416）併映作品：『アルプスの若大将』（古澤憲吾監督）
38. **『クレージー大作戦』** 製作：東宝・渡辺プロ　配給：東宝　色彩：カラー　公開日：10月29日　上映時間：1時間40分　監督：古澤憲吾　脚本：笠原良三・池田一朗・田波靖男・坪島孝　植木の役名：石川五郎　共演者：クレージーキャッツ、野川由美子、青島幸男、進藤英太郎、益田喜頓　キネマ旬報紹介：11月上旬号（No.426）併映作品：『喜劇 駅前競馬』（佐伯幸三監督）

●昭和42（1967）年 4本出演

39. **『クレージーだよ 天下無敵』** 製作：東宝・渡辺プロ　配給：東宝　色彩：カラー　公開日：1月14日　上映時間：1時間35分　監督：坪島孝　脚本：田波靖男　植木の役名：猿飛三郎　共演者：クレージーキャッツ、野川由美子、北あけみ　キネマ旬報紹介：新年特別号（No.430）併映作品：『喜劇 駅前満貫』（佐伯幸三監督）
40. **『クレージー黄金作戦』** 製作：東宝・渡辺プロ　配給：東宝　色彩：カラー　公開日：4月29日　上映時間：2時間37分　監督：坪島孝　脚本：笠原良三・田波靖男　植木の役名：町田心乱　共演者：クレージーキャッツ、浜美枝、ペギー・ニール、園まり、ザ・ドリフターズ　キネマ旬報紹介：4月上旬春の特別号（No.436）併映作品：『鶴と白鳥と流氷の故郷』（井口光夫演出）

1964

●昭和61（1986）年 2本出演

67. **『新・喜びも悲しみも幾歳月』** 製作：松竹・東京放送・博報堂　配給：松竹　色彩：カラー　公開日：6月28日　上映時間：2時間10分　監督・脚本：木下惠介　植木の役名：杉本邦夫　共演者：加藤剛、大原麗子、中井貴一　キネマ旬報紹介：8月上旬号（No.941）　備考：第10回日本アカデミー賞最優秀助演男優賞、昭和61年度キネマ旬報助演男優賞、第41回毎日映画コンクール男優助演賞

68. **『愛しのチィパッパ』** 製作・配給：松竹　色彩：カラー　公開日：12月28日　上映時間：1時間33分　監督：栗山富夫　脚本：関根俊夫　原作：やまさき十三　植木の役名：中原修三　共演者：高見知佳、布施明、林美智子、前田武彦　キネマ旬報紹介：昭和62年2月下旬決算特別号（No.954）併映作品：『男はつらいよ 幸福の青い鳥』（山田洋次監督）

●昭和62（1987）年 4本出演

69. **『あいつに恋して』** 製作：フィルムリンク・インターナショナル／ワーナー・パイオニア他　配給：東宝　色彩：カラー　公開日：5月30日　上映時間：1時間49分　監督：新城卓　脚本：田山忍　原作：島崎保久　植木の役名：祖父・江藤鉄之助　共演者：風見慎吾（現・風見しんご）、森高千里、高品格　キネマ旬報紹介：6月下旬号（No.962）

70. **『精霊のささやき』** 製作：エクゼ・渡辺プロ・シネセゾン　配給：エクゼ・シネセゾン　色彩：カラー　公開日：6月13日　上映時間：1時間30分　監督：植岡喜晴　脚本：植岡喜晴・岡村香織　植木の役名：綿引耕平　共演者：つみきみほ、范文雀、谷啓　キネマ旬報紹介：8月上旬号（No.965）

71. **『トットチャンネル』** 製作：東宝映画　配給：東宝　色彩：カラー　公開日：8月1日　上映時間：1時間37分　監督・脚本：大森一樹　原作：黒柳徹子　植木の役名：岡山竜二　共演者：斉藤由貴、高嶋政宏、三浦洋一　キネマ旬報紹介：9月下旬号（No.968）併映作品：『19ナインティーン』（山下賢章監督）

72. **『塀の中の懲りない面々』** 製作：松竹映像・磯田事務所　配給：松竹　色彩：カラー　公開日：8月15日　上映時間：1時間31分　監督：森崎東　脚本：鈴木則文・梶浦政男　原作：安部譲二　植木の役名：ドク・西畑　共演者：藤竜也、小柳ルミ子、柳葉敏郎　キネマ旬報紹介：10月下旬号（No.970）併映作品：『男はつらいよ 知床慕情』（山田洋次監督）

●昭和63（1988）年 1本出演

73. **『会社物語　MEMORIES OF YOU』** 製作：SEDIC・日本テレビ放送網・坂本事務所　配給：松竹　色彩：カラー　公開日：11月26日　上映時間：1時間39分　監督：市川準　脚本：市川準・鈴木聡　植木の役名：上木原等（うえきはらひとし）　共演者：クレージーキャッツ、イッセー尾形、伊東四朗　キネマ旬報紹介：平成元年1月下旬号・戦後復刊1000号特別記念号（No.1001）併映作品：『ほんの5g』（太田圭監督）

●平成2（1990）年 2本出演

74. **『人間の砂漠』** 製作：コアメイト／青山アーツプロ／キネマ東京　配給：キネマスターフィルム　色彩：カラー　公開日：4月28日　上映時間：1時間46分　監督：斎藤耕一　脚本：浦山桐郎・中岡京平　原作：早瀬圭一　植木の役名：神父・松枝周平　共演者：加納みゆき、市原悦子、渡辺典子　キネマ旬報紹介：6月下旬号（No.1036）

75. **『遥かなる甲子園』** 製作：大映／双葉社／ザ・アイデア　配給：東宝　色彩：カラー　公開日：6月9日　上映時間：1時間50分　監督：大澤豊　脚本：国弘威雄　原作：小野卓司他　植木の役名：知念校長　共演者：三浦友和、田中美佐子、戸浦六宏　キネマ旬報紹介：7月上旬号（No.1037）

●平成3（1991）年 1本出演

76. **『風の国』** 製作：SLプロジェクト／松下プロモーション・エンタテインメント他　配給：東映アストロフィルム　色彩：カラー　公開日：9月14日　上映時間：1時間50分　監督・脚本：戸井十月　植木の役名：盛造老人　共演者：三浦友和、梅宮辰夫、堺正章　キネマ旬報紹介：12月上旬号（No.1071）

●平成7（1995）年 1本出演

77. **『あした』** 製作：アミューズ・PSC・イマジカ他　配給：東宝　色彩：カラー　公開日：9月23日　上映時間：2時間21分　監督：大林宣彦　脚本：桂千穂　原作：赤川次郎　植木の役名：金澤弥一郎（やくざの親分）　共演者：高橋かおり、林泰文　キネマ旬報紹介：10月上旬秋の特別号（No.1172 但し、特集のみ）備考：第8回日刊スポーツ映画大賞助演男優賞

●平成19（2007）年 1本出演

78. **『舞妓Haaaan!!!』** 製作：『舞妓Haaaan!!!』製作委員会他　配給：東宝　色彩：カラー　公開日：6月16日　上映時間：2時間　監督：水田伸生　脚本：宮藤官九郎　植木の役名：西陣の会長・斎藤老人　共演者：阿部サダヲ、堤真一、伊東四朗、吉行和子　キネマ旬報紹介：6月下旬号（No.1485 但し、特集のみ・植木等追悼特集号）備考：植木等の遺作

2007

●昭和48(1973)年 1本出演

55.『**喜劇 ここから始まる物語**』 製作：渡辺プロ・松竹 配給：松竹 色彩：カラー 公開日：5月2日 上映時間：1時間30分 監督：斎藤耕一 脚本：田波靖男 植木の役名：植田順平・植島順一 共演者：宍戸錠、山口いづみ、志村喬 キネマ旬報紹介：5月下旬号（No.605）併映作品：『愛ってなんだろ』（広瀬嚢監督）

●昭和53(1978)年 1本出演

56.『**水戸黄門**』 製作：東映京都 配給：東映 色彩：カラー 公開日：12月23日 上映時間：1時間28分 監督：山内鉄也 脚本：葉村彰子 植木の役名：助八（贋助三郎）共演者：東野英治郎、里見浩太朗、大和田伸也、栗原小巻、ハナ肇、三船敏郎 キネマ旬報紹介：11月下旬号（No.748）併映作品：『トラック野郎 一番星北へ帰る』（鈴木則文監督）

●昭和54(1979)年 1本出演

57.『**本日ただいま誕生**』 製作：新世紀映画社 配給：東映 色彩：カラー 公開日：6月23日 上映時間：2時間13分 監督：降旗康男 脚本：下飯坂菊馬・千田由治 原作：小沢道雄 植木の役名：大沢雄平（曹洞宗大垣法永寺住職）共演者：谷啓、宇都宮雅代、中村敦夫、川谷拓三 キネマ旬報紹介：9月上旬号（No.768）

●昭和55(1980)年 1本出演

58.『**思えば遠くへ来たもんだ**』 製作・配給：松竹 色彩：カラー 公開日：8月2日 上映時間：1時間33分 監督：朝間義隆 脚本：朝間義隆・梶浦政男 植木の役名：本間徳治 共演者：武田鉄矢、あべ静江、乙羽信子 キネマ旬報紹介：8月上旬号（No.791）併映作品：『男はつらいよ 寅次郎ハイビスカスの花』（山田洋次監督）

●昭和56(1981)年 1本出演

59.『**すっかり…その気で！**』 製作：田中プロモーション 配給：東宝 色彩：カラー 公開日：12月20日 上映時間：1時間27分 監督：小谷承靖 脚本：田波靖男 植木の役名：有田伝八 共演者：烏丸せつこ、ビートたけし、なべおさみ キネマ旬報紹介：昭和57年2月上旬号（No.829）併映作品：『グッドラックLOVE』（河崎義祐監督）

●昭和57年(1982)年 1本出演

60.『**TATTOO＜刺青＞あり**』 製作：国際放映・ATG・高橋プロダクション 配給：ATG 色彩：カラー 公開日：6月5日 上映時間：1時間47分 監督：高橋伴明 脚本：西岡琢也 植木の役名：電気屋の社長 共演者：宇崎竜童、関根恵子（現・高橋恵子）、渡辺美佐子 キネマ旬報紹介：7月下旬号（No.840）

●昭和58(1983)年 1本出演

61.『**ふしぎな國・日本**』 製作：松竹・松林プロダクション 配給：松竹 色彩：カラー 公開日：4月29日 上映時間：1時間50分 監督：松林宗恵 脚本：紺野八郎 植木の役名：大山徳三 共演者：中井貴一、財津一郎、小松政夫、上原謙、有島一郎 キネマ旬報紹介：5月上旬号（No.859）併映作品：『俺っちのウエディング』（根岸吉太郎監督）

●昭和59(1984)年 1本出演

62.『**逆噴射家族**』 製作：ディレクターズ・カンパニー・国際放映・ATG 配給：ATG 色彩：カラー 公開日：6月23日 上映時間：1時間46分 監督：石井聰亙（現・石井岳龍） 脚本：小林よしのり・神波史男・石井聰亙 植木の役名：小林寿国 共演者：小林克也、倍賞美津子、工藤夕貴 キネマ旬報紹介：8月上旬号（No.891）

●昭和60(1985)年 4本出演

63.『**乱**』 製作：ヘラルド・エース／グリニッチ・フィルム・プロ 配給：日本ヘラルド・東宝 色彩：カラー 公開日：6月1日 上映時間：2時間42分 監督：黒澤明 脚本：黒澤明・小国英雄・井手雅人 植木の役名：藤巻信弘 共演者：仲代達矢、隆大介、ピーター、宮崎美子、田崎潤 キネマ旬報紹介：8月上旬号（No.916）

64.『**俺ら東京さ行ぐだ**』 製作・配給：松竹 色彩：カラー 公開日：8月3日 上映時間：1時間35分 監督：栗山富夫 脚本：関根俊夫・高橋正圀 植木の役名：野々宮耕造 共演者：新藤栄作、柏原芳恵、林美智子、吉幾三 キネマ旬報紹介：9月下旬号（No.919）併映作品：『男はつらいよ 寅次郎恋愛塾』（山田洋次監督）

65.『**刑事物語 くろしおの詩**』 製作：キネマ旬報社・東宝 配給：東宝 色彩：カラー 公開日：10月10日 上映時間：1時間46分 監督：渡邊祐介 脚本：ちゃき克彰・黒井和男 植木の役名：中央署署長・植田 共演者：武田鉄矢、相原友子、石橋蓮司、大友柳太朗 キネマ旬報紹介：11月上旬号（No.922）併映作品：『潮騒』（小谷承靖監督）

66.『**祝辞**』 製作・配給：松竹 色彩：カラー 公開日：12月28日 上映時間：1時間31分 監督：栗山富夫 脚本：高橋正圀 植木の役名：原田一郎 共演者：財津一郎、工藤夕貴、内藤武敏、賀原夏子 キネマ旬報紹介：昭和61年2月下旬決算特別号（No.930）併映作品：『男はつらいよ 柴又より愛をこめて』（山田洋次監督）

プログラム順	同時上映作品	監督	封切日
B	喜劇 駅前温泉	久松静児	62.7.29
B	喜劇 駅前飯店	久松静児	62.12.23
B	戦国野郎	岡本喜八	63.3.24
B	喜劇 駅前茶釜	久松静児	63.7.13
B	大盗賊	谷口千吉	63.10.26
B	海底軍艦	本多猪四郎	63.12.22
B	喜劇 駅前怪談	佐伯幸三	64.6.11
B	悪の紋章	堀川弘通	64.7.11
B	喜劇 駅前天神	佐伯幸三	64.10.31
B	三大怪獣 地球最大の決戦	本多猪四郎	64.12.20
B	姿三四郎	内川清一郎	65.5.29
A	喜劇 駅前大学	佐伯幸三	65.10.31
B	社長行状記	松林宗恵	66.1.3
A	何処へ	佐伯幸三	66.3.16
B	アルプスの若大将	古澤憲吾	66.5.28
A	喜劇 駅前競馬	佐伯幸三	66.10.29
A	喜劇 駅前満貫	佐伯幸三	67.1.14
A	鶴と白鳥と流氷の故郷	記録映画	67.4.29
A	ドリフターズですよ！ 前進前進また前進	和田嘉訓	67.10.28
B	ゴー！ゴー！ 若大将	岩内克己	67.12.31
A	サラブレッド	記録映画	68.4.27
A	コント 55 号 世紀の大弱点	和田嘉訓	68.11.2
B	フレッシュマン若大将	福田 純	69.1.1
A	ドリフターズですよ！ 全員突撃	和田嘉訓	69.4.27
A	水戸黄門漫遊記	千葉泰樹	69.11.1
A	社長学 ABC	松林宗恵	70.1.15
A	喜劇 負けてたまるか！	坪島 孝	70.6.13
A	喜劇 右向けェ左！	前田陽一	70.12.31
A	喜劇 昨日の敵は今日も敵	前田陽一	71.4.29
A	起きて転んでまた起きて	前田陽一	71.12.31
A	にっぽん三銃士 おさらば東京の巻	岡本喜八	72.10.28

“クレージー映画＋1”植木等の役柄＆同時上映作品一覧

No.	クレージー映画	監督	植木等の役柄
1	**ニッポン無責任時代**	古澤憲吾	正体不明（職業不詳）の男
2	**ニッポン無責任野郎**	古澤憲吾	正体不明（職業不詳）の男
3	**クレージー作戦 先手必勝**	久松静児	元サラリーマンの起業家
4	**日本一の色男**	古澤憲吾	元教師のセールスマン
5	**クレージー作戦 くたばれ！無責任**	坪島 孝	製菓会社社員から子会社社員へ
6	**香港クレージー作戦**	杉江敏男	元商事会社営業マンの起業家
7	**日本一のホラ吹き男**	古澤憲吾	元陸上選手のサラリーマン
8	**無責任遊侠伝**	杉江敏男	元ホテルマンのギャンブラー
9	**ホラ吹き太閤記**	古澤憲吾	草履取り～足軽頭
10	**花のお江戸の無責任**	山本嘉次郎	父の仇討ちを期する侠客
11	**日本一のゴマすり男**	古澤憲吾	自動車販売会社の補欠採用社員
12	**大冒険**	古澤憲吾	トップ屋
13	**無責任清水港**	坪島 孝	フリーランスの侠客・追分三五郎
14	**日本一のゴリガン男**	古澤憲吾	商事会社の契約社員
15	**クレージーだよ 奇想天外**	坪島 孝	α星長官＆狂人（二役）
16	**クレージー大作戦**	古澤憲吾	大泥棒
17	**クレージーだよ 天下無敵**	坪島 孝	会社員（産業スパイ）
18	**クレージー 黄金作戦**	坪島 孝	僧侶～商事会社社員（のちに脱サラ）
19	**クレージーの怪盗ジバコ**	坪島 孝	大怪盗
20	**日本一の男の中の男**	古澤憲吾	ストッキング会社社員
21	**クレージー メキシコ大作戦**	坪島 孝	贋作師
22	**日本一の裏切り男**	須川栄三	自営業～総合商社経営
23	**クレージーのぶちゃむくれ大発見**	古澤憲吾	高級クラブのマネージャー
24	**クレージーの大爆発**	古澤憲吾	三億円強奪犯
25	**日本一の断絶男**	須川栄三	カテゴライズ不能の自営業者
26	**クレージーの殴り込み清水港**	坪島 孝	追分三五郎
27	**日本一のヤクザ男**	古澤憲吾	ヤクザ者
28	**日本一のワルノリ男**	坪島 孝	高校教師にして押しかけ会社員
29	**だまされて貰います**	坪島 孝	ペテン師
30	**日本一のショック男**	坪島 孝	巡査～キャバレー支配人～会社員
31	**喜劇 泥棒大家族 天下を盗る**	坪島 孝	泥棒の大親分

Column 14

〝Bホームの色男〟勝部義夫がクレージー映画で演じた役柄

東宝では、いわゆる大部屋俳優のことを〝Bホーム〟と称し、主役級の俳優（こちらは〝Aホーム〟）とはっきり区別していた。どちらも専属俳優だったが、その待遇には大きな開きがあったという。さらに、Bホームにも年棒制の〝B−1〟と日給＋歩合制の〝B−2〟の二つのランクがあり、Aホームとの間には、〝B−S〟なるランク（例えば千石規子、塩沢とき、中真千子など）もあったと聞く。

ちなみに、Bホームの役者たちは、撮影部、照明部、録音部、大道具、小道具などのスタッフと同様「全国映画演劇労働組合」東宝演技者支部の組合員、すなわち東宝の正社員であったことから、年金も支給されているが、社員ではないAホームの役者たちに年金は支給されていない。

かつて東宝には、勝部義夫という俳優がいた。勝部は、クレージー映画が作られた昭和30年代中頃から40年代半ばまで、このBホーム俳優として様々な東宝娯楽映画にチョイ役として出演し続けた。筆者が幼少時から小中学生時代に見た東宝映画の多くで、この二枚目俳優の顔が確認できたものだが、不思議だったのは、これほどハンサムで目立つ顔立ちの俳優にもかかわらず、台詞があることなど数えるほどで、そのほとんどが通行人かバーテンダーのような端役ばかりだったことだ。その当時、Bホームの役者がキャスト・クレジットに名前が出ることなど稀だったので、その名前も分からず、よく顔を見るこの俳優さんはいったい誰なのかと、長年疑問を抱いたまま東宝映画を見続けたものである。

先年、94歳でお亡くなりになった加藤茂雄さんも、まさにこのBホームの代表的存在である。勝部と同じように多くの東宝映画で〈ほんのちょっとした役〉を演じた役者だが、二人の決定的な違いは黒澤映画に出ているか否か、であった。黒澤明に可愛がられ、『生きる』（昭27）から遺作の『まあだだよ』（平5）まで、黒澤作品に出演し続けた加藤に対して、黒澤映画で勝部の顔を見たことは――筆者の記憶するところでは――たった一度しかない。すなわち勝部は、徹底的に娯楽映画専門に出続けた役者であり、クレージー映画の常連俳優と言っても良い存在であった。

勝部は、１９５３（昭和28）年に日本大学芸術学部映画学科に入学。同年、帝国劇場現代劇第一期生にも合格し、翌年からは劇団員として舞台に立つ。１９５５（昭和30）年に東宝と契約すると、以降、数え切れないほどの東宝映画に出演。筆者が確認した限りでは、『続・天下泰平』（昭和30年2月20日封切）が、最も古い出演作品となる。

本項では、その勝部がクレージー映画で演じた役柄を一覧にして示している。作品によっては複数の役柄で登場するが、これはBホームの契約形態によるところが大きい。加藤茂雄さんによれば、「契約本数以上出演すれば、どんどん（出演料が）入る」とのことだから、彼らBホームの役者たちにとっては、とにかく出演本数＝役柄を稼ぐことが大事だったわけである。

したがって勝部も、もしかするともっと多くの作品に――それも、多くの役で――出ていたのかもしれないが、なにせチョイ役・脇役であるから、見落としがあることをあらかじめお断りしておく。

なお、勝部は昭和40年代半ばに東宝との契約が解除された後、故郷の島根に帰り、１９８５年に「大田名画シアター」なる映画館を開場。代表者として三百有余本の映画を上映する活動を続けた。１９９２年には「しまね映画祭」の発足に関わり、長く企画委員長

『ニッポン無責任野郎』出演時の勝部義夫（植木の右隣）　© TOHO CO.,LTD.

として同映画祭の運営に携わっている。
その勝部が、同映画祭10周年を記念して刊行された冊子『シネマ・シネマ 映画がいっぱい』掲載の座談会にて語ったところによれば、勝部は絶頂期だった頃の植木等の代役を務めていたという。
以下は、当インタビュー記事からの引用である。

「植木等さんがね、クレイジーキャッツ（ママ）の仕事で大変に忙しいわけです。正面から撮るときはもちろん本人ですよ。本人がいないとき、手のアップ、相手と会話をするっていうシーンの背中は全部僕なんですよ。ですから、随分、植木さんには感謝されてもいいんですけどね（笑）」。

ここでは大変興味深い、かつ重要な事実が語られている。確かに、この二枚目脇役俳優は植木等と体形が酷似しており、植木の（後ろ姿などの）代役を務めるには最適の人物であったように思える。実際、勝部は『ニッポン無責任野郎』では「無責任一代男」を歌う植木の後ろを歩くアベック役に扮しているが、このとき着用していた衣装は、植木が前作『ニッポン無責任時代』で身に纏っていた（と思われる）印象的な黄土色のスーツであった。
この勝部証言を信じれば、晩年になって古澤憲吾が明らかにした植木等の出演可能時間帯、すなわち朝の7時から8時30分までと夜の10時から12時の間、さらに昼食を含めた12時から午後2時までのわずかな時間（前掲『クレージー映画大全』）を除いては、勝部が植木の代役＝影武者を務めてテストやシュートを繰り返していたことになる。

こんな凄い事実を知らぬまま、長らく筆者は植木等と勝部義夫という両二枚目俳優に注目してクレージー映画を見続けてきたわけだから、案外〈見る目〉があったのかもしれない。今度クレージー映画に接する際は、由利徹、浦山珠実、人見明などの名脇役だけでなく、勝部義夫や加藤茂雄、中島春雄といったBホーム俳優たちがどこに、そしてどんな役で出ているかにもご注目いただければと思う。

クレージー映画 勝部義夫の役柄一覧

No.	クレージー映画	勝部義夫が演じた役柄
1	ニッポン無責任時代	昼休みに屋上でバレーボールをする太平洋酒社員
2	ニッポン無責任野郎	成城で「無責任一代男」を歌う源等の後方を歩くアベックの男性。明音楽器営業部員
3	クレージー作戦 先手必勝	(出演未確認)
4	日本一の色男	「ローズ化粧品」の営業部員（入社した光等を「キザな奴だな」と評する）
5	クレージー作戦 くたばれ！無責任	BAR「ハッスル」のバーテン。ハッスル・コーラを飲む男
6	香港クレージー作戦	香港に向かう“呑ん平横丁”一行を羽田で見送る男
7	日本一のホラ吹き男	オリンピック強化選手。書店の客の学生。増益電機社員
8	無責任遊侠伝	マカオのカジノのディーラー（ラストのギャンブル勝負にも立ち会う）
9	ホラ吹き太閤記	清洲城の門番。織田家の武将
10	花のお江戸の無責任	(出演未確認)
11	日本一のゴマすり男	春山部長（有島一郎）宅の引っ越しを手伝いに来る学生
12	大冒険	クレージーキャッツ 10 周年記念パーティーの招待客
13	無責任清水港	仇討ちを眺める野次馬
14	日本一のゴリガン男	日本等の事故現場を通りかかる男。統南商事営業第 1 課の同僚。国防隊司令本部の参謀
15	クレージーだよ 奇想天外	夢ヶ丘駅ホームの通勤客。工場見学する社員
16	クレージー大作戦	銀座で「たるんどる節」を歌う石川五郎とすれ違う黒眼鏡の男。渋谷駅前を非常警戒中の刑事
17	クレージーだよ 天下無敵	トヨトミ電気調査室・猿飛三郎の同僚
18	クレージー 黄金作戦	町田・板垣・梨本の凱旋セレモニーを撮影するカメラマン（眼鏡使用）
19	クレージーの怪盗ジバコ	怪盗ジバコ特別捜査本部“明智班”の一員
20	日本一の男の中の男	小野子等が営業部長（人見明）とカレーを食べる店の客。「11AM」カバーガールが出演する番組の録音係
21	クレージー メキシコ大作戦	新宿西口で酒森進が演じる“泣き売”の見物人（眼鏡使用）
22	日本一の裏切り男	日の本太郎が「軍隊小唄」を歌う電車内にいるサラリーマン風の男
23	クレージーのぶちゃむくれ大発見	熱海後楽園ホテルのフロント
24	クレージーの大爆発	(出演未確認)
25	日本一の断絶男	日本一郎が「静かな午后のひととき」を歌う東芝ビル地下トイレに並ぶ男
26	クレージーの殴り込み清水港	次郎長一家の子分
27	日本一のヤクザ男	前野組と根本組の喧嘩を眺める野次馬（大工風）
28	日本一のワルノリ男	日本兵介が働く「世界陶器」から出てくる男
29	だまされて貰います	ペテン師・伊賀良太郎を迎えに来るハイヤーの運転手
30	日本一のショック男	日本一郎がヒマつぶしのため入った歌舞伎町のキャバレー「ポルノ」の客引き

Column 15

植木等、幻の出演作品『おんぷ』

本書執筆の最終時点で目に飛び込んできたのが、『レコード・コレクターズ』（株式会社ミュージック・マガジン発行：2021年3月号）に掲載された「クレイジー・キャッツの映画」なる投稿記事である。

筆者も愛読するこの音楽雑誌には「レターズ」と題された読者欄があり、ここに宮城県仙台市在住のOさんという方が、次のような驚くべき一文（レポート）を寄せていたのだ。

「1961年に学習研究社が製作した『おんぷ』という教育短編映画（17分）に、クレイジー・キャッツの植木等と谷啓が出演しているのを発見した――」。

Oさんの言によれば、『視聴覚教育』1961年3月号の「新作映画」欄には「1月9日完成」と記されているとのことだから、本作の撮影は1960年中に行われたものと思しい。その生々しいレポートぶりからは、Oさんが実際にこのフィルムをご覧になったことは確実である。

Oさんは「この映画を〝クレージー映画〟の一本に加えて良いかどうかは、（大変だとは思うが）各自何とか見る機会を見つけて、その上でご判断願いたい」と提案までされていれる。こうなると、本書をしたためる筆者としては、この目で確認しないわけにはいかない。

早速、本書の出版元・株式会社アルファベータブックスを通じて学習研究社のほうに問い合わせてみたところ、これも植木等のお導きによるものか、「学研教育みらい」という部署がこの映像データを保存しているという。同社の特段の取り計らいにより、ほどなく筆者は、この〝植木等、幻の出演映画〟を視聴する機会に恵まれる――。

一見すれば、この『おんぷ』なる作品は、小学校低学年の児童たちに〈音楽が音符で成り立っている〉ことを、楽団の演奏や児童の合

写真提供：
学研教育みらい

唱、さらにはカエルのアニメーション――これが音符代わりとなる――を使って分かりやすく講義するという、まさにタイトルどおりの〝音楽教育映画〟。こんな愉しい教材を使って説明してもらえば、小学生のちびっ子でも音符や譜面の重要性・必要性をたちどころに理解できるに違いない。そして、ここに写っていたのは、紛れもなく植木等と谷啓、1960年の二人の姿であった。

まず画面に映し出されるのは、アオイスタジオの名が刻まれたドラムセット。バンド「アンサンブル・エリーゼ」の演奏が開始されるや、すぐにトロンボーン奏者の谷啓と指揮者に扮した植木等が登場する。白髪に黒縁眼鏡、口ひげを蓄えたこの指揮者は、トロンボーン奏者に向かって「キミキミ、音符をよく見たまえ！」と注意を与える。しかしながら、植木の声は全くの別人が当てたもので、知らないままに見たとしたら、この指揮者を植木と気づく者はまずいないだろう。当時のクレージーのルーティンなら、ここは東北弁で話されていたところだが、残念ながら本作ではそうなっていない。

続いて「音符」に関する説明がなされた後、アニメーションのカエル君——これはコルゲンコーワの店頭カエル（1963年）や、木馬座のケロヨン（1964年）よりもだいぶ早い——が登場。その子供に当たる〝おたまじゃくし〟にて全音符、二分音符、四分音符以下、様々な音符や休符の解説がなされていく。

再度二人が登場するのは、指揮者の植木に居眠りを注意されたトロンボーン奏者（谷啓）が、楽器を前後逆に構えていて、吹こうとするが吹けない、というギャグ・パート。続いて、トロンボーンの音色でカエルが動き出し、「小節」の説明がなされていくのも実に理に適った展開である。

ドラムスの音でカエルたちが目を覚ますと、メトロノームが登場。二拍子、三拍子、四拍子といった「拍子」の解説がなされたかと思えば、お馴染みの歌「かごめかごめ」と「春の小川」によって「音階」が説明されるという丁寧さ。実に分かりやすい「音符」に関する講義は、「ねんねんころりよ、おころりよ」が流れる田舎の風景にて終了となる。

これほど理解しやすく、子供の共感を呼んだであろう教育映画が、植木等と谷啓という稀代のコメディアン＝ミュージシャンを使って作られていたことは、まさに驚きの一語に尽きる。しかし、これを〝クレージー映画〟の範疇に加えることには、かなりの無理があることも確か。Oさんのせっかくの提案ではあるが、劇映画でもなく、その肉声を聞くこともできない本作を植木等の「出演作品」に加えることは、やはりできそうもない。

ただ、ほとんどの方にとって本作を見る機会はそう簡単に訪れそうもないだろうから、ここにとっておきの植木等登場ショット（405頁）を掲載させていただきたい。ブレイク直前の、植木等の愉快な〝おふざけ顔〟をとくとご覧あれ！

【作品データ】

脚本・監督：小野豪　出演：植木等、谷啓（クレージーキャッツ）　演奏：アンサンブル・エリーゼ　独唱：秋元美津子　合唱：品川区立立会小学校児童　動画：日本アニメーション　解説：川久保潔

植木等

出演作品（主演作以外）フォト・ギャラリー

①

②

③

④

⑤

⑥

⑦

⑧

⑨

⑩

⑪

⑫

⑬

⑭

⑮

⑯

⑰

①『裸の大将』(58) 劇場パンフレット（寺島映画資料文庫所蔵）　②『腰抜け女兵騒動』(61) © TOHO CO.,LTD.
③『如何なる星の下に』(62) 劇場パンフレット（寺島映画資料文庫所蔵）
④～⑦『如何なる星の下に』(62) © TOHO CO.,LTD.　⑧～⑨『夢で逢いましょ』(62) © TOHO CO.,LTD.
⑩～⑫『若い季節』(62) © TOHO CO.,LTD.　⑬『ハイハイ３人娘』(63) © TOHO CO.,LTD.
⑭～⑮『クレージーだよ 奇想天外』(66) © TOHO CO.,LTD.
⑯～⑰『すっかり…その気で！』(81) © TOHO CO.,LTD.

あとがき

植木等に関する書は、自著や伝記も含め、これまで何冊か出版されている。どれも楽しく読ませていただいた本ばかりだ。ところが、〝ミュージシャンとしての植木等〟について論じたものは、意外なほど少ない（数少ない例外は、小林信彦氏の著『いちど話してみたかった』における大瀧詠一氏との対談）。そもそも、植木等があれほどまでに崇められたのは、ひとえにその歌の上手さがあったからである。本書ではこれにスポットを当て、小松政夫・斎藤誠の両氏に、ご自身の経験から見た〝音楽家・植木等〟について語っていただいた。お二人の証言からは、植木等の歌い手・ギタリストとしての才能や魅力が実によく伝わってくる。ご自身の言葉からも、その俳優としての根幹を支えていたのは、ミュージシャンとしての資質だったことがうかがえる。

さらに、本書では映画の「この7本」（本数は、もちろんクレージーのメンバーにちなんだもの）に加え、いわゆるクレージー・ソングの、手前勝手なベストテンも披露させていただいた。「クレイジー・キャッツ（原文ママ）の面白さは、1が生《なま》の舞台、2がテレビ、3が映画（要するに、映画がもっともつまらない）」というのが小林信彦氏の主張（『植木等と藤山寛美』）だが、小学生のときに植木等の絶頂期に触れた、すなわち昭和30（1955）年前後生まれの我々のような世代にとって、レコード（もちろんソノシートも！）と映画の中で歌われる楽曲は、誠に魅力的かつ刺激的なものであった。東北在住の子供には、舞台見物など夢のまた夢。あとはテレビで歌われるクレージー・ソング――これすら、そう多くはなかったが――を見聴きすることが、それこそ宝物のように大事な機会だったのだ。

7本については「それじゃないだろ！」といったご批判、ご異論が出るのは百も承知のこと。植木等＝クレージーを愛する方たちにとっては、それこそ幾通りものベストテンと愛聴歌があるはずだし、「お前なんかより、俺の方が植木等のこと好きだぞ。もっとよく知ってるぞ！」といった声も聞こえてきそうだ。植木等ほど、あらゆる世代の人々から深く、そして長く愛され、それぞれの心の中で鮮やかに生き続けている俳優・歌手はいない。それぞれの熱い〝植木愛〟を蘇らせることになったとしたら、筆者としては望外の喜びである。

口絵掲載の『日本一のホラ吹き男』カラー・スチールは、TOHOマーケティングで偶然発見したものである。当時、劇場に掲げられたポスターやロビー・カードは人工着色を施したもので、原版はほとんどがモノクロ写真であった。何故かこの作品だけは正真正銘のカラー・スチールが残されており、こうして紹介させていただくことができた。

現在、第一線で健筆をふるっている映画ライターやマニアの方でも、クレージー映画を第一作目から同時代的に見た人はほとんどいらっしゃらないだろう。『キネマ旬報』や新聞の書評でこれらがどのように捉えられていたかについては尚更で、批判的意見のほうが圧倒的だったこと――これは怪獣・特撮ものも同様――に意外の念を持たれた方もさぞや多いに違いない。しかし、筆者ら〈あのときの子供たち〉が、これらを〝一生の宝物〟として愛し続けている事実は、植木等の魅力とパワーが並外れていたことの何よりの証し。当時の少年たちにとって、植木等は、まこと〈太陽〉と称すべき存在であったのだ。

本書の実現には、アルファベータブックスの春日俊一社長をはじめ、世田谷美術館学芸員（元世田谷文学館）の矢野進さん、稀代の映画資料コレクター・寺島正芳さん、それに〝植木等最後の付き人〟藤元康史さん、祖師ヶ谷大蔵駅前で写真館を開く吉浦久雄さんのご助力が欠かせなかった。藤元さんとは、筆者が講師を務めた映画ロケ地巡りツアーに参加してくれたことで知己を得、植木さんのプライベート写真を担当していた吉浦さんとは、たまたま奥さん同士が同郷ということで知り合った。こうしたご縁が結べたのも、まさに植木さんのお導きによるものである。

アッと驚く裏話を披露してくださった小松政夫さんと東宝ＯＢの渡邊毅さん、植木等とは「無二の親友」の関係性を築かれた砂田実さん、強烈無比な表紙デザインを施してくれた岡本和泉さん、加えて、三十七年前の８ミリ映画『刑事あいうえ音頭』に協力してくださった多くの方々にも謝意を表さねばならない。谷啓さん、渡辺香津美さんをはじめとするミュージシャンの皆さん、映画製作の後押しをしてくれた斎藤誠、丹野由美子、今野多久郎、清野由美、小中千昭といった仲間がいなかったら、この無謀な企画が実現することは決してなかったであろう。改めて、すべての関係者に御礼申し上げる次第だ。

植木さんとは『刑事あいうえ音頭』の撮影でお宅にお邪魔して以来、ご長女の眞由美さんを通じて、少しばかりの交流を持たせていただいた。思えば、玄関先に捨てられた猫の子を引き取りに行ったり、レコードを借りにお邪魔したこともあった。『ときめきに死す』という映画は全く意味が分からなかったとか、琴ノ若は才能のある力士なのに何故勝てないのか、といった世間話を交わしたことも良き思い出である。その折々に伺った裏話やいただいた助言は、これぞ〝お宝もの〟。なんと有難く、贅沢なひとときであったろうか。眞由美さんの早過ぎるご逝去（２０１４年）は、本当に残念なことであった。

晩年に出演された『名古屋嫁入り物語10』（東海テレビ・泉放送：１９９８年）の撮影を見学に行った折、エキストラの一員に加えていただいたことも忘れ難い思い出である。植木さんが「この人は自主映画を作ってしまうほど、大変なボクのファンなんだよ。せっかく来たんだから、台詞をつけてやってくれる?」と演出家に強要（?）、本当に一言台詞（それも名古屋弁）をいただいてしまったことは、光栄を通り越して、あまりに僭越なことであったが――。

この人気ドラマの舞台公演「続・名古屋嫁入り物語」（中日劇場：１９９８年11月8日）の楽屋にもお邪魔させていただいた。作法を心得ぬ素人がいきなり楽屋を訪ねても、丁重に迎えてくださった植木さん。なんと心優しき人であったろうか。このとき、先に出演された舞台『大江戸気まぐれ稼業』（明治座：1996年）とどちらが面白かったかと問われ、ついこちらの『嫁入り物語』を挙げてしまった筆者。奇しくも、どちらにも小松政夫さんが出演されていたわけだが、植木等の役者としてのテンションは、明らかにこちらのほうが上。すでにこのとき肺気腫を患っていたと聞くが、舞台役者としての風格と貫禄は、それは見事なものであった。

植木等ご自身が一番好きな出演映画は何だったのか――。なにせ、「本当のことを言いますと、ボクとしてはあまり〝無責任〟な作品は撮りたくないというのが心境です」、「何か新しいものに体当たりしたい、そんな気持ちでいっぱいです」（1966年2月23日発行『ニュース特報』／双葉社）と公言していた植木さんである。植木ファン、クレージー映画マニアなら、これが非常に気になる点であろうが、晩年の十二年間、付き人を務めた藤元康史さんは、植木さんからこう聞いたという。その作品は『日本一の色男』であると……。

この映画『日本一の色男』が、植木等にとって一番の〈お気に入り〉だったことは、今考えれば実に納得である。ここで演じたのは、無責任男でも、C調男でも、さらにはスーパーマンでも、大泥棒でもなく、〝色男〟を装ってはいるものの、実は病気療養中の婚約者のため、身を粉にしてひたすら治療費を稼ぐ〝生真面目な男〟なのだ。植木等にとっては、これこそが最も自分自身とのバランスが取れ、納得のいく役柄だったに違いない。

そう考えると、それ以前の〝無責任〟映画も、その後の各シリーズも、植木本人にとっては非常に辛く、不本意なものであったことになる。我々観客は植木等に、突き抜けるような〈明るさ〉と〈勢い《パワー》〉、そして心を振るわせる〈高笑い〉を求め続け、それに植木は生涯をかけて――さらには、コロナ禍にあえぐ現在も――応えてくれたわけだから、今こそこう返さねばならない。

「あなたが笑ってくれた時、ただそれだけで僕たちは、悩みも、疲れも吹っ飛んで、なにより一番、いちばん幸せさ」と……。

もちろんこれは「笑って笑って幸せに」の歌詞の一節だが、今植木等に贈る言葉は、これをおいて他にない。そして、植木等は今頃、天国でこう言っているだろう。「国民栄誉賞？　そんなこたぁ、どうでもいいじゃねぇか!?」――。


いまだ〈太陽〉を求めて止まぬ秋の夜に――

高田雅彦

【主要参考文献】

『日本の喜劇人』中原弓彦（1972年、晶文社）
『テレビの黄金時代』小林信彦責任編集（1983年、キネマ旬報社）
『小林信彦デラックス・トーク いちど話してみたかった』（1983年、情報センター出版局）
『夢を食いつづけた男 おやじ徹誠一代記』植木等（1984年、朝日新聞社）
『植木等と藤山寛美 喜劇人とその時代』小林信彦（1992年、新潮社）
『植木等のみなさんおそろいで』植木等デラックス編（1992年、ファンハウス）
『ジ・オフィシャル・クレージーキャッツ・グラフィティ』川合健一、古市雅則編（1993年、トレヴィル）
『映画が夢を語れたとき みんな「若大将」だった。「クレージー」だった。』田波靖男（1997年、広美出版事業部）
『クレージー映画大全 無責任グラフィティ』佐藤利明・町田心乱・鈴木啓之（1997年、フィルムアート社）
『植木等伝「わかっちゃいるけど、やめられない！」』戸井十月（2007年、小学館）
『昭和と師弟愛 植木等と歩いた43年』小松政夫（2017年、KADOKAWA）
『気楽な稼業ときたもんだ』砂田実（2017年、エンパワメント研究所）

『クレイジー音楽大全 クレイジーキャッツ・サウンド・クロニクル』佐藤利明（２０１８年、シンコーミュージック・エンタテイメント）
『キネマ旬報』各誌
『キネマ旬報増刊11月20日号 日本映画作品全集』（１９７３年、キネマ旬報社）
『東宝60年 映画・演劇・テレビ・ビデオ作品リスト １９９２年度版』（１９９２年、東宝）

著者略歴

高田 雅彦（たかだ まさひこ）

1955 年 1 月、山形市生まれ。

実家が東宝映画封切館「山形宝塚劇場」の株主だった関係から、幼少時より東宝映画、とりわけクレージー映画と黒澤 & 三船作品に親しむ。

大学は、東宝撮影所に近いという理由で成城大学を選択。以来、成城学園に勤務しながら東宝&日本映画研究を続け、1984 年には植木等にオマージュを捧げる自主映画『刑事あいうえ音頭』を製作する。

退職後には成城近辺の映画ロケ地を紹介する『成城映画散歩』（2017 ／白桃書房）と、成城が生んだ世界的俳優・三船敏郎の“黒澤映画”以外の代表作に焦点を当てた『三船敏郎、この 10 本』（2018 ／同）を上梓。近著に、世界的傑作時代劇の撮影現場と創作の秘密を明らかにする『七人の侍 ロケ地の謎を探る』（2020 ／アルファベータブックス）、共著に『山の手「成城」の社会史』（2020 ／青弓社）がある。

近年は、成城・祖師谷大蔵・千歳船橋、さらには『七人の侍』の撮影現場を案内する映画散歩ツアー・映画講座の講師を務めるとともに、クレージーキャッツの楽曲、昭和ポップスの再現にも力を注いでいる。


今《いま》だから! 植木等《うえきひとし》 “東宝《とうほう》クレージー映画《えいが》”と“クレージー・ソング”の黄金時代《おうごんじだい》

2022年1月18日　初版第1刷発行

著者　高田雅彦
発行人　春日俊一
発行所　株式会社アルファベータブックス
〒102-0072 東京都千代田区飯田橋2-14-5 定谷ビル
Tel 03-3239-1850　Fax 03-3239-1851
website https://alphabetabooks.com/
e-mail alpha-beta@ab-books.co.jp
制作協力　株式会社渡辺プロダクション
装幀・イラスト　岡本和泉
資料提供　TOHOマーケティング株式会社　三重県総合博物館
寺島映画資料文庫　吉浦久雄　株式会社学研教育みらい
株式会社ワーナーミュージック・ジャパン
協力　東宝株式会社　比呂公一　小松政夫　藤元康史　砂田 実
竹中和雄　渡邊 毅　矢野 進　福冨忠和　寺島正芳　斎藤 誠
小中千昭　世田谷美術館　成城大学図書館
画像補正　蒔田 剛　岡本和泉
組版　松田 陽（86グラフィックス）
印刷　株式会社エーヴィスシステムズ
製本　株式会社難波製本
用紙　株式会社鵬紙業
定価はカバーに表示してあります。
落丁本、乱丁本はお取り替えいたします。
ISBN978-4-86598-095-0 C0074